KB265669

왜지금, 청소년?

왜지금, 청소년?

하자센터가 만들어지기까지

조한혜정 · 양선영 · 서동진 엮음

도서출판 또 하나의 문화

국립중앙도서관 출판시도서목록(CIP)

왜, 지금, 청소년? : 하자센터가 만들어지기까지 / 조한혜정
; 양선영 ; 서동진 [공]엮음. -- 서울 : 또 하나의 문화, 200
2
     p. ;   cm. -- (하자총서 ; 1)

ISBN 89-85635-52-2 04370 : ₩8000
ISBN 89-85635-51-4(세트)

336.24-KDC4
331.259-DDC21   CIP2002000194

하자총서를 펴내며

새로운 청소년 시공간을 만들어 가려는 "유스 비전 2020"(Youth Vision 2020) 프로젝트가 시작된 것은 경제 위기로 인한 불안과 문화적 빈곤으로 인한 불만이 극에 달한 시점이었다. 1998년 당시 한국은 국제 금융 통화 위기로 온 나라가 심하게 흔들리고 있었다. 한 세기가 저물고 새로운 천년이 시작되는 전환의 시점에 우리를 찾아온 것은 더 나은 미래에 대한 확신이 아니라 이제껏 쌓아올렸다고 믿었던 삶의 기반이 하루아침에 무너질 수 있다는 부도 통지였다. 자타가 공인한 "아시아의 용"은 "미꾸라지"가 되었고, "아시아식 발전"은 "문제적 발전" 모형으로 비치기 시작했다. 정경 유착, 비합리적인 시장, 산업 전반의 경쟁력 부재, 전근대적 사회 시스템, 문화 자생력 부재… 갑자기 문제없이 잘 돌아가는 부분이 하나도 없어 보였다.

세계화의 격랑은 일상적 삶까지 모두 뒤흔들었고, 한치 앞을 여측하기가 어려웠다. 이런 저런 충격으로 견디지 못해 자살하는 사람도, 집을 나와 노숙자가 되는 이들도 적지 않았다. 삶은 아주 팍팍해졌고 사회 전체에 불안하고 우울한 분위기가 가득 했다. 그간 지탱해온 체제가 국가 수준에서 개개인의 수준에 이르기까지 철저하게 붕괴하면서 그간 보지 않으려 했던 현실을 보지 않을 수 없게 되었다. 참담한 느낌을 감출 수 없었지만 이런 와중에 위기 상황을 "환영"하는 목소리가 있었다. 위기 상황을 통해 늦게나마 현실을 직시하게 된 것을 다행스럽게 생각하는 목소리였다. "우리"는 바로 그런 그룹 중 하나였다. 대학과 문화와 교육, 그리고 시민 사회 영역에서 활동하던 우리들은 사회 전체가 각각의 영역에서 위기를 돌파하기 위해 확실하게 버전 업(version up)을 해내야 한다는 데 합의하고 있었다. 특히 글로벌화가 본격화되고 정보 사회로 이행하는 시점에서, 기존의 방식을 훌쩍 넘어서는 경계 넘기를 통해 우리 사고의 활동 영역을 확장해야 함을 절실하게 느끼고 있던 터였다. 우리는 "공략하기보다 낙후시켜라" 하는 모토를 걸고 비상을 꿈꾸는 모임을 만들었다.

이 모임에 우리는 2000년대의 시작과 함께 20년을 내다보며 2.0의 밝은 시력으로 일을 추진해 가자는 의미로 "유스 비전 2020"이라는 이름을 붙였다. 그리고 장단기 실행 기획을 짜면서 연세대학교 안에 「청년문화센터」라는 기구를 만들어 우리 작업을 공식화하기 시작했다. 우리가 스스로 책임져야 하고, 또 책임지고 싶다고 생각한 영역은 문화와 교육 사업이었다. 이 두 영역은 다가오는 시대의 중요한 키워드인데, 두 영역 모두에서 한국 사회는 매우 어려운 문제들을 안고 있었다.

1990년대 이후 빠르게 그 영역을 확장해 가던 "문화" 분야는 경제 위기와 함께 급격하게 위축되었다. 이러한 흐름이 반전될 계기를 만들지 못하면, 예를 들어 조금씩 세를 키워 가던 자생적인 문화 연구자와 생산자 그룹의 에너지가 이 시점에서 소진되어 버린다면, 우리가 원하는 "문화의 시대"는 갈수록 요원해질 터였다. 게다가 교육계는 "하향 평준화의 늪"에서 헤어나지 못하고 있었다. 시대의 변화를 반영하지 못한 채 오랜 기간 신분 이동의 사다리 구실을 해온 입시 위주의 "제도 교육"은 새 시대를 살아가야 할 십대들의 욕망을 읽어내고 수용하기에는 턱없이 낙후한 공간이었다. 30년 동안 같은 모양새를 유지해온 교실, 교과 과정, 교습 방식을 아이들은 몸으로 거부하기 시작했고 이러한 움직임은 "학교 붕괴"라는 현상으로 이어졌다. 우리는 이 두 문제 영역이 만나는 접점에서 사회를 "재활력화"해낼 에너지를 찾아 보자는 데 동의했다. 교육은 시대 변화와 함께 진화해 가야 한다는 점, 다가오는 시대는 "정보 사회"이자 "문화의 시대"인 만큼 문화 중심의 학습이 이루어져야 한다는 점, 문화 영역의 활성화를 위해서는 "문화 생산자"들이 하고 싶은 일을 하면서 먹고살 수 있는 여건이 갖추어져야 한다는 점을 중심에 놓고 우리는 서서히 작업 지도를 그리기 시작했다.

특히 급격하게 확장되고 있는 문화 산업과 대중 문화 영역의 주인공은 청소년들이고, 이 점에 주목해 볼 때 문화와 교육 영역이 제대로 만나면 대단한 시너지 효과를 발생시킬 것이 분명했다. 교육이 더 이상 학교의 울타리 안에서 이루어질 수 있는 것이 아님이 밝혀진 상황에서 우리는 "벽이 없는 학교"를 상상했다. 학교와 문화 활동 공간을 넘나드는 새로운 공간을 상상하면서 "학교"를 새롭게 규정하고 사회 속으로 다시 학교를 옮겨 보기로 했다. 우리는 그 새로운 학습 공간을 "문화 작업장"이라고 불렀다. "문화 작업장"은 말 그대로 문화가 생산되는 "공방"인데, 이는 문화적 생산물을 만들어 내는 작업장인 동시에 체험을 통해 교육이 이루어지는 "교실"이다. 이곳에서는 교육과 체험이 분리되지 않고 함께 간다.

이 새로운 "교육" 작업을 우리는 일차적으로 젊은 문화 생산자들에게 맡겨 보기로 했다. 우리는 이 공간에서 문화 생산자들이 십대들과 소통하면서 자신의 작업을 업그레이드해 가고 또 타성에 젖은 교육을 넘어서는 모델을 개발해 가는 그림을 그렸다. 스스로 판을 기획하고 작업을 하면서 그 작업을 통해 다음 세대를 기르고 사회 전반에 걸쳐 새 기운을 불러올 사람, 우리는 이런 사람들에게 "판돌"이라는 이름을 붙였다. 그들은 21세기가 필요로 하는 문화 예술인이면서 "문화 촉매자"이며 "문화 매개자"들인 것이다. 세대간 소통이 가능한 문화 작업을 하면서 자신의 삶과 주변의 삶에 활기를 불어넣는 사람들, 그리고 그들이 소리 없이 만들어 내는 조용한 혁명. 이것이 바로 암울한 세기말에 우리들이 꾼 꿈이었다.

그 꿈은 실현 가능한 꿈이었다. 그런 꿈을 꾼 지 5년이 된 지금 우리는 우리의 "꿈"이 "역사"가 되어 가고 있음을 느끼고 있다. 그리고 그 역사를 기록

하지 않으면 다음 단계로 이행하기 어려울 것이라는 위기감도 느끼고 있다. 역사를 쓰는 것은 누구의 공로를 기억하기 위해서가 아니라 우리가 해온 작업이 제대로 "진화"해 가도록 하기 위함이다. 너무나 바쁜 시대에 살다 보니 우리가 하고 있는 일의 목적을 잊어 버리기도 하고, 우리가 하고 있는 작업이 단지 우리 것이 아니라 아주 많은 이들의 열망과 열정과 수고의 결심임을 잊어 버리기도 한다. 사실상 지난 5년 동안 아주 많은 사람들이 우리와 함께했다. 그런 이들의 숨결은 쉽게 힘이 빠지는 우리들에게 든든한 울타리처럼 큰 힘이 되어 주곤 한다. 고마움과 존경이 없는, 자기 생각만 하는 곳에서는 에너지가 나오지 않는다는 사실을 우리는 이 작업을 하면서 절실하게 깨달았다. 결국 우리를 풍성하게 만드는 것은 열정을 바친 이들에 대한 기억과 감사, 그리고 그를 바탕으로 한 자아 성찰일 것이다.

이 책은 유스 비전 2020의 전망에 동의하는, 그래서 하자센터라는 이름을 건 시공간에 들어오고 싶어하는 청년 문화 작업자들이나 대안 교육자들, 그리고 십대 친구들을 위한 가이드북으로 만들어졌다. 그런 면에서 이 책은 "내부용"이다. 그러나 실은 이 책은 외부용이기도 하다. 아니, 우리의 "확장된 내부용"이라는 표현이 더 적절하겠다. 최근 들어 우리는 그간 해온 작업에 대해 특강을 해달라는 요청을 자주 받는다. 우리가 한 시행착오의 이야기를 듣고 싶다는 말을 들으면서, 해외에서 벤치마킹을 하러온 분들을 맞으면서, 자료를 보내달라는 이메일을 받으면서 이제 좀더 체계적으로 우리의 경험을 나눌 때가 왔음을 느끼고 있다. 이 책은 바로 여러 곳에 흩어져 있는 그런 동지와 파트너들에게 드리는 선물이기도 하다.

「하자센터」(공식 명칭은 서울특별시립 청소년 직업체험센터)를 둘러보면서 문화 연대 대표이며 화가인 김정헌 선생님은 "하자센터는 '하자'가 있는 아이들이 오는 '하자 보수 센터'"라는 농담을 던졌다. 여기에 실린 이야기는 사실, "하자 보수"가 필요한 사회에 사는 "하자"가 있는 사람들이 스스로 업그

8

레이드해 가는 이야기들이다. "삐뚜름한 아이들"의 매력을 발견하고, "노는 아이들"의 능력을 발견하며 성장해온 하자센터, 체념과 냉소를 이겨 내며 탈근대, 탈식민의 시대 그 한 켠에서 새로운 교육의 길을 모색한 「하자」 이야기를 여기에 내놓는다. 문화의 위기, 교육의 위기, 세대 갈등이 날로 심각해지는 세기말에 새로운 소통을 시도해온 「하자」의 실험이 시대의 지혜로 공유된다면 더할 나위 없이 기쁠 것이다.

2002년 10월 3일

「하자총서」 편집부

하자총서

하자센터 이야기
> ❶ 왜, 지금, 청소년? — 하자센터가 만들어지기까지
> ❷ 놀자! 하자! — "프로젝트"로 말하는 하자센터 이야기
> ❸ 그곳에 가고 싶다 — 십대 탐험가와 논객들(근간)
> ❹ 네트, 하자! — 사이버 공간을 통해 말하는 하자센터 이야기(근간)

작업장 학교
> ❺ 하자 작업장 학교 — 철학과 체계(근간)
> ❻ 햇빛방 아이들 — 체험을 통한 자기 길 찾기
> ❼ 멍석방 아이들 — 자기 주도 학습과 학습 계약서
> ❽ 인어정 아이들 — 하자 꼴레지오에서 시니어 프로젝트까지

작업장 이야기
> ❾ 이미지로 말해봐! : 영상 작업장
> ❿ 생활을 디자인하자! : 디자인 작업장
> ⓫ 말 없이 말해봐! : 소리 작업장
> ⓬ 문화 작업자로 먹고살기 : 창업 실험실

우리는 그간 씨앗을 뿌리고 새싹을 틔웠다. 아직 나무는 어리고 꽃은 피지 않았는데, 조만간 많은 꽃들이 필 것 같다. 어떤 꽃을 피울지는 두고 볼 일이다. 이 책은 나무를 심고 꽃을 피우는 과정에 대한 기록이다. 1998년에 땅을 가는 작업이 시작되었고, 1999년 중반에 하자센터라는 작은 교육 문화 공간을 열게 되었다.

첫 책 『왜, 지금, 청소년? — 하자센터가 만들어지기까지』는 새로운 공간을 만들 "터 닦기" 과정을 담고 있다. 여기서 그 "터"라는 것은 하드웨어적인 것이 아니라 소프트웨어적인 것, 곧 이론적 구상과 "설계 도면"이다. 우리가 소망하는 "시대적 작업"을 위해 유스 비전 2020 팀은 세 가지 작업을 동시에 진행하였는데, 그것은 기획 실행팀 구성 / 자원 확보 / 담론 작업이었다.

일단 우리는 당시 우후죽순처럼 만들어지던 벤처 회사처럼 순발력 있는 기획팀을 구성하고 "그림"을 그리기 시작했다. 연세대학교 캠퍼스에 모여 대학 중심으로 문화 활성화 작업을 해오던 우리는 그간의 작업을 확장할 그림으로, 십대들을 포함시키면서 대학, 정부, 기업의 자원을 연결하는 판을 짜보고 있었다. 새로운 일을 해낼 시스템을 만들기 위해 우리는 각 분야에서 크로스오버를 할 준비가 된 이들이 얼마나 되는지, 그리고 파트너가 될 만한 이들이 보이면 설득하러 나섰다. 일차적으로 우리는 대학 측을 설득하였다. 아주 획기적인 방식으로 패러다임 전환을 해가지 않으면 대학과 특히 인문 사회 과학은 설 땅이 없을 것이라면서 학교측을 설득했다. 지금은 "연구를 위한 연구"에 자족할 때가 아니라 현실과 학문을 잇는 "연구와 실천"적 작업이 이루어져야할 전환기임을 강조했다.

우리의 제안을 들은 당시 연세대 김병수 총장은 가만히 생각을 하다가 "불량 학생들이 오는 곳이냐?"고 물었다. 우리는 "서태지 같은 불량 학생이 오는 곳"이라고 말했고, 이 말이 통했다(새삼 "서태지"라는 막강한 브랜드, 곧 "상징 권력"을 만들어낸 정현철 씨에게 감사한 마음이다). 새로운 일을 시도하는 것을 좋아하던 그분은 사회 봉사를 하는 마음으로 한번 가보자고 했다. 이렇게 해서 연세대학교는 우리 팀의 기획을 대학 프로젝트로 안아가기로 했고 필요한 지원을 해주기로 했다. 그 때 이미 우리는 문화 관광부(한국 청소년 개발원)의 지원으로 청소년 웹진(사이버유스 Cyber Youth)을 만들어 청소년들과 밀접하게 만나가고 있었고, 신문과 방송을 통해 본격적인 여론화 작업에 들어가고 있었다. 이 과정에서 관심 있는 십대에서 삼십대에 이르는 이론가와 문화 작업자들이 다양하게 합류했다.

우리는 곧 안정적인 자원을 확보하기 위한 작업에 들어갔다. 우리가 하려는 작업은 생산적 복지 활동이자 대안 교육의 모델을 만들려는 공공적 의미를 띤 것이기 때문에 "시민의 세금"을 확보해서 진행해 갈 일이라고 판단 했다. 그간 소프트웨어는 만들어 내지 못한 채 거대한 건물들만 곳곳에 덩그러 니 지어 놓은 거대 도시의 형국을 보면 볼수록 그런 생각을 하게 되었다. 세금 을 꼭 필요한 곳에 잘 쓰이게 하는 것도 시민의 의무이며, 한국 사회가 필요로 하는 주요한 업그레이드 과업일 것이다. 그래서 우리는 서울시 청소년 회관 위탁운영 공모에 제안서를 냈고, 1999년 5월에 영등포에 있는 서울시 건물에 서, 서울시의 세금으로 우리들의 첫 작품인 문화 작업장 「하자센터」를 마련하 게 되었다.

기득권 없이 불쑥 청소년 판으로 들어가 적지 않은 의심과 비판의 눈길 을 받아온 우리가 지금까지 나름대로 즐겁게 작업을 해온 것은 무엇보다 우리가 담론 작업, 곧 비전을 만들고 여론화하는 작업을 게을리 하지 않았기 때문인 것 같다. 패러다임 전환이 없이 새로운 발상의 실험이 성공할 리 없다는 것은 우리가 다 알고 있는 사실일 것이고, 우리는 혹시 우리가 진부한 질문으로 다시 덫에 빠져버리게 될까봐 노심초사하였다. "교육"이라는 단어보다 "문화"와 "청소년"이라는 단어를 중심 축으로 삼은 것도 그런 전략 중 하나였다. 우리는 크게 두 가지 방법으로 기존의 청소년 담론과 거리를 두는 새로운 관점을 만들어 갔다. 첫째 방법은 그간 한국 사회가 "청소년"을 "읽어" 온 언어를 "다시 읽는" 것이었다. 우선 "학교 안의 학생", "규제 대상인 미성년", "비행 청소년/문제아"라는 단편적이고 시대착오적인 개념들을 털어 낼 필요가 있었다. 이를 위해 기존의 규정적 단어들을 역사적으로 해석하면서 "청소년 주체"의 변모 과정을 살펴보았다. 이는 청소년을 "문화적 주체"로서 자리 매김하기 위해 필요한 작업이었다.

둘째로 새로운 관점을 만들어 가기 위해서 세계 대도시 청소년 활동 공간을 탐사하고 비교 분석하였다. 특히 1999년 10월 한겨레신문사의 후원으로 국제 심포지엄을 열어 한국, 일본, 영국의 전망을 살펴보았다. 이 작업을 통해 글로벌 시대의 청소년 문화가 국가 변경을 넘어서 아주 유사한 성격으로 모아지고 있다는 것을 확인할 수 있었고, 후기 근대 사회에서 "청소년 문화"가 키워드가 될 수밖에 없는 사회적 배경, 그러나 또한 개개 사회의 문화적 대응을 통해 달라지는 결과도 볼 수 있었다.

현상 파악을 바탕으로 이론적 전망을 공유한 우리는 곧 실행 계획에 들어갔다. 일단 문화 실험의 온상으로 알려진 홍대 앞에서 활동해온 "딴따라"들과 대학의 인문 사회 과학자들이 모여서, 이미 기성 사회에 등을 돌리고 숨어 있는 청소년들을 "끌어내 보려고" 온갖 시도를 다했다. 그것은 쉽지 않은 일이었으나 우리는 각자 상상력을 짜내며 새 판을 만들 준비를 했다. 당시 자료를 보면, 1998년 당시 청소년들의 모습과 그들을 "꼬드겨 보려는" 청년들의 열정과 그들이 그려간 "그림"이 생생하게 드러나 있다.

연세대학교는 이 작업에 종잣돈을 지원하고 교내에 작업 공간을 마련해 주었다. 물론 이때 참여한 멤버들은 무보수로 이 일에 매달렸다. 지금 생각하면 주식이나 주주 없는 벤처 회사 같은 것이었는데, 그때는 모두가 너무나 열정적으로, 그리고 즐겁게 작업에 매달렸던 것 같다. 모든 새로운 작업은, 그것이 나중에 얼마나 거창한 일로 확장되든 간에, 비전을 공유한 소수의 열정과 신명을 먹고 자라는 것임을 우리는 그때 확인했다. 이 책을 읽는 이들에게도 그 점이 전달되었으면 한다.

이 책 마지막에 실은 서울시 제출 제안서를 보면 우리가 만든 이론적 전망이 "관"이라는 또다른 영역과 만나면서 어떤 협상의 언어로 변화하는지를 잘 볼 수 있을 것이다. 이 복합적 변화의 와중에서 한 가지 언어만을 가지고서는 현안 문제를 해결하고 새로운 판을 짜 갈 수 없다. 새 일을 하려던 끊임없이 경계를 넘으면서 다른 영역의 사람들과 만나고 협상하는 유연함이 있어야 한다. 유스 비전 2020의 작업은 "연구와 개발"(research and development) 차원을 넘어서는 "연구와 개발과 실천"(research and practice) 작업이다. 욕심 많은 우리는 이 작업이 조만간 유통 가능한 형태로 진화하기를 바리고 있다.

관의 생리를 전혀 모르고 시작한 우리들이 여전히 국민의 세금으로 아직까지 별 탈 없이 이 일을 하고 있다는 사실이 시사하는 바 크다. 이는 관공서에도 새로운 시대를 열어 가는 이들이 적지 않다는 사실을 시사하고. 멀리 내다보면서 사람 기르는 데 뜻을 같이 하는 기업들, 그리고 매체쪽 인사들이 적지 않다는 것을 시사한다. 초기부터 주식회사 삼보에서 전산망을 깔아 주었고, 청소년들의 디자인 작업을 위해 주식회사 엘지가, 청소년들의 온라인 축제를 위해 게임 회사 넥슨이, 그리고 청소년들의 해외 탐사를 위해 주식회사 엔시소프트가 지원을 아끼지 않았다. 그 외 많은 전문가들이 자문과 동료로서 지원을 아끼지 않았다. 명실 공히 우리들의 작업은 서울시(관), 대학(학), 기업(산), 문화 생산자 그룹(민), 각 영역에서 위기를 돌파하기 위해 새로운 모델이 필요하다는 것에 합의한 이들의 네트워크가 만들어낸 것이다.

언어가 있고 뜻을 가진 이들과 함께 하는 삶은 즐겁다.
한줌의 사람들이 금방 큰 무리를 이루게 되는 것을
확인하는 경험 역시 즐거운 일이다.
나비의 작은 몸짓이 태풍을 불러일으킨다는 것을 체험하는 것,
이는 "우리"만 하고 있는 것은 아닐 것이다.
시대가 사람을 만든다고 했으니…

자, 겁먹지 말고 멋진 팀워크로 새판을 짜 보자.

2002년 10월 3일 무주에서
엮은이 조한혜정, 양선영, 서동진 씀

14

차례

여는 글

조한혜정 연세대학교 사회학과 교수·하자센터장

청소년, 세상

그들이 살아갈 에 대하여

됐어 됐어 이제 됐어 이제 그런 가르침은 됐어
그걸로 족해 족해 이제 족해 내 사투리로 내가 늘어 놓을래
매일 아침 일곱시 삼십분까지 우릴 조그만 교실로 몰아넣고
전국 구백만의 아이들의 머리 속에 똑같은 것만 집어넣고 있어
막힌 꽉 막힌 사방이 막힌 널 그러곤 덥석 모두를 먹어 삼킨
이 시커먼 교실에서만 내 젊음을 보내기는 너무 아까워
· · · · · · · · · ·

— '서태지와 아이들'의 「교실 이데아」 중에서

* 이 글은 20세기 막바지, 21세기에 대한 담론이 한창 무르익을 때 쓴 글이다. 당시 글쓴이
는 문화 체육부 「문화 비전 2000 위원회」의 위원으로 21세기 청사진을 만드는 길에 참여하
고 있었다.

들어가는 글: "문화 발전?"

애초에 이 글은 21세기를 바라보고 한국 사회의 변화를 가늠하는 맥락에서 한국 교육의 방향과 과제를 논의해 보라는 청탁을 받고 쓴 글이었다. 내게 주어진 제목은 "한국의 문화 발전 전망과 교육의 과제"였는데, 수시로 "문화 부재"의 시대를 살고 있다고 느끼고 있던 나는 이 제목이 참으로 마음에 들지 않았다. "생존"을 이야기해야 하는 마당에 "발전"이라는 개념으로 문제 상황을 풀어 간다는 것 자체가 불편하고 "사람"을 이야기할 때 "사람의 발전"이라는 단어를 쓰지 않듯이 "문화"를 이야기할 때 "발전"이라는 말은 어울리지 않는다.

"문화 발전"이라는 단어에 거부감을 갖는 또다른 이유는 그 단어에서 한국 사회가 지난 사반세기 동안 이루어낸 "경제 발전"에 맞먹는 "문화 발전"을 쉽게 이룰 수 있으리라는 낙관적 기대감을 읽기 때문이다. 그런 낙관주의를 내면화한 사람들은 제3세계적 경제 발전이 가져온 문화적 피폐함과 전지구적 규모에서 이루어지고 있는 후기 산업 사회적인 위기 현실을 직시하고 싶어하지 않는다. 조만간 "우리"도 선진국 국민들처럼, 아니면 그들보다 더욱 정신적으로도 풍요한 사회를 이루려는데 웬 절망적인 이야기를 하느냐며 귀를 막는다.

사실상 "문화 발전"은 전기 산업 자본주의 시대를 지배해온 도구적 합리주의와 진보주의의 틀 안에서 만들어진 개념이다. 2000년대의 현실을 제대로 조명해 내기 위해서는 합리성과 역사의 진보에 대한 믿음을 허물지 않으면 안 된다. 근대 형성기의 시대 정신이던 자유 경쟁의 논리, 과학 기술주의, 민족 국가주의, 진보주의 사관에서 벗어나야 한다는 것이다.

지금 우리는 우리가 살아온 시대를 근본적으로 재조명하고 상대화해야 할 시점에 와 있다. 근대 초기, 인간은 중세적 모순을 넘어서 새로운 체제를 만들어 냈다. 그것은 유럽이라는 지역에서 시작된 "근대"라는 새로운 시대였는데, 이 체제는 지금 전지구상에 확산되어 있다. 근대를 주도한 동력은, 물질적으로 풍요로우며 모든 인간이 평등하고 자유로운 사회를 실현해 내겠다는 신념이었다. 이 근대적 자본주의 시대는 인류에게 상당한 부의 축적을 가능하게 했지만 동시에 지구 자체를 붕괴시킬 잠재력을 가진 무기와 심각한 지구 오염과 인간 관계의 파편화 현상을 낳았다. 2000년대의 문화를 논의하려고 할 때 이러한 근대의 진행 과정에 대한 이해가 필수적이다. "근대"적 진보주의의 틀에 안주해서는 지금의 문제를 해결할 수 없다. "경제 발전"은 이루어졌는데 "문화 발전"이 이루어지지 않아서 그것을 따라 맞추자는 식의 진보주의의 연장선에서가 아니라 그러한 진보주의의 함정에서 벗어남으로써 비로소 문제 해결의 실마리를 찾을 수 있다는 것이다.

"문화"란 바로 자기 성찰 능력을 말하며, 그런 면에서 지금 시대의 "문화 발전"은 바로 "문화 발전"이라는 단어를 쓰지 않아야 하겠다는 성찰성에서 시작해야 할 것 같다. 기본적으로 문화는 한 인간 집단이 주어진 환경에 적응하여 살아가게 하는 도구라 할 수 있다. 문화는 사회 구성원들이 하나의 공동체로서 가진 포괄적인 적응 능력, 또는 위기 관리 능력인 것이다. 그런데 이 적응 능력은 인간이 가진 상징 조작

능력에 의존해 왔다. 인간이라는 생물체가 지난 5만여 년 동안 가변적인 환경에 훌륭하게 적응해온 것은 바로 상징을 통한 의사 소통으로 상호 협력하면서 필요한 것들을 창조해 왔기 때문이다. 끊임없이 변화하는 환경 속에서 실험을 통해 새로운 지식을 얻고 주변 관찰을 통해 상황을 제대로 파악하고, 자기 시대를 넘어서 볼 수 있었기 때문에 생존이 가능했던 것이다.

문화의 생명은 자기 표현 능력이다. 사회가 자신을 불편하거나 불안하게 만들 때 그것을 표현할 줄 알아야 의사 소통이 가능하고 집단적으로 공유하고 있는 문제를 알아차릴 수 있기 때문이다. 그러한 자기 표현은 자신의 감정 표현을 넘어서서 꿈꾸는 능력으로 나아간다. 자신이 살고 싶은 세상을 상상하는 것은 자기 시대를 넘어서는 대안적 문화를 생각해낼 수 있게 하고 자신이 원하는 방향으로 사회를 바꾸어 나갈 수 있게 한다. 그런 면에서 좋은 사회란 자신의 개인적 꿈이 사회적 현실에서 실현 가능하다고 느끼는 사람이 많은 사회다.

그런데 경제 위주의 발전만을 강조해온 한국 사회에서 자기 표현은 심하게 억압되고 있었다. 나는 단적으로 십대들의 대변자라 할 수 있는 "서태지와 아이들"이 은퇴 선언하는 장면에서, 그리고 자기 소멸적 인간상을 통해 가부장적 시대의 위기를 묘사해온 소설가 장정일의 구속에서 심하게 "벙어리 상태"에 있는 한국의 주민들의 모습을 본다. 앞에서 인용한 "서태지와 아이들"의 「교실 이데아」라는 노래나 「1996년 그들이 지구를 지배했을 때」라는 노래는 그들 자신의 삶을 아주 훌륭하게 표현한 노래이다. 그들은 자신의 감수성을 저당 잡혀야 하는 교육 현실이나 자신이 앞으로 살아가야 할 전지구적 금융 자본의 독주 시대를 예견하며 문제 의식을 공유해 나가려 했다. 다음은 「1996, 그들이 지구를 지배했을 때」의 일부이다.

천구백구육 아직도 그 많은 숫자들이 넋이 나가 있고
모두가 돈을 만들기 위해 미친 듯이 뛰어다니는 걸 나는 볼 수가 있었지
넌 항상 그 머릿속 구석엔 그대의 모습을 떠올리며 복종을 다짐해
지금 우리는 누굴 위해 사는가! 그에게 팔과 다리와 심장을 잡힌 채
넌 많은 걸 잃어 가게 됐네 우리의 일생을 과연 누구에게 바치는가…

이 노래의 창작자는 고등학교를 중퇴했고, 가수로 성공해서 신세대의 온갖 기대와 부러움을 받을 즈음에 "창조의 고통"을 감내하기 어렵다며 은퇴를 선언했다. 그리고는 척박한 이 땅을 떠났다. 이 사회는 그들의 표현력을 살려 내기보다는 소진케 하는 문화였고, 그들은 "탈진"하며 은퇴 선언을 할 수밖에 없었던 것이다. 아마도 그들은 자신과 함께 시대의 언어를 만들 동지를 규합하고 자신이 만들고 싶은 문화를 만들 수 있는 곳을 찾아갔을 것이다.

장정일 역시 시대를 감지하고 표현하는 데 뛰어난 작가이다. 그런데 그의 작품은 음란물 판정을 받아 징역 8개월을 선고받았다. 그는 18세 때 소년원에 잠시 들어갔을 때와는 달리 감옥 사회가 많이 좋아졌다고 말했다 한다. 그러면서 감옥 밖의 사회는 17년 동안 얼마나 개선되었는지, 특히 표현의 자유에 있어 퇴보한 것은 아닌지 묻고 있다.[1] 자기 표현 능력, 창조력, 상징적 분석력의 가치가 인정되지 않는 현 상태를

잘 드러내 주는 말이다.

지금까지 한국 사회는 문화적 자생력을 말살하는 방향으로 나아가고 있었다. 자기 표현이 엄중한 규제와 단속의 원리로 관리될 때 그 사회의 문화적 역량은 위축되고 소진될 수밖에 없다. 단지 법적인 차원의 단속만이 아니다. 일상적 삶의 원리 역시 문화적 역량을 죽이는 식으로 진행되어 왔다. 자기 표현의 가장 집약된 형태가 예술이라면 사실상 우리 사회의 많은 아이들은 어릴 때부터 피아노를 배우고 미술 학원에 다니며 그 분야에 기예를 익힌다. 그러나 자세히 관찰해 보면 대부분의 피아노 레슨은 자기 표현을 돕기보다 자기 표현을 할 시간을 빼앗는 식으로 작용했다. 문화적 창조란 놀이에서 나오는 것이지 "놀면 죽는다" 식의 강박 관념이 있는 상태에서는 이루어질 수 없다. 방학이 되어 아이가 아주 심심해지니까 저절로 책을 잡더라는 한 어머니의 관찰처럼, 자기가 마음대로 처분할 수 있는 시간과 공간이 곧 한 사회의 문화적 역량의 지표다.

이런 열악한 문화 부재의 상황에도 불구하고 "위기는 기회"일 수 있지 않은가? 통시적으로 보면 우리 사회에 문예 부흥기가 3세기 정도마다 있었다. 언론학자이며 문명사가인 최정호 교수에 따르면 15세기 세종대왕 시대가 왕권에 의한 이 땅의 르네상스기였다면 18세기는 중인 세력이 주도한 르네상스 시대였다. 그리고 21세기는 또 한번 "힘 있는 주변인들"에 의한 르네상스가 일어야 하는 시기라는 것이다.[2] 21세기

---

1) 이문재, 1997, 「감옥은 개선됐는데, 표현 자유는 퇴보」, 『시사저널』, 8월 7일자, 97쪽.

24

의 르네상스를 주도할 "힘 있는 주변인 집단"이란 젊은 세대와 여성을 포함하는 다양한 집단의 연대로 이루어질 가능성이 높다.

이러한 장기적 리듬에 따른 르네상스만이 아니라 실제로 단기적 차원에서도 근대사를 통해 여러 번의 문화 개방의 시기가 있었다. 20세기 초반 개화의 물결이나 1930년 전후의 대중 문화 시대가 열리던 당시, 그리고 1970년 전후의 자유주의 물결이 자기 표현을 강조한 시기가 그것이다. 그러나 그 시대는 근본적으로 식민지 상황이라는 한계를 가지고 있었고 따라서 나름대로 시대의 언어를 꽃피우지 못했다. 나는 대중이 문화적으로 극도의 억압을 경험하면서 그 어느 때보다 표현의 욕구를 강하게 드러내기 시작한 지금이 실은 바로 문화 시대를 열어 가는 진통의 시기라고 생각한다. 21세기를 내다보는 지금, 문화를 둘러싸고 사실상 보이지 않는 전선들이 만들어지고 있으며, 이 전선을 가로질러 새로운 시대가 열려야 하는 것이다.

기본적으로 내가 이 글에서 주장하는 것은 지금은 급진적인 시각 전환이 필요한 때라는 것과, 현실 파악을 위해서 더 구체적인 현실 속으로 들어가야 한다는 점이다. 그래서 현실을 "위"에서 보고 처방전을 조급히 쓰기보다 현실 자체를 그 눈높이에서 보는 것에 더 많은 비중을 두었다. 특히 현실 인식이 아주 다른 사람들이 한 공간에서 살고 있기에 "현실 보여 주기" 과정이 더욱 필요하였다. 그러면 아래에서 한국의 문화적 위기 상황을 몇 가지 주제로 나누어 살펴보기로 한다.

---

2) 문화 체육부에서 조직한 「문화 비전 2000 위원회」 회의에서 토론한 내용이다.

문화적 위기 상황

경제학자 레스터 써로우(1997)는 『자본주의의 미래』라는 책의 한국어 판 서문에서 한국의 상황에 대해 다음과 같이 말하고 있다.

> 지난 사반세기 동안 한국은 이 지구상에서 경제적으로 가장 성공한 나라 중 하나였다. 그러나 1인당 국민 소득 면에서 미국, 일본과 같은 경제 선진국을 따라잡기 위해서는 아직 가야 할 길이 멀다… 한국이 세계적 경제 선진국을 따라잡기 위해서는 앞으로 직면하게 될 매우 다른 환경에 적응하는 것을 배워야 할 것이다… 잘 훈련된 노동력은 한국의 과거와 현재의 성공에 중요한 원동력이었으며 미래에는 더욱더 중요하게 될 것이다. 그러나 앞으로 창의력이 기술 습득 못지않게 중요하게 될 것이다… 앞으로 성공은 현실에 안주하지 않고 변화에 능동적으로 대처하는 국가가 차지하게 될 것이다… 한국에 대한 질문은 간단하다. 한국은 그러한 실험적 사회의 일원이 되려고 노력할 것인가?(써로우, 1997: 4-5)

써로우의 말대로 한국은 가공할 속도로 경제 성장을 이룬 사회 중 하나이고, 그 동안의 발전은 철저하게 "사람"을 "구조"에 종속시키고 "정신"을 "물질"에 종속시키고 "문화"를 "경제"에 종속시킴으로써 이룰 수 있었다. "발전"과 "저발전"이라는 이분법적 논리와 끊임없는 축적과 진보가 가능하리라는 진보주의 신념이 경제 발전의 신화를 가능케 했던 것이다. 그러나 지금은 그러한 경제 성장에 브레이크가 걸렸고, 사방에서 "문화"를 찾아 나서기 시작했다. 경제적으로 더 이상 값싼 노동력으로 버틸 수 없는 단계에 접어들었고, 사회적으로 더 이상 "피곤과 짜증"을 견딜 수 없는 단계에 접어든 것이다. 이제 새로운 "인력"이 필요하고, "의사 소통이 되는 질서"가 필요하게 된 것이다. 단적으로 "인간을 도구화하는 문화"를 넘어서서 어떻게 "사람의 기가 사는 문화" 를 형성할 것인지가 문제의 핵심으로 떠오르고 있다.

　　　여기서 나는 한국 사회의 문화적 위기를 두 차원으로 나누어 살펴 보겠다. 하나는 "문화 전쟁" 시대로 돌입하는 시점에서 국가가 우려하 는 문제, 곧 문화 산업의 위상에서 시작하는 논의이다. 문화 산업을 일으키자는 논의는 "문화 발전"이라는 개념에서 일고 있는 것인데, 문 화적 빈곤이 경제 위기를 초래하고 있다는 것을 정부와 기업이 알아차 리면서 일어난 것이다. 저임금을 바탕으로 한 제조업 중심의 대량 생산 체제에서 고부가 가치 상품 생산으로 방향 전환을 해야 하는 시점에서 문화의 필요성을 절감한 것이다. 써로우가 말했듯이 창의력이 기술 습 득 못지않게 중요한 단계로 접어들면서 위기 상황을 맞은 것이다. 특히 문화와 경제의 이분법이 모호해지고 거대 자본이 독주하는 시대에 경 제에만 치중해온 제3세계 사회의 경쟁력은 아주 낮을 수밖에 없다.

　　　실제로 이 논의는 "근대 국민 국가적 패러다임"을 훨씬 넘어서서 전지구적 규모로 계급이 재편되고 양극화되는 시대까지 연결된다. 이 른바 후기 산업 사회에서 사람은 어떤 모습으로 살아갈 것이며, 어떤 전제를 가지고 어떤 감수성으로 미래를 바라볼 것인지, 후기 산업 사회, 또는 탈근대적 사회의 문화는 어떤 형태일 것이며, 사람은 어떤 주체를 형성해서 살아갈 것인지의 문제로 확대된다. 급격하게 변호하는 세계 체제 안에서 제3세계 주민들은 더욱 급격하게 "주체"가 "소멸"하는 상황에 부딪친다. 통제할 수 없는 변화의 속도 속에서, 그리고 고도로 세련화되는 정보 대중 매체의 홍수 속에서 사회 구성원들은 급속하게 수동적 "구경꾼"으로 전락하고 있다. 이 위기는 사실상 전인류적 파국의 위기이며, 21세기를 살아갈 젊은 세대가 가장 심각하게 대면한 현실이다.

이런 종류의 위기는 문화적 잠재력을 갖지 못한 사회에 더욱 치명적이다. 그래서 두번째 논의의 차원은 "근대" 형성과 관련이 있다. 실제로 이와 관련한 위기 담론은 지금 한국 사회에서 탈제국주의 또는 정신주의의 내용으로 채워지고 있다. 지나친 물질 중심주의적 근대화의 결과로 붕괴 위기에 처한 공동체적 관계 내지 도덕성을 살리자는 식의 주장이다. 경제만을 중시해온 지난 사반세기의 변화 과정을 반성하면서, "전통으로 돌아가자"는 복고주의에서, 명상의 시대로 가자는 내세주의에 이르기까지 다양한 치유책들이 제시되고 있는데, 지금은 그 논의의 수준을 높여 가야 할 시점이며, 이는 "대안적 근대성"의 개념으로 풀어야 할 부분이다.

문화 산업 시대의 문화적 위기

구직난과 구인난의 시대

1990년 중반부터 "문화 전쟁"이라는 단어가 자주 대중 매체에 등장했다. 이 논의는 "문화 산업," "국가 경쟁력," 때론 "문화 전쟁"이라는 단어들을 중심으로 더욱 치열해져 가는 전지구적 시장 경제게서 살아 남기 위해 국가 중심의 경제 전략 차원에서 일기 시작한 것으로, 일명 "세계화 담론"과 맥을 같이 한다. 구체적으로 우루과이 라운드 이후 외부의 경제 개방 압력을 긴박하게 느끼게 되면서 정부와 기업은 더 이상 안일하게 독점 체제를 유지할 수 없음을 알게 되었고, 21세기는 정치 전쟁이 아니라 경제 전쟁의 시대임을 감지하게 된다. 여기서 국가 는 "무력"과 "외교"만이 아니라 갈수록 경쟁이 치열해지는 세계 시장에 서 살아남기 위한 문화 상품을 생산할 "아이디어 맨"이 필요하다는 것 을 인지하게 된다. 경제를 살리기 위해 "문화 발전"을 추진하지 않을 수 없게 된 것이다.

기업은 "마누라만 빼고 다 바꾸자"면서 의식 혁명을 촉구하기 시 작했고, 정부는 "잘살아 보자"를 외치던 때와 흡사하게 "문화를 만들자" 면서 국민들을 재촉하기 시작했다. 때맞추어 문화 산업 쪽으로 많은 사람들이 몰려갔고, 특히 광고 쪽에서는 기발한 사람들을 찾아 나섰다. 그러나 우후죽순처럼 생긴 문화 기획 회사가 하는 일은 결국 기획이 아니라 기업 홍보부와 연줄을 맺는 브로커 일이며, 대중 가수의 매니저 가 하는 일이란 역시 돈을 챙기는 일이지 가수의 창조 활동을 지원하고 기획하는 일이 아니었다. 이 사회에서 창조적 집단을 길러 보겠다고 큰소리를 치던 기업들도 비슷한 상태에 머물러 있다. 그들 역시 기발한 아이디어는 서구에서 오는 것이고 복제하는 것이 더욱 싸다는 판단을 일찌감치 해버리고, 이 땅에서 자생적 문화 활동을 일구어 내기 위한 장기 투자를 하지 않는다. 이는 자기들이 만든 체제에 대하 신뢰감을 가져 본 적이 없는 식민지적 사회가 일반적으로 치르는 비용이며, 이로써 식민지 문화의 척박함은 개선되지 못한다.

나름대로 문화 산업을 일으켜 보려고 안간힘을 쓰고 있는 창의적인 중소 기업주들이 없지는 않다. 전통술을 빚어 서양의 위스키와 포도주 회사와 당당히 경쟁하려는 기업인을 나는 지난 주에 만났다. 그러나 실제 술을 사랑하는 이곳 주민들이 "폭음 문화"를 바꾸지 못하면, 목표를 이루기 힘들 것이다. 한국인들이 여전히 아주 싼 소주와 아주 비싼 양주를 마시는 음주 문화를 고수한다면 그가 내놓은 아이디어와 술 박물관은 조만간 수입 오퍼상을 하는 기업의 문어발 확장에 흡수되어 버림으로써, 또 한번의 좌절을 낳을 위험이 상당히 크다. 19세기에 대포와 군함을 만들어 내지 못했고, 20세기에 근대적 시민 사회를 만들어 내지 못했듯이, 21세기에 빌 게이츠와 스필버그가 나올 것을 기대한다는 것은 무리이다.

결국 사람이 변해야 하는데, 교육 현장을 둘러보면 그 미래가 암울하다. 1980년대까지 수출 주도적 경제 성장기에 한국의 입시 위주 교육은 그 나름대로 한국 사회 발전에 순기능적인 역할을 수행했다고 치자. 인본주의자들은 목청을 돋우어 이 비인간적인 입시 체제를 비판하였지만 당장 경제를 일으켜야 한다는 당위성 앞에서 그런 비판은 별 설득력을 갖지 못했다. 입시 위주의 제도 교육은 정부 주도적 대량 생산 체제에 적합한 노동자들을 길러 냈던 것이다. 입시 위주의 제도 교육은 청소년들을 새벽부터 밤까지 입시 공부에 몰두하도록 훈련함으로써 대량 생산 체제에 적응할 산업 인력을 짧은 시간에 대량으로 생산할 수 있었다.

학교에 다니면서부터, 청소년들은 참을성 있으며, 미래를 위해 현재를 기꺼이 희생하며, 장기간 한자리를 지키는 단순 노동에 이미 잘 길들여 졌던 것이다.

그러나 1990년대 들어서면서 "학력도 성도 전문성으로 극복한다"는 말이 나돌기 시작했고, 기업은 조직의 리엔지니어링에 들어갔다. "튀는" 아이디어를 가진 인력을 길러 달라, 시험 문제를 잘 풀기만 하는 학생은 더 이상 사회에서 요구하는 인력이 아니라는 메시지를 주기 시작했다. 3차 산업이 늘어나면서 점점 더 기술이 아니라 체험이 중요함을 알게 되고, 서비스나 고부가 가치 상품 생산 영역에서 필요한 사람은 실제로 많은 것을 경험하고 다양한 인간 관계를 맺을 수 있는 능력을 가진 사람들인데, 그런 사람을 찾기가 힘든 것이다. 고급 레스토랑 요리사나 웨이터가 그 일을 제대로 해내려면 자신이 그런 음식을 즐기는 사람이어야 하고, 좋은 집을 지으려면 건축가나 시공자가 그런 집에서 살아 보아야 한다. 기술과 참을성으로 버틸 수 있는 단계는 이제 지난 것이다.

상황은 이렇게 변하고 있지만 학교는 변함없이 상당히 단순한 작업이나 해낼 노동자를 길러 내고 있다. 급변하는 상황에 적절하게 대응하는 유연성, 고부가 가치 문화 상품 생산을 위한 창의력, 정보 전쟁 시대에 대처하는 정보 유통과 처리 능력, 그리고 협력적 관계 맺음의 능력이 중요해지고 있다고 언론과 정부와 기업에서 열을 올려도 학교는 여전히 대량 생산 제조업 시대에 적합한 인력을 길러 내고 있다. 하루 14시간 학교에 잡혀 있는 상태에서는 고부가 가치 상품을 생산해

넬 마니아도, 문화 산업을 일으킬 잘 놀 줄 아는 아이도 나올 수 없다. 공부를 하지 않고 놀기만 한 "날라리"들이 적지 않지만 그들은 그들대로 모든 학생들을 한 줄로 세워 우열을 가리는 체제에서 심하게 주눅 들어 "딴전"을 피울 줄은 알아도 제대로 일을 해낼 훈련을 받고 있지 못하다.

탈학교 시대

이런 위기 상황에 대한 인식은 교육 현장에서 그대로 나타나고 있다. 소수이긴 하지만 자신이 하고 싶은 것을 하기 위해 학교를 "미련 없이" 떠나는 아이들이 생기고 있고, 대중 매체에서는 이를 기다렸다는 듯이 대서특필하기에 이르렀다. "학업도 팽개쳤던 컴퓨터광, 창업 2년 만에 인터넷 업계의 '무서운 아이'로 떠올라" 등의 보도에서 보듯 실제로 학교를 떠난 이들 중에 대중 음악이나 광고, 또는 컴퓨터 계통에서 두각을 나타내는 이들이 출현하고 있다.3) 고등학교 1학년에 다니던 김현진은 학교를 계속 다녀서 좋은 점과 아닌 점을 조목조목 따진 대차 대조표를 만들어본 후 학교를 그만두기로 했다. 장차 영화 감독이 되려고 하는 그에게 제도 교육은 별 도움이 되지 않을 뿐 아니라 좋아하는 책과 비디오를 보지도 못하고 붙잡혀 있는 것은 오히려 자아 실현에 방해가 된다고 느꼈기 때문이다. 학교를 그만둔 그는 십대용 인터넷 잡지 편집장으로 글을 쓰면서 자습으로 대학에 갈 준비를 하고 있다.4)

---

3) 『연세대 동문 회보』 291호, 1996년 9월 1일자, 윤석민 웹 인터내셔널 대표 동문 인터뷰.

32

이런 이탈 움직임에 대한 이른바 "국민적 여론"은 그리 호의적이
지 않다. 제도권 교육을 거부하는 것에 대한 반발이 만만치 않은데,
『조선일보』1997년 7월 14일자를 보면 그러한 감정을 가진 한 국민의
의견을 읽을 수 있다.

10일자 29면「여고 1학년의 마이 웨이 선언」기사를 읽었다. 단순하게 보면
주인공인 김현진 양의 홀로 서기가 대단해 보이지만 실상은 바람직하지 못
한 처사가 아닌가 생각된다. 아무리 제도권의 학교 공부가 싫다고 하지만
사람이 기본적인 지식을 터득한 후에 사회 생활을 시작하는 것이 순서가
아니겠는가? 요즘의 학교 공부가 상급 학교 진학을 위한 입시 준비 위주로
전락한 것은 사실이지만 김양처럼 고등학교 1학년을 마치고 자퇴하는 것은
문제가 있다고 생각된다… 또 김양은 선생님의 얘기, 특별 활동, 암기 시간,
자율 학습, 등하교 시간들이 불필요하게 낭비되는 시간들이라고 했는데 선
생님의 말씀이나 등하교 시간까지 불필요한 시간이라고 할 수 있는가? 잠만
자고 오는 특별 활동이라고 했는데 김양이 다니던 학교는 특별 활동 시간에
잠만 잤다는 말이 된다. 우리 나라에 이런 학교는 없는 것으로 안다. 그리고
김양이 취직한 (주)솔빛 회사는 김양의 취업으로 미성년자 고용에 대한 법
을 어기지는 않았는지 묻고 싶다. 아무튼 이 기사는 또래의 아이들에게 역
효과를 줄 뿐이라고 생각된다(심진만, 서울 성북구 삼선동 3가).

교육 인적 자원부에서는 경제 성장을 지속하기 위해서 고급 노동

---

4)『조선일보』1997년 7월 10일자 29면, 「여고 1년생의 마이 웨이 선언」, 『동아일보』7월
18일자 41, 42면, 「하고 싶은 것 하려 학교도 그만뒀죠」.

력을 길러야 한다고 말하고, "어른들"은 "당위"를 내세우며 개혁적 실험에 대해 강한 거부감을 드러내고 있다. 이런 상황에서 현 정부는 일관된 철학으로 정책을 밀고 나가지 못하고 있다. "표"를 의식해야 하는 마당에 대중 — 실제로는 중산층 장년 남성들 위주의 여론 주도층 — 의 눈치를 볼 수밖에 없고, 그러다 보니까 일관된 정책을 밀고 나갈 수 없는 것이다. 기업에서 오히려 새로운 인력을 만들어 내는 취업 교육을 실시해 갈 수 있을 것이나, 청소년기에 학교에서 길러낸 재목 자체가 상당히 저급한 수준에서 성장을 멈추어 버렸기 때문에 수준을 높이기가 쉽지 않다는 이야기가 오가고 있다. 지금의 교육이 21세기적 상황에 맞는 인력, 특히 문화 산업을 주도할 인력을 기르지 못하고 있다는 점은 이제 교육 관계자들의 소리만이 아니다. 결국 한국 교육계가 큰 변화를 이루어 내지 못하는 한, 한국의 문화 산업은 앞으로 제도권에서 "이탈"한 학생과 외국에서 온 교포들의 창의력에 기대거나 "백년 하청 체제"로 굴러갈 수밖에 없을지 모른다.

개발 독재형 대량 생산 시대에 맞는 입시 위주 교육에 대한 비판과 대안 모색이 1980년대에 일부 지식인들에 의해 제기되었으나, 전지구적 시장 개방이 이루어지고 있는 지금, 기업과 정부 부처에서도 이를 절실하게 제기하고 있다. 그리고 청소년 자신들도 이제 문제를 제기하고 나서기 시작했다. 대졸의 취업이 점점 어려워지고 있고 불황이 지속되리라는 보도가 무성한 가운데 자구책을 마련해야 하는 집단은 기업이나 국가만이 아니라 청소년 자신들인 것이다.

중간층의 몰락과 계급 양극화의 시대: 자본, 기술, 상징 자본에 의한 재편

지금 아이들은 전지구적 자본주의 시대를 살아갈 훈련을 해야 할 세대이다. 제레미 리프킨은 그의 최근 저서『노동의 종말』에서 현재의 세계 경제 상황을 다음과 같이 분석하고 있다. 다국적 기업들은 매일 수익이 증가하고 있다고 발표하지만, 기업들은 대량 해고를 단행하고 있다는 것이다. 한편에서는 경제가 호전될 것이라고 속삭이지만, 전지구상의 노동자들은 일자리가 없는 경기 호전이 어떤 것인지에 대해서 당혹해 하고 있다는 것이다(리프킨, 1996: 10-12). 대부분의 감축은 기업 재구축과 노동 절감 기술의 도입에 의한 것으로, 인류는 더 적은 수의 노동자들이 전세계 인구를 위한 재화와 서비스를 생산하는 역사상 새로운 단계에 접어들고 있다고 리프킨은 지적한다.

과거에는 신기술이 특정 부문의 노동자들을 대체하면 대체 노동력을 흡수하는 새로운 부문이 항상 출현했는데, 오늘날은 그들을 영구 실업자 대열로 몰아내고 있다. 늘어나고 있는 유일한 부문은 기업가, 과학자, 디자이너, 소프트웨어 분석가, 생명 기술 연구자, 토목 기사, 홍보 전문가, 변호사, 경영 컨설턴트, 금융 컨설턴트, 건축가, 전략 기획가, 마케팅 전문가, 영화 제작자 및 편집자, 예술 감독, 교육자, 작가 등 소수 엘리트들로 구성된 지식 부문이다. 이들 지식 산업 노동자들은 문제를 확인하고 처리하며 해결하기 위한 첨단 정보 기술의 사용에 의해 통합된 다양한 집단이며 후기 산업 사회를 구성하는 정보의 흐름을 만들고 조작하며 공급하는 사람들이다(리프킨, 1996: 237). 리프킨은 제3차 산업 혁명, 곧 정보, 커뮤니케이션 기술, 세계 시장의 힘은 세계

인구를 두 집단으로 분해하고 있다면서, 새로운 세계적 차원의 엘리트인 상징 분석가들은 기술과 생산력을 통제하는 한편, 점증하는 노동자들은 고용 전망이 없는 영구 실업자군으로 존재하리라고 내다본다.

미국 인구의 예를 들면, 인구의 0.5%가 기업 주식의 37.4%와 사기업 자산의 56.2%를 소유한다. 실제 기관 투자가의 기금이 높아지고 있는 것을 감안하면 이들의 소유는 사적 소유의 대부분을 차지한다. 그 갑부층의 바로 밑에 인구 4%를 차지하는 새로운 전문가들, 고도로 훈련된 상징 분석가 또는 첨단 기술 정보 경제를 관리하는 지식 노동자들이 있고, 그 아래 16%가 하위의 지식 노동자를 구성하고 있다. 미국 노동력의 20%를 차지하는 이들 지식 계급이 나머지 5분의 4의 인구를 합친 것보다 더 많은 수입을 올리며, 다른 임금 소득자들의 수입이 계속 감소함에도 이들의 수입은 계속 증가한다고 한다(리프킨, 1996: 236-7). 이들의 전문 기술과 서비스는 전세계 시장에서 팔리고 있고 이들의 활동이 세계에 미치는 영향력은 갈수록 높아지고 있다.

노마 필드 역시 기술 발전이 인간을 지루한 노동에서 해방하는 것이 아니라, 전지구적 노동력이 스트레스 높은 엘리트 노동과 밑바닥 노동으로 양극화되고, 그 중간층은 실직과 저고용 상태에 처하는 구도로 가고 있음을 예견하였다. 전문가 집단은 과잉 노동에 시달리고 비전문가 집단은 과소 노동 또는 무노동 상태에서 살아간다는 것이다. 문화적으로 볼 때 이들 다수의 만성 실업자군 또는 불안한 다수 조건부 노동자 예비군의 존재는 아주 심각한 문제를 야기한다. 실업자들은 죽어 가는 환자와 비슷한 병리적 증세를 보이며, 실제로 미국에서 직장

내 고용주에 대한 살인 범죄가 1989년 이래 3년 만에 3배로 늘어났다고 한다(필드, 1996: 265). 또 이 맥락에서 자살하는 이들도 늘어났는데, 이런 현상과 관련해 분석해야 할 현상은 무법자 하위 문화의 형성이다. 리프킨은 미래 노동 현실의 문화적 함의에 대해 다음과 같이 말하고 있다(리프킨, 1996: 266-7).

> 전세계 노동력의 죽음은 돈에 눈먼 고용주와 무관심한 정부의 손에 의해 매일 자신의 죽음을 경험하는 수백만의 노동자에 의해 현실화되고 있다. 그들은 해고 통지서를 기다리거나 깎인 보수에 시간제로 일해야 하며 복지 수당을 받아야 하게끔 밀려나고 있다. 또다른 새로운 모욕과 함께 그들의 신뢰와 자존은 날아가 버린다. 그들은 첨단의 새로운 국제적 산업 및 무역 세계에서 소모품화되고 관련이 없어지며 마침내 사라져 버릴 것이다.

실제로 다수의 현대인은 "침체된 임금, 작업장의 미쳐 날뛰는 듯한 작업 속도, 파트타임 조건부 노동자의 증가, 장기적인 기술 실업의 증가, 가진 자와 못 가진 자의 소득 불균형, 중산층의 극적인 축소" 등의 현실 앞에서 극도의 스트레스를 받고 있으며, 실업의 증대는 범죄 및 폭력의 증대를 불러오리라는 것이다. 수많은 빈민과 절망에 빠진 인간들이 새로운 하이테크 지구촌의 바로 옆에 내팽개쳐지고 있고, 이들 중 다수는 범죄에 빠져들고 있으며, 새로운 거대한 무법적 하위 문화를 형성해 가고 있다.

리프킨은 동시에 새 계급의 주체에 관해서 우려를 표한다. 그는 상징 분석가로 구성된 많은 전문가들이 세계의 최대 도시어서 일하고 있지만 그 지역에 대한 애착은 거의 찾아볼 수 없음을 지적한다. 그들이 사는 곳은 그들이 들어가 일하는 전세계적인 네트워크보다 훨씬 덜 중요하다는 것이다. 이들은 자신이 사업을 하고 있는 어떠한 나라의 국민들보다도 서로간에 공통점이 많은 새로운 세계인 집단, 첨단 기술을 가진 "유목 종족"을 형성하고 있다. 리프킨은 2020년경이면 미국의 수입 중 60%를 차지할 이 신흥 첨단 기술을 익힌 국제 노동자 집단이 그들의 소득을 국가와 전체적으로 공유해야 한다는 데 동의하지 않을 것이며 미래 시민으로서의 책임을 간과할지도 모른다고 말한다(리프킨, 1996: 239). 이들은 주위의 사회적 혼란과 붕괴에서 멀리 떨어져서 동일한 사회 구성원으로서 동류 의식을 느끼지 않으리라는 것이다.

신기술이 인류를 자유롭게 할 것인지 대량 실업과 세계적인 불황을 가져올 것인지는 각 국가가 생산성 향상이라는 문제를 어떻게 처리하느냐에 달렸다. 리프킨의 제안대로 이런 재앙적 상태로 가고 있는 문명의 대안은 시장 지향적 시각에서 벗어나 제3부문을 확장하고, 탈시장 패러다임을 형성해 가는 일일 것이다. 사실상 리프킨이 우려하는 미래는 우리 눈앞에도 매우 가까이 와 있다. 우리 역시 하이테크 지구촌 시대를 살아가고 있으며 기술 혁신과 세계 시장에 우리 삶의 상당 부분을 의존하고 있다. 리프킨의 논의를 우리의 상황과 연결해 보면 단기적으로 한국 사회가 당장 전지구적 시장 경제에서 4%에 드는, 또는 20%에 드는 지식 노동자층을 얼마나 배출하고 있는지의 문제가 있을 것이다. 사실상 바로 그들이 나머지 80%의 운명을 좌우할 것이고, 그때도 국가가 중요한 단위로 작용하면, 바로 국가간의 힘겨루기의 실세가 될 것이기 때문이다. 사실상 이 4%는 리프킨이 지적한 대로 "세계적 유목민"의 정체성을 가진 무국적 문화인일 가능성이 높다. 사실상 경직된 정체성을 가진 이들 중에서 새로운 지식인이 나올 수 없는 시대다. 중요한 것은 세계를 주도하게 될 첨단 지식 노동자들이 나름대로 자신을 낳아 주고 길러 준 사회와 유대감을 느끼면서 공동체 구성원의 감각을 잃지 않게 하는 일일 것이다. 이때 "매력적인" 문화를 가진 사회일수록 그런 인구를 만들어 내거나 끌어들일 여지가 높다.

그와 동시에 "선진" 대열에서 탈락한 다수의 만성 실업자군과 그들이 만들어 낼 "무법자 하위 문화"를 생각해 보자. 나는 우리 사회가 지금과 같은 식으로 나아간다면 국민들 중에 자신의 삶에 만족하는 사람이 거의 없을 것이고, 서구 사회보다 더욱 빠른 속도로 무법자 하위 문화가 판을 치게 될 것이라는 예상을 한다. 내가 우려하는 것은 지금 한국 사회가 "세계"를 만들어 가는 범주에 드는 인력을 길러내고 있기 보다는 거대한 무법적 하위 문화에 강한 친화감을 느끼는 다수의 청소년들을 양산해 내고 있다는 점이다. 이런 양상을 잘 그려낸 학생의 보고서를 인용해 본다.5)

> 요즘 십대, 그리고 내 동생과 나 (사회학과 91학번 이상)
>
> 요즈음 십대를 특징적으로 보여 주는 몇 가지 장면. TV에서 폭주족을 다룬 장면을 우연히 보게 되었다. 떼를 지어 다니며 갖가지 위험하고 아찔하기도 한 포즈를 취하며 도심 차도를 무법 천지처럼 질주하는 폭주족과 그것을

---

5) 이 글은 1997년 봄학기 내가 담당한 「사회학의 탐색」에 낸 보고서이다.

흥미진진하게 구경하는 주변 사람들 — 구경꾼은 십대에서 이십대 사람들인 것 같은데 박수와 환호로 이들의 묘기를 관람한다 — 경찰은 이들의 뒤를 분주하게 쫓아가지만 어림이 없고, 주변 구경꾼들의 야유만 받을 뿐이다. 이어 폭주족의 인터뷰. "단지 달리고 싶어서 달리는 것뿐이죠. 얼마나 신나는지 알아요? 스트레스가 확 풀려요." "위험하지 않아요?" 기자의 질문에 "물론 위험하죠. 많이 다쳐요. 죽기도 하고. 하지만 달리다가 죽을 수도 있다는 것이 매력이에요. 멋있구요. 여자들이 뻑 가죠."

곧 이어 고등학생들의 일일 찻집, 일일 호프 문제를 다룬 프로가 나오는데 화면은 그들이 빌린 술집에서 마치 못된 장난이라도 하다가 급습을 당한 죄인처럼 얼굴을 가리고 고개를 숙이고 있는 학생들을 클로즈업한다. 그 중 여학생 하나가 얼굴을 돌리고 삐딱하게 앉아 있는 상태로 한마디 던지는데 그야말로 짜증나고 거추장스러운 듯한 어투와 목소리로 "아이, 짜증나, 증말." 마치 전국의 어른들에게 들으라고 하는 것만 같다.

어제 오늘 일은 아니지만 요즈음 십대 청소년들의 겁 없는 행동과 이유 없는 반항은 많은 사람들의 입에 오르내리고 걱정의 대상이 되었다. 숙제 안 해 갔다고 꾸중하는 선생님에게 "아이, 숙제 정도 안 한 걸 가지고 되게 그러네" 하며 대드는 아이, 쉬는 시간에 아이들끼리 모여서 친구가 새로 산 반지를 만지작거리고 있을 때 선생님이 다가와 같이 좀 보자고 하니까 선생님과 상관없는 일이니까 간섭하지 말고 매정하게 이야기하는 여중생. 단란 주점이나 사창가에서 흔히 볼 수 있는 "영계"나 그들을 소개해서 거액의 돈을 챙기는 고교 중퇴생들. 짙은 화장에 70년대 복고풍 패션을 하고 밤거리를 다니다 눈이 맞은 남자애와 하룻밤을 지내는 십대 소녀.

지금 교실에는 세 가지 부류의 아이들이 공존한다. 이유 없는 반항의 주인공들, 이들은 더 이상 소수도 아니고 비주류도 아니다. 학교에서는 얌전하고 밖에 나오면 다른 얼굴을 하는 이전의 탈선자도 아니다. 자신의 행동과서 이십대 사람 삶의 방식에 대해서 떳떳하다. 다음으로 그냥 그저 그렇게 시간을 때우다가 집으로 돌아가는 만성적으로 소외된 삶을 살아가는 아이들, 마지막으로 교실의 또다른 희생자들, 범생이들이 있다. 분명한 것은 탈주하는 십대의 행동과 의식이 소수의 막가는 애들의 전유물이 아니라는 것이고, 이유 있는, 이유 없는 반항이 늘어가고 있다는 것이다. 아이들은 기성의 모든 권위와 제도들의 위선과 가식을 비아냥거리며 냉소하고 각자 나름대로 개기고 있는 것이다.

내 동생의 이야기를 해보겠다. 73년생이다. 공부도 어느 정도 잘하고 성실하게 학교를 다니던 아이가 갑자기 기타를 잡더니 학교를 중퇴하여 그 길로 나가겠다고 선언했다. 집안이 뒤집혔고 숱한 갈등과 다툼의 과정이 시작되었다. 동생은 학교에서 더 이상 의미를 찾지 못하겠으며 자기가 하고자 하는 길에 고등학교 졸업장은 하등의 의미도 없다고 했다. 나는 옆에서 어머니의 적극적인 옹호자로 동생의 말도 안 되는 주장에 대해 면박을 주곤 했다. 집안에서 동생 편은 아무도 없었다. 다들 별종을 바라보듯 했으며 어린 나이에 인생의 패배를 선언하고 부모의 기대를 등져 버린 자식 취급했던 것 같다. 당시만 해도 사회적 분위기가 많이 경직되어 있었고 기타를 치는 것을 바라보는 사회적 시각 또한 상당히 보수적이었다. 지금은 나도 그렇고 부모님도 그렇고 동생이 자기가 하고 싶은 것을 잘 선택해서 다행이라고 생각하고 있으며, 오히려 말썽 한번 일으키지 않고 공부를 잘해서 명문대에는 갔지만 취업조차 불투명한 내 미래가 더 걱정이신 것 같다. 나도 예전의 중고등학교 시절을 생각해 보면 참으로 한심하기 그지없고 안타까워서 잠도 안 올 지경이다. 한마디로 철저하게 속고 살았다는 분한 느낌이 가시질 않는다. 어떤 사람들은 그래도 성공적이지 않았냐고 말할지 모르지만 나는 만성적으로 소외된 삶을 살았다. 사고할 줄 모르고 그냥 불편해도 다른 방법을 모르니까 참고만 지내 왔던 것이다. 참는 것에 너무도 익숙해져 버린 우리들. 학교에서의 그런 삶의 모습이 사회에 나가서도 그대로 이어짐을 목도한다. 관성화되고 타성화되어 어떤 문제에 대해서도 체념과 침묵으로 이 학생의 뒤늦은 자각이 실천으로 옮겨질 수 있을까? 적어도 자신의 자식 대에는 달라질까? 일류 대학에 가서 좋은 직장을 얻어 윤택하고 안정된 삶을 살게 되리라는 보장이 점점 희박해지는 시대에 과연 누가 더 행복하고 건강한 삶을 살게 될까? 수입은 적지만 자기가 하고 싶은 일을 하는 사람과 갈수록 치열해지는 고도 기술 사회에서 숨가쁘게 쳇바퀴 돌아야 하는 사람의 차이. 교사와 학생, 학생과 학생 모두 패자가 되는 숨막히는 공간, 모두를 소외시키는 무한 경쟁에 내팽개쳐 버렸다는 느낌을 갖고 살고 있는 이 대학생이 취한 선택은 어떤 것일까?

근대화와 일상성의 파괴

21세기에 "잘 살아 남을" 사회란 자포자기하지 않는 사람들이 많은 사회일 것이다. 그것은 바로 건강한 일상 문화를 뜻한다. 문화적 주체성을 가진 시민이 이끌어 가는 사회는 위기 상황에서도 건강하게 살아 남는다. 우리 사회는 이런 위기 상황을 돌파할 문화적 잠재력을 충분히 비축하고 있을까?

물적 조건의 변화와 문화적 조건의 변화가 항상 보조를 맞추는 것은 아니다. 최근 30여 년 동안 한국 사회는 극심한 물적 조건의 변화를 경험한 반면 새로운 시대 정신을 만들어 내는 것에는 실패했다. 농경적

봉건제에 적합한 문화에서 근대적 산업 자본주의화 내지 도시적 현대 사회에 적합한 문화를 향한 이행이 순조롭게 이루어지지 않았다는 것이다. 근대화를 추진하는 데는 여러 가지 길이 있고, 따라서 반드시 서양의 길을 따라갈 필요가 없다는 주장을 요즘 들어 더욱 자주 듣게 되며, 실제로 근대화를 추진하는 데는 서양이 거친 시행 착오를 거치지 않고 대안적 근대화의 길을 갈 수 있다. 그러나 기본적으로 근대적 자본주의 시대의 정신이란 것이 있으며, 그것은 일정 정도 "농경적이고 봉건적인 왕조 질서"와의 단절과 새로운 시민 사회 형성을 위한 공동체 의식을 기초로 한다.

근대적 정신은 사회적 분화가 급격하게 일어나는 시대에 적응하는 태도와 가치로서, 마샬 버만이 정리한 바에 따르면 변화를 추구하는 태도, 개인을 바탕으로 하는 유기적 유대 의식, 다원주의적 의사 소통법이 그 바탕이 된다(버만, 1982). 근대의 덕목인 자유와 평등이라는 개념 역시 이와 관련된 가치다. 근대의 절정기를 넘어선 서구에서는 그러한 근대 정신이 낳은 부작용, 곧 개인의 원자화라는 문제를 두고 고심하고 있는데, 제3세계적 발전을 이룬 한국의 경우 여전히 이 "근대적 합리성"의 문제를 두고 고민해야 할 지점이 남아 있다.

그간 한국 사회의 변동은 물적 조건을 향상시키는 도구적 합리주의와 조작주의가 문화적인 지배 원리로 작동하는 사태를 낳았고, 장기적으로 공동체의 삶을 이끌어갈 사유의 힘 또는 언어를 퇴화시켰다. 이러한 불균형 발전의 결과가 지금 곳곳에서 터져 나오고 있는데, 우선은 지속적인 경제 성장에 브레이크가 걸렸고, 다음으로는 사회 생활 전반에 걸쳐 의사 소통 체계가 붕괴하면서 불신으로 가득한 병든 사회가 되고 있다. 기본적으로 "근대"는 "빵"과 "자유"를 향한 새로운 시대를 열었는데, "빵"을 겨우 마련했을 뿐 그 시대의 문제를 풀어갈 기본적인 정신, 특히 "(봉건)으로부터의" 자유를 추구하면서 "새로운 신뢰 사회를 향한 자유"를 갖지 못한 것이다. 이런 상황에서 가장 큰 "적"은 안주하려는 욕망과 획일성에 대한 여전한 집착, 그리고 권위주의일 것이다.

안주하려는 욕망

중세 질서를 깨뜨리며 시작한 근대는 변화를 추구하는 태도에서 시작했다. 서구 열강의 강요로 개방을 할 수밖에 없었던 한국 사회도 커다란 변화의 소용돌이 속에 있었다. "모든 새로운 것은 좋은 것이며, 우리 것과 오래된 것은 나쁜 것"이라는 인식은 그러한 근대의 소용돌이가 만들어낸 산물이다. 사실 "막가는 변화 추구"는 바람직한 것이 아닐 터이다. 최근 들어 경제 사정이 좋아지면서 보수 성향이 나타나고 있다.

최근 보수주의의 부상은 지난 일세기에 걸쳐 약소국으로서 당해 온 서러운 삶과 사반세기의 초고속 "경제 동물화" 과정을 살펴볼 때 이해하기 어려운 현상은 아니다. 나 자신도 요즘에는 비판보다는 위로와 자축의 언어를 쓰고 싶고, 변화를 최소화하려는 노력을 하고 있다. 그 동안 한국 사회의 근대화는 사실상 파행적 자본주의화 과정이었다. 국제적 자본의 환경과 "잘살아 보자"는 집념이 이루어 낸 "경제 기적"은 사실상 많은 인간적인 것을 저당 잡히고 이룬 "기적"이며, GNP 1만

불을 기록한 이래 사람들은 이제 정신을 잃었다. 살인적인 경제 성장의 속도에 치었고 급변하는 환경에 적응하느라 지쳐 버렸으며, "문화"와 의사 소통이 있는 관계들을 앗아간 상태에서 몹시 불행함을 느끼고 있다. 그래서 "근대"를 계속 일구어 가기보다는 안주하고자 하는 유혹에 넘어가고 있다. 가난해도 인정이 통했고, 말이 통했던 시대를 그리워하면서 더 이상 변혁을 원하지 않는 성향을 보이기 시작한다는 것이다. 지금 한국 사회가 당면한 문화적 위기의 일면은 산재한 문제를 앞에 두고도 지금 가진 것에 안주해 버리려는 성향이다. 가진 것이 없었을 때 사람들은 변화를 원했으나, 지금 그것을 잃을 것이 두려워 진보적 개혁에 심한 거부감을 보이기 시작하는 이들이 생기고 있다.

1990년대 들어서서 전통적 가치를 되찾자는 움직임이 일고 있는데, 이들 목소리 중에는 문명적 전환을 위한 방안을 전통에서 찾으려는 움직임도 있지만 가장 큰 목소리들은 주로 자신이 보고 싶지 않은 것에 대한 "탄식"과 "호통"으로 일관하는 목소리이다. 이들의 목소리는 천민 자본주의가 졸속으로 만들어 낸 선정적 상업 문화에 반대하는 엄숙한 도덕주의자의 목소리지만, 따져 보면 체제 유지에 기여한다는 점에서 이 두 세력은 동류이다. 기득권자들은 불안에 떨면서 나름대로 부지런히 대응을 하고 있는데, 특히 규제와 단속으로 체제를 유지해 보려고 하는 것이 보수주의적 대응의 대표적 사례이다. 교육계의 개혁과 관련하여 이런 심리를 대표하는 일반 시민의 글을 하나 읽어 보자. 이 글은 한 고등학생이 쓴 『당신은 나의 선생님이 될 수 없어요』란 책을 소개한 기사에 대한 반응이다.

5월 28일자 37면 『당신은 나의 선생님이 될 수 없어요』란 책을 펴낸 청소년의 기사를 읽었다. 공감 가는 부분이 없진 않지만, 마치 그 학생을 용감한 반란자로 묘사한 기사 내용에는 반감을 가질 수밖에 없다. 한 고교생이 외국에서 살다가 우리 나라에 다시 와서 겪는 어려움은 이해할 수 있으나, 그것이 우리의 교육 전반에 대한 불만으로 표출돼 미국 생활만이 좋은 추억으로 남아 자신의 주위 환경이 마치 감옥인 양 생각하는 것은 지나친 비약이다. 오늘도 우리 학생들은 어려운 환경 속에서 불편을 참으며 묵묵히 할 바를 다하고 있는데, 이들은 모두 어리석은 공부 기계들에 지나지 않는단 말인가? 그들도 불만을 느끼고 그 속에서 살아가는 어려움과 세상의 불합리한 틀을 배우는 것이다. 물론 우리의 학생들이 미국처럼 좋은 환경에서 교육받는 것도 바람직하지만 과연 그것만이 상책일까? 미국의 교육도 나름대로의 단점이 있는데 잠시 그곳에서 살다가 좋은 단맛만 보고 돌아와서 "아! 우리는 왜 이러나" 하는 불만은 편견에 지나지 않는다. 미국뿐 아니라 잘사는 여러 나라도 우리 못지않은 학벌이 존재한다. 마치 학벌이 우리에게만 있는 것 같은 생각을 버려야 한다 (장영일, 고려대 공대 대학원, 『조선일보』, 1997년 6월 4일).

제도권 교육을 고수하려는 이러한 목소리에 대한 십대의 반론은 변화에 대한 다른 태도를 보인다.

고교 1학년에 재학 중인 학생이다. 지난 4일자 여론 면에 게재된 「학벌은 미국에도 있다」란 장영일 씨의 글에 공감할 수 없다. 『당신은 나의 선생님이 될 수 없어요』라는 책을 펴낸 학생이 "아, 우리는 왜 이러나"라고 한 것이 편견이라고 했는데 그 이유를 모르겠다. 우리 나라의 교육 제도는 교사 위주이고 학생의 자율적 참여는 찾아볼 수 없다. 학생은 학교에서 하라는 것을 할 뿐이고 교사는 진도를 나갈 뿐이다. 자신의 학과를 연구하고 더 잘 가르치기 위해 노력하는 선생님들은 몇 되지 않는다고 생각한다. 학생은 공부가 좋아서 하는 게 아니고, 더 깊이 있는 것을 배우기 위해서 대학에 가는 것도 아니다. 그런데 이렇게 수동적이고 기계적인 우리의 현실에 대해 장영일 씨는 "현실에 불만을 느끼고 그 속에서 살아가는 어려움과 불합리한 틀을 배우는 것"이라고 했다. 그럼 "우리 사회는 어차피 불합리한 것이니 앞으로 사회에 나가서도 불만을 가지지 않도록 적응하라"는 말인가? 우리의 불합리한 사회에선 지금은 참된 스승과 제자 사이마저 없어지고 있다. 우리 학교에서는 담임 선생님을 "담탱이"라고 부른다. 이러한 현실을 그대로 계속 유지하다 보면 앞으로 무슨 일이 일어날지 장영일 씨는 생각해 보았는지 궁금하다(박효정, 서울 금천구 독산 1동).

학교와 배움에 대한 무조건적 존경심을 가지고 체제를 고수하려는 기성 세대와 그런 시선에 대해 어이없어 하는 신세대의 공방전은 신문지상만이 아니라 곳곳에서 일어나고 있다. 사실상 지금의 공동체 붕괴, 의사 소통의 붕괴 상황을 치유하기 위한 방안은 현상태를 고수하자거나 전통으로 돌아가자는 슬로건이 아니라 당장 눈앞에서 파편화되고 있는 관계들을 어떻게 다시 맺을 것인지에 달려 있다는 것이다. 변화를 더욱 적극적으로 추구해야 한다는 것이다.

획일주의와 권위주의

이론적으로 "근대"는 개성의 시대이며 다원주의적 질서가 뿌리 내리는 시기이다. 획일주의와 권위주의적 지배의 자리에 개성과 문화적 상대주의와 다원주의, 그리고 합리적 의사 소통이 자리 잡아 가는 것으로 되어 있다. 자신이 원하는 바를 추구하며 독창성을 발휘하는 것, 그리고 그로 인해 점점 더 분화되는 상황에서도 의사 소통을 할 수 있는 "유기적 연대감"을 내면화할 필요가 있는 것이다. 서로의 경험 세계를 잘 모르더라도 공존할 수 있는 도덕률, 구체적으로 나이와 성과 계층과 인종의 차별 없이 상대의 인격을 존중하며, 최소한의 공존을 영위할 수 있는 문화적 상대주의의 규칙이 생겨나야 하는 것이다. 제3세 계적 발전의 또다른 특징은 근대화 과정에서 획일주의와 권위주의가 일상 생활의 장에서 사라지는 것이 아니라 오히려 강화되는 경향을 보인다는 점이다. 국가 주도적이고 군사 문화적 일사불란의 고도 성장 과정에서 획일주의와 관료적 권위주의는 강화된다(한상진, 1990). 제3 세계의 문화적 위기 상황은 이 점에서 더욱 어려워진다.

교육과 관련해서 이 문제를 살펴보자. 한국의 학교는 일제 강점기 에 대중화되었고 일본 제국주의적 지배의 도구가 되어 왔다. 해방 후 최근까지 지속된 제도 교육 역시 정당성 시비에 시달리던 정권 아래서 그 정당성을 확인해 주는 역할을 해왔다. 교육이 근대화를 위한 자율성 을 갖기보다 정권의 하부 구조로서 존재해 왔다는 것이며, 이는 현재 학교 문화가 얼마나 관료적 권위주의 체제로 굳어져 있는지를 보면 알 수 있다(조혜정, 1996: 27-44).

현재 한국 사회의 문화적 위기는 바로 새로운 인력을 길러 내야 할 교육이 철저하게 권력에 종속되어 있다는 데 기인한다. 21세기를 바라보는 지금까지도 획일적인 평준화 교육이 지속되는 것은 교육계의 기득권 집단들이 외부 세력과 묘한 공생 관계에 있기 때문이다. 관료적 권위주의와 획일주의에 찌든 교육계는 한편으로는 비합법ᵌ인 부패 정권과, 다른 한편으로는 신분 상승만을 일생의 목표로 삼은 학부모와의 결탁 관계 속에서 지금까지 존속해 왔다. 그러한 기득권층은 교육계 안에 자생력이 생기는 것을 가장 두려워했고, 따라서 모든 개혁 세력을 억압해 왔다.

신세대의 반란

그런데 그 체제는 지금 거대한 저항 세력을 맞고 있다. 그 세력은 다름 아닌 학생들이다. 학생들은 개성 있는 사람이 되고, 자유로운 삶을 살고 싶어한다. 이 열망은 해방 직후에도 있었으며, 내가 학교를 다니던 1960년대, 지구 저편 유럽과 미국, 그리고 일본에서 청년들에 의한 새로운 대안 문화 운동이 활발하게 일 때도 있었다. 그리고 지금 21세기를 준비하는 청소년들이 그 어느 때보다 강하게 그 열망을 드러내고 있다.

그런데 그들이 가고 있는 곳은 대안 문화를 형성하는 곳이 아니다. 개성을 추구하고 개인주의를 익히며 최소한의 다원적 질서를 추구해 본 경험이 없는 이들은 서구의 청년들이 20여 년 전에 했듯이 집단적인 저항을 통해 기성 세대와 "협상"하는 법을 모른다. 그래서 문화를 바꾸어낼 하나의 대안적 세력이 되기보다 기성 세대가 만들어낸 천박한 유흥 문화를 모방하면서 집단적으로 "흐트러지거나" 자폭하고 있다. 그들이 가고 있는 곳은 파행적 자본주의화가 이루어낸 거대한 소비 시장이며, 어디서 생산해 냈는지 모르는 찰나적 대중 문화이다. 지금 언론 매체가 대서특필하는 청소년 폭력과 성에 집착하는 성 문화, 또는 폭주 속도에 몸을 맡기는 성향은 실은 파행적 근대화가 만들어낸 "문화"이다. 물론 나는 이런 움직임 속에서 지치고 외로운 현대인들이 나름대로 꿈틀거리며 만들어 내는 "말 걸기"의 시도를 본다.

어른들은 말한다. 아이들의 횡포함은 어디까지 갈 것인가? 최근 청소년 범죄가 늘어나고 자살이 늘어나고 성적 표현도 과감해지자 기성 세대는 놀라움을 금치 못하며 더욱 급하게 의사 소통의 가능성을 차단하고 있다. 여기서 세대간의 의사 소통의 단절을 여실히 볼 수 있는 한 사건을 소개한다. 1997년 7월에 있었던 「빨간 마후라」 사건이다.

중고등학생 네 명이 포르노 비디오를 직접 제작 출연해서 만들었고, 또 팔았다고 온 나라가 난리가 났었다. "아니, 이럴 수가…"라는 통탄의 소리가 터져 나왔고 비상이 걸렸다. 아이들이 살고 있는 사회적 조건을 조금이라도 알고 있는 어른에게 사실 이 일은 그리 놀랄 일이 못 된다. 지금 중학교 학생이라면, 아주 사회 생활을 포기하였거나 호기심이라고는 없는 얼띤 아이가 아니고서야 "빨간 책"이나 성 관련 내용을 담은 만화들은 이미 한두 번씩은 보았을 것이고, 이성 친구 한두 명쯤은 가져 보았을 것이다. 최근 "가족과 성 상담소"에서 실시한 남녀 중고생 대상 성의식 실태 조사에 의하면 여고생의 57.2%와 남고생의 60.8%가 이성 친구와 손을 잡아 보았고 여고생의 29.6%와 남고생의 39.1%가 포옹이나 키스를 경험하였다고 한다. 간단히 말하면 지금 시대를 살아가는 중학교 2학년 정도의 남학생으로, 친구들에게 "존경"을 받고자 한다면 이미 그에게는 포르노를 보지 않을 권리가 "없다". 또 친구들에게 "선망의 눈길"을 받고자 하는 그 또래의 여학생이라면 그녀에게는 "섹시"하지 않아도 될 권리가 "없다".

지금 십대들은 텔레비전과 함께 자란 영상 세대이며 소비 상업주의와 함께 커간 광고 시대의 산물이다. 그들은 성이란 좋은 것이고 놓쳐서는 안 되는 것이라는 메시지를 일상적으로 듣고 보며 자랐다. 이 아이들은 한차례 돌풍을 몰고 왔던 나체 모델 이승희의 섹시한 표정이나 샤론 스톤이라는 아름다운 여배우가 묘한 표정을 지으며 "강한 걸로 넣어 주세요"라고 말하는 광고 화면을 놓치지 않는다. 이들은 태어나서부터 줄곧 성은 아름답고 유용한 것이라는 적극적인 암시를 받아 왔다. 이 아이들은 실제로 성적 매력이 있어야 취직도 잘 하고 결혼도 잘 하는 세상이라는 것을 알고 있다.

정확하게 말하면 이 아이들은 한편으로는 성은 멀리해야 한다는 봉건적 성 개념을 가진 기성 세대의 도덕적 엄숙주의의 세례를 받으며 자랐고, 다른 한편으로는 성은 좋고 유용한 것이라는 소비 자본주의 시대의 선정주의의 세례를 받으며 자랐다. 그래서 일찍부터 "지혜로운" 아이들은 이중적 전략을 몸에 익혔다. 텔레비전에서 남녀가 애무하는 장면이 나오면 일부러 딴 곳을 보게 하거나 꺼버리는 부모를 무안하게 만들고 싶지 않아서 그런 장면이 나오면 미리 자리를 피해 주는 "예의"를 터득하였다. 이미 강성 포르노를 본 터이지만 "남자는 다 도둑놈"이라며 순결 교육을 하는 교사 앞에서 구태여 내색하지 않는다. 아무런 도움이 되지 않는 해부학적 지식을 열거하는 성 교육 교사를 내심 경멸하지만 자신들 안에 성지식이 풍부한 "또래 성 교사"가 있어 그런대로 지낼 만하다.

「빨간 마후라」 사건은 이런 분위기에서 불거져 나온 작은 사건이
다. 사춘기를 거치고 있는 몇몇 조숙한 아이들이 어른 흉내를 내며 놀았
을 것이고, 그것을 비디오로 찍어 두고 싶은 아이가 생겼을 것이고,
마침 부모가 집을 비운 사이 비디오를 찍었는데 생각보다 잘 찍혀서
친구들에게 보여 주었을 것이고, 그것을 본 친구 중에 돈 버는 데 소질이
있는 아이가 복사를 해서 팔았을 것이고, 그 복사물이 십대가 만든 것이
라 해서 매체에서 크게 난리가 나고 아이들은 구속되는데, 비디오는
크게 "뜨면서" 그것을 대량 복제한 상인이 생겼을 것이다.

그 비디오에 출연한 아이는 어쩌면 잠시의 방황을 끝내고 마음을
잡으려고 하던 중이었는지 모른다. 가볍게 "장난치다" 재수 나쁘게 "때
려잡힌" 경우일 텐데, 재수가 좋았다면 전혀 다르게 풀릴 수도 있었을
것이다. 이런 것을 찍을 생각을 한 실험적이고 조숙한 아이들은 다른
것을 주제로 한 영화를 찍어서 청소년 영화제에 출품하게 될 수도 있었
을 것이고, 일찍부터 성에 눈뜬 "끼 있는" 여자 아이는 "영계"를 찾아
헤매는 기획자들에게 배우나 모델로 발탁되었을 여지도 없지 않다. 그
런데 갑자기 비디오물이 공중파를 통해 알려지고, 아이들은 엄청난 범
죄를 저지른 사람이 되어 구속되었다. 이 땅의 모든 십대들에게 따끔한
맛을 보여 주고 싶어하던 이들이 모여들어 전쟁을 선포하기에 이르렀
고, 갑자기 언론의 플래시 세례를 받게 된 아이들은 생각할 겨를도 없이
어릴 때 운동권 학생들이 잡히는 장면이나 춤바람 난 여자들을 잡는
장면에서 본 대로 죽을 죄를 지은 모습을 연출해 보인다.

이 사건을 계기로 「빨간 마후라」나 그런 류의 비디오물이 곧 불티

나게 팔리기 시작했고, 결국 이 와중에 돈을 벌게 된 일군의 사람들이 있고, 호통의 소리에 힘을 싣게 된 일군의 어른들이 있다. 사실상 도덕적 엄숙주의와 선정적 상업주의는 돈으로 모든 것을 이루려는 천민 자본주의를 계속 굴러가게 하는 한 몸체의 두 얼굴이다. 지금 언론에서는 이 아이들을 구제 불능의 "나쁜 아이들"로 낙인을 찍어 격리하려 하고 있지만, 바로 그 언론이 얼마의 시간이 흐른 후에 이들을 스타르 추켜세울 가능성은 충분히 있다. 상업주의 시대의 문법이 바로 그런 것이고 지금 신세대는 그런 상업주의 시대를 살아가야 할 사람들이다.

흥분하다 볼일 다 보는 무능한 어른들이 지배하는 사회예 미래는 없다. 아이와의 소통의 마지막 끈마저 놓쳐 버리는 어른들의 고립과 패배는 그들 자신이 지르고 있는 통탄과 호통에 비례한다. 한 여자 고등학생은 말한다. "우리 나이 때는 다들 가출하고 싶을 때가 있지 않아요? 엄마와 싸우고 한번 집을 나갔었어요. 친구 집에 있다가 돌아오니 어른들 관심은 온통 남자랑 잤는지 아닌지에 쏠려 있었어요. 왜들 그러죠?" 이 아이는 아버지에게 심하게 "구타"를 당하고 기성 세대에 대한 신뢰의 끈을 끊어 버렸다. 남자와 여자가 만나면 무조건 붙어서 나쁜 짓을 한다고만 상상하는 "짐승 같은" 어른들이 싫다고 한다.

비교 인류학적으로 보면 배가 고픈 시대에는 식욕과 물욕이 삶의 동기가 되고, 관계의 끈이 끊어져 가는 시대에는 성욕이 삶의 동기가 된다. 그리고 역사적으로 한 문명의 후기에는 허무와 절망의 분위기가 깔리고 그런 분위기에서 사람들은 내일 죽어도 좋을 진한 성적 사랑에 매달리는 경향을 보인다. 지금 우리 사회는 "식욕 중심적" 삶을 살고 있는 기성 세대와 "성욕 중심적" 삶을 살도록 강요당하는 신세대가 서로 낯선 짐승 보듯 바라보며 반목하고 있는 상태다. "저것들 왜 저러지?" "저 인간이 왜 저러지?"라면서 기성 세대는 호통을 치고, 신세대는 애써 눈길을 외면하며 냉소주의로 치닫는다.

나가는 글: 긴 여정을 시작하며

급격한 근대화 과정을 거치면서 문화적 충돌의 지점이 낱낱이 드러나기 시작했다. 현재의 문화적 위기는 세대간의 의사 소통의 단절에서 가장 첨예하게 드러나고 있다. 특히 통탄만 하거나 호통을 치는 것으로 문제 해결이 가능하다고 보는 "어른"들의 문화가 바뀌어야 한다. 농경적 시간에서 탈근대적 시간까지를 한 세대에 여행해야 했던 세대에게 그 엄청난 혼돈과 갈등을 있는 그대로 받아들이라고 하는 것은 무리한 요구임이 틀림없다. 그러나 달리 피해갈 길은 없지 않은가?

사춘기의 반항은 근대 사회에 나타나는 특징적 현상이며, 이는 20세 전후에 집을 떠나 독립적으로 "품을 팔아야 하는" 자본주의 사회의 산물이다. 세대간의 갈등은 또 한편 너무 빠른 변화 속에서 아주 다른 경험 세계를 살아가는 세대들이 불가피하게 겪게 되는 마찰이다. 특히 경제 성장을 이루어낸 물질적 생산주의 세대와 부유함을 바탕으로 자란 소비주의 세대의 마찰은 가치의 전환을 이루려는 문화 전쟁의 양상을 띤다.

　미국의 1960년대 반문화 운동에서 보듯이 풍요롭게 자란 신세대는, 인간의 가치를 노동의 시장 가치에 따라 결정하고 평화를 이야기하면서 베트남을 침입한 미국의 이중성에 반기를 들었다. 젊은이들은 좀더 인간적이고 평화로운 사회를 만들겠다며 부모들의 라이프 스타일을 거부하면서 반문화 운동을 펼쳤다. 이들 청년들의 저항에 기성 세대는 놀라고 배반감을 느꼈으나 길게 보면 이들 또한 자식 세대에게서 큰 영향을 받았으며, 지금은 그 반문화 운동의 주역들이 그 사회를 이끌어가고 있다. 문화적 힘이란 바로 이런 저항과 변혁의 움직임 속에서 만들어지는 것이다.

　21세기에 들어서는 지금, 한국 사회는 또 한번의 문예 부흥기를 기다리고 있다. 그것을 위해서는 지금까지의 "부정과 억제"의 문화 원리를 "긍정과 살림"의 원리로 바꾸어가야만 한다. 경제 성장의 살인적 속도에서 살아 남은 지금, 망가진 관계를 치유하고 문화 위기를 극복하기 위해 애써 또 한번의 변신을 해야 할 때가 되었다. 경제 성장 일변도의 도구주의적 철학, 변화를 두려워하는 보수주의, 체제 유지에 급급한 권위주의와 획일주의 문화를 바꾸어 내고, 개인의 창조력을 바탕으로 하는 급진성과 변화를 추구하는 자세, 그리고 상이한 경험 세계에 살고 있는 이들과 공존할 수 있는 문화적 상대주의의 원리를 내면화하는 여러 방안을 모색해야 할 때가 되었다. 폭력과 성을 통해 허무를 말하고 순수를 말할 수밖에 없는 다음 세대의 문법을 좋아하지 않아도 좋다. 적어도 그들과 소통을 지속하고 있는 사람들이 나서야 할 때이다.

그래서 여기서 우리의 화두는 이것이다.

"서로에게 배우면서 업그레이드하자!"

참고 문헌

드보르, 기, 1996, 『스펙타클의 사회』, 이경숙 옮김, 현실문화연구.

리프킨, 제레미, 1996, 『노동의 종말』, 이영호 옮김, 민음사.

버먼, 마샬, 1982, *All That Is Solid Melts Into Air: The Experience Of Modernity*, New York: Penguin Books (윤호병·이만식 옮김, 1994, 『현대성의 경험 ─ 견고한 모든 것은 대기 속으로 녹아버린다』, 현대미학사).

써로우, 레스터 C., 1997, 『자본주의의 미래』, 유재훈 옮김, 고려원.

이순형, 1997, 「폭력의 연결 고리를 끊을 따뜻한 말 한마디」, 『그루풀』(참교육 시민모임 회지) 8월호.

이인효, 1990, 「인문계 고등학교 교직 문화 연구」, 서울대 교육학과 박사학의 논문.

정명훈, 1997, 『당신은 나의 선생님이 될 수 없어요』, 프리미엄 북스.

조혜정, 1996, 『학교를 거부하는 아이 아이를 거부하는 사회』, 도서출판 또 하나의 문화.

______, 1994, 『탈식민지 시대 지식인의 글 읽기와 삶 읽기 2: 각자 선 자리에서』, 도서출판 또 하나의 문화.

필드, 노마, 1996, 「전지구적 동원을 향하여: 문명론과 자본주의」, 『창작과 비평』 가을호.

한상진, 1990, 『제3세계 정치 체제와 관료적 권위주의』, 한울.

청소년을 읽는다, 시대를 읽는다

대학, 대중 문화, 그리고 일상

이제는 대학 문화를 걱정하는 사람들부터,
자신의 감수성을 키울 공간을 만들어 가기 위해
굳이 대학이라는 울타리를 고집할 필요 없이
대학의 안과 밖을 가로지르면서 경계 넘기를 시도했으면 한다.
대학이 이미 주체 형성 과정에서 주변부라면 대학생이라는
정체성에 연연할 필요 없이 자신의 감수성에 걸맞는
대학 안팎의 언어들을 묶으면서 연대해 나가며
그 경계 즈음에 공간을 만드는 실험이 필요하다.
대학 밖의 조금 더 전문적인 실험과 대학 안의 공간적 특성에서
기인하는 언어화 — 혹은 그 반대 — 가 만남으로써 감수성을 언어화하고
언어를 감수성으로 키우는 공간이 만들어질 수 있을 것이다.

불안: 해체의 시대, 우리들의 보편적 감수성

경계가 불분명해지고 의사 소통의 방법이 바뀌어 버리고 자신의 정체성이 모호한 시대에 불안감을 느끼는 것은 아주 당연한 일이다. 가끔씩 주체하기 힘들 정도의 외로움, 자신이 이해 받지 못하고 있음, 자신을 이해해줄 사람이 없음은 공중으로 헛발을 내딛는 것처럼 몸을 휘청거리게 만든다. 그래서 전자 매체 시대에, 전 지구가 브라운관 속으로 기어 들어온 시대에 아이들은 외롭다.

많은 아이들이 새로운 자신의 정체성을 찾아, 자신에게 집단적인 이름을 부여할 공간을 찾아 여기저기 부유한다. 컴퓨터 통신에 푹 빠져 밤새도록 채팅에 매달리기도 하고, 강력한 또래 집단을 형성하기도 한다(아마도 일진회는 언제나 존재하던 강력한 또래 집단의 일종일 것이다. 물론 여러 매체의 영향으로 그 폭력성이 강화된 점도 없지 않겠지만). 그러나 이것은 좁아 터진 교실에 마구잡이로 학생들을 집어 넣어 인위적으로 커뮤니케이션의 강도를 높인 고등학교 때까지의 일이다. 그 인위적이고 강압적인 커뮤니케이션의 강도가 풀리고 훨씬 느슨해져 스스로 찾지 않는다면 완벽하게 커뮤니케이션과 단절될 수 있는 곳이 바로 대학이라는 공간이다. 능동적으로(자신의 정체성을 바탕으로), 즐겁게 커뮤니케이션 하는 방법을 터득하지 못한 아이들은 동아리며 학회를 이리저리 기웃거리지만 인간 관계 때문에 애먹으며 고통스러워한다. 그리고 늘 곱씹는다. "그래, 늘 그렇지 뭐. 사람은 원래 혼자야."

하지만 한편에서는 또 이들은 강력한 자유를 원한다. 전자 매체를 통해 전자화된 육체는, 종종 빈 시간을 틈타 쾌락화된 육체는 자유롭게 자신에게 맞는 공간을 찾아 떠날 수 있지만 아직 절대 시간 동안 학교와 가정이라는 "감옥"에 육체를 가두어야 한다. 그곳에서 육체는 훈육 받아야 하며 절제되어야 하며 규격화1)되어야 한다. 의식적이든 무의식적이든 "대학만 가면…"이라는 절대적 열망은 그곳에 편입함과 동시에 주어지는 자유, 육체적 자율권에 대한 무한한 갈망이다. 절대 시간이 묶여 있어야 하는 훈육의 공간에서 탈출하는 것이다.

그래서 고등학교든, 사회든, 대학이든 자신의 육체를 "가두려는" 시도에 대해서 이들은 본질적인 저항감을 가지고 의심의 눈초리를 보낸다. 아무리 자율적인 공간이라 하더라도 대학의 동아리에서, 학회에서 이들은 한없이 자신의 육체가 소속되어 있는 공동체를 겁낸다. 집단은 언제나 공동체란 이름하에 자신의 육체에 권력과 훈육을 가해 왔기 때문이다. 기본적으로 한국 사회 조직의 대부분이 파쇼적이라는 것을 이들은 경험적으로 너무나 잘 알고 있기 때문이다.

자유와 외로움 사이에서, 공동체를 향한 구심력과 원심력 사이에서 아이들은 어찌할 줄을 몰라한다. 철저한 가부장적 훈련을 받은 이가 아니라면, 사회에서 중심에 서고 싶어 안달이 난 이가 아니라면, 조금이라도 자신의 감수성을 지키고 키우고 싶어하는 주변부적 시선을 가지고 있는 이라면 내면이 분열적이지 않을 수 없는 것이다.

---

1) 핑크 플로이드의 「월 *The wall*」은 이것을 가장 잘 보여 주는 뮤직 비디오이다.

또 전자 매체의 발달은 이들을 짜인 공간에서 놀도록 길들였다. 노래방이며 게임방이며 비디오방이 그것이다. 손수건 하나와 소주병에 숟가락 꽂은 마이크 하나면 언제 어디서든 며칠이고 스스로 알아서 장치와 공간을 만들며 재밌게 놀 수 있던 시절은 갔다. 축제 때를 제외하고 일상의 놀이에서 한 시간 이상 남의 노래를 들어 달라고 하는 것은 이제 예의에 어긋나는 행동이 되어 버렸다. 이제 매체를 통하지 않고는, 매체를 통하여 짜인 공간 내에서가 아니면 어떠한 감수성도 생기지 않으며 어떠한 문화 놀이도 이루어지지 않는 것이다. 결국 이제는 매체를 통해서, 짜인 공간을 통해서만 이야기가 이루어진다.

세대, 90년대의 구별짓기

1980년대 대학 사회, 특히 학생들 사이에서 가장 빈번히 언급되던 언어는 "계급"과 "민족"이었다. 학생 사회의 헤게모니를 강력하게 장악하고 있던 운동권은 일상의 문제에서 세계와 역사의 문제에 이르기까지 바로 이 "계급과 민족"이라는 언어를 통과하지 않은 담론들에 대해서는 "개량주의" 또는 "반동"이라는 딱지를 거침없이 붙일 수 있었다.

그러나 1990년대 중반에 들어서면서, 대학생 사회 내부에서 "계급과 민족"을 이야기하는 소위 "운동권"은 점점 그 규모가 축소되고 영향력 또한 점차 상실해 가고 있다. 정파가 무엇이든 대부분의 운동권들은 학생 사회 내부에서 운동권이 가진 헤게모니가 붕괴하고 있다는 것을 부인하기 힘든 상황에 이른 것이다.

이것은 언어의 지평에서도 마찬가지이다. 운동권의 주무기인 "계급과 민족"은 점차로 대학 사회 내부에서 흥미 없는 언어가 되었다. 아니, 운동권 외에 "계급과 민족"을 고민하는 사람이 있는지조차 회의를 품어야 할지도 모른다. 운동권도 자신의 영향력을 확장하기 위해 "계급과 민족" 이외의 다른 언어에 관심을 기울이고 있다.

1990년대의 가장 뜨거운 언어가 무엇이냐고 묻는다면 무엇이라고 대답할 수 있을까? 그것은 아마 "세대와 문화"라는 언어로 표현될 수 있을 듯하다. 문화라는 것을 대중 동원의 "도구" 정도로만 여긴 것이 사회주의 리얼리즘, 혹은 "민족적 형식에 민중적 내용"을 표현한다는 구호로 표현되는 1980년대라면, 1990년대에 문화는 더 이상 정치와 경제의 도구로만 머무르지 않았다. 한편 1990년대에 이 문화라는 담론과 함께 쌍으로 등장한 것이 바로 세대 담론이라고 볼 수 있다. 미메시스의 『신세대 네 멋대로 해라』라는 글과 "서태지와 아이들"은 그들이 등장한 무대 자체가 대중 문화의 공간이었다.

그리고 1990년대 중반을 넘어서면서, 신세대들의 파워 앞에서 힘이 밀린 "어른들"의 대반격이 시작되었음은 쉽게 감지된다. 청소년들의 하위 문화에 대한 어른들의 대대적인 공세는 「일진회」와 「빨간 마후라」 사건을 거치면서 청소년 하위 문화의 하부 구조라고 할 수 있는 여러 문화적 장치들 — 일본 만화, 비디오, 대중 음악, 록, 힙합 바지 등등 — 을 급속하게 파괴하고 있다. 한때 아이들이 "물을 흐린다'는 이유로 그들만의 게토 — 록 카페나 기타 클럽 같은 곳 — 에 "어른 출입 금지"라는 딱지를 붙이고 "자기네들끼리" 논 것에 대한 지독한 보복이다.

그러나 한편에서 이 "어른들"의 아이들 때려잡기가 장기적으로 실패하리라는 예측이 가능한 것은 언제나 아이들이 가진 소비력을 극대화하려는 대중 문화 산업이 있기 때문이다. 1980년대 중반 이후 급속하게 성장한 한국 사회의 "대중 소비 문화 산업"은 허리띠 졸라매고 사는 데 익숙한 어른들의 소비력이 아이들이 가진 소비력에 비해 별볼일 없다는 것을 너무나 잘 알고 있다.

급성장한 대중 소비 문화는 대부분 아이들을 겨냥하고 있다는 점에서, 아이들을 둘러싼 문화적 환경이라는 것은 "이미" 대중 소비 문화라는 것을 쉽게 알 수 있다. 결국 청소년 문화에 대한 기본적인 이야기는 이 시대의 대중 소비 문화에 대한 이야기와 다르지 않다.

1990년대 이후 대학 문화가 청소년 문화와 겹치는 이유는 바로 이 "대중 소비 문화" 영역 때문이다. 대학의 안팎에 강력한 바리케이드를 치고 대학 내부를 "운동권 문화화"하였던 그 힘이 점차로 쇠퇴하면서 대학 문화와 대중 문화의 경계, 그리고 대학 문화와 청소년 문화의 경계는 급속하게 해체되면서 "모호해지고 있다". 갑자기 대학 문화에 대중 문화가 침투했다는 이야기가 아니다. 오히려 대학 내부에서 운동권의 헤게모니가 해체되면서 청소년 시기에 대중 문화에 익숙해져 있는, 그래서 대중 문화의 감수성과 언어로 충만한 "청소년"들이 대학에 들어오고 서서히 그들의 문화가 대세가 되어 가고 있다는 이야기이다.

그렇기 때문에 "계급과 민족"이라는 언어의 힘을 상실해 버린 대학 문화가 위기에 빠지는 것은 너무나 당연한 일이다. 거대한 소비 대중 문화의 힘이 대학의 경계를 해체하고 있고, 또 이미 그 경계가 무의미한 주체들이 대학에 들어오는 이상 어찌 보면 "대학 문화"라는 이야기 자체가 무의미해지는 시대로 접어들고 있는지도 모르겠다.

이 글은 다음과 같은 가정에서 출발한다. 대학 문화는 운동권 문화(1980년대의 헤게모니적 대학 문화)의 쇠퇴와 함께 점차로 대중 문화와의 경계가 모호해졌으며 이 경계가 모호하면 할수록 대학생이라는 엘리트주의적 구별짓기 감수성은 사라지고 대중 문화적인 세대적 감수성이 더 크게 자리 잡는다. 이 자체는 물론 논란의 여지가 많고 사회학적으로 엄밀한 분석을 요구하지만 이 글에서는 이것 자체를 문제 삼는 것이 아니기 때문에 가정으로 전제할 것이다.

그렇다면 "대학 문화"와 "청소년 문화", 그리고 "대중 문화" 사이의 경계가 조건적으로 무의미해지는 이때, "대학 문화"라는 화두를 아직도 부여잡고 있는 사람들에게는 어떠한 전략이 가능할 것인가? 이 글은 먼저 유의미한 전략을 구상하기 위해서 대학 사회를 해체한 힘의 실체와 그 벡터를 가늠해 보고자 한다. 이 글은 "미디어 문화"라는 관점에서 현재 대중 문화를 분석해볼 것인데 단적으로 말해 미디어 문화의 확장 자체에 이미 "주체 형성에서 대학이라는 공간의 유의미성"을 해체하는 논리가 내장되어 있다고 주장할 것이다.

또 이 현상은 자본의 전지구화 과정에서 더 거세질 것이다. 그리하여 대학 문화가 대중 문화와, 혹은 청소년 문화와 뭔가 달라야 한다는 것은 환상이며 대학 문화의 대중 문화화 현상을 해결하는 데 유의미한 전략이 될 수 없다고 주장할 것이다. 대신 이 글은 대중 문화가 만들어 내는 일상성이 어떠한지를 비판적으로 검토해 보며 왜 "대학 문화의 위기"가 아닌 "대중 문화에 의해 조작되는 일상성"인가를 획일주의, 파시즘, 식민성으로 개념화할 것이다.

　일상에 대해 성찰한다는 것은 어떤 특정한 것만을 일상으로 만들고 있는 힘, 그리고 어떤 특정한 것만을 일상으로 담론화하고 있는 힘에 대해 성찰한다는 것이다. 그것은 바로 일상을 축조하고 있는 권력 관계에 대한 성찰이다. 따라서 이 글은 "차이와 연대"라는 관점에서 대중 문화의 시대에 대학 문화, 혹은 대학생이라는 정체성보다는 대학의 안과 밖을 넘나들며 자신의 일상을 형성하고 있는 권력 속에서의 자신의 위치에 대한 성찰 — 예컨대 여자로서, 노동자 계급의 자식으로서, 만화쟁이로서 — 이 새로운 문화를 만들어낼 전략이라고 주장하고자 한다.

미디어 문화의 확장과 대학

가족의 범위는 확대되었다. 전자 미디어, 영화, 통신 위성, 비행기를 통한 정보의 세계적 공급은 이제 어머니와 아버지가 행사할 수 있는 영향력의 한계를 훨씬 앞지르고 있다. 가족 구성원의 성격은 이제 어머니와 아버지라는 성실하지만 서툰 두 전문가의 손에서 형성될 수 없게끔 되었다. 이제 전 세계가 하나의 현장인 셈이다(맥루한, 1988: 14).

　갖가지 전자 정보의 설비를 갖춘 현대의 가정 환경과 학교 사이에는 다른 세계가 하나 존재한다. 텔레비전을 통해 1분이 멀다 하고 "어른들"의 정보, 이를테면 인플레이션, 폭동, 전쟁, 세금, 범죄, 목욕하는 여자 모습 따위를 접촉하는 아이들은, 보수적인 교육 기관의 특징이라고 할 수 있는 19세기적 환경과 만날 때 당황한다. 교육 기관이라는 것이 원래 정보 대신 분화된 질서와 조직, 교과목과 교과 과정으로 구성되어 있으니, 당황하는 것은 무리가 아니다(위의 책: 18).

농촌에 살았던 사람의 경우에는 어린 시절, 눈에 보이는 물리적 한계가 하나의 세계를 구성한 때가 있었다. 저 산 너머에 무엇이 사는지가 문득 떠오르지 않는다면 저 산 너머는 지금 내가 사는 이곳의 삶과는 아무런 상관없는 그런 세계였다. 하지만 지금은 어떠한가? 텔레비전에 무엇이 나오는지 아무리 관심이 없다 하더라도 그것은 이미 깊숙이 우리 삶 곳곳에 영향을 미치고 있다. 이런 전자 매체를 통한 커뮤니케이션과 정보의 범위가 급속도로 확대됨에 따라, 제한된 정보만을 취급하고 도덕적/윤리적 담론으로 무장한 학교와 가족은 점점 더 의미의 영역 바깥으로 밀려난다. 이제 주체성에 가장 큰 영향을 끼치는 것은 이곳의 물리적 환경과는 아무런 상관도 없는 대중 매체를 통한 이미지와 음향들이다. 미디어 시대의 주체는 시각으로 구성되는 것이 아니라 온몸의 촉각을 통하여 구성된다(위의 책: 56).

그래서 현재의 주체 구성 방식은 육체적[2]이다. 그것은 문자 매체

---

2) 주체의 구성 방식이 육체적이라는 말은 두 가지 함의를 가진다. 첫째로는 육체 자체를 문제시함으로써 주체가 구성되는 방식이다. 푸코의 『감시와 처벌』, 『임상 의학의 탄생』 등은 근대 지식 체계와 권력이 어떻게 인간의 몸을 문제시하는지 보여 준다. 보드리야르의 논문 「소비의 가장 아름다운 대상 : 육체」는 육체가 교환 가치로서 재신화한 것을 드러내고 있다. 둘째로는 육체를 통하여 주체 구성이 이루어진다는 말이다. 위의 마샬 맥루한의 맥락

시대의 시각을 뛰어넘어 촉각을 자극하면서 마치 원시 부족 시대의 그것으로 회귀하는 것과도 같아 보인다. 그러므로 지금 도덕이나 역할과 같은 범주보다 육체와 쾌락이 더 큰 화젯거리가 되는 것은 당연한 현상이다. 정보가 온몸을 통해 들어오기 때문에 사람들의 커뮤니케이션의 송신기와 발신기는 눈과 입, 귀가 아니라 오감이 뭉친 촉각이고 육체 그 자체이다.

누구는 이런 시대적 변화를 스펙터클의 사회 — 구경거리가 구경꾼을 압도하는 사회 — 라고 이름지으며(드보르, 1996), 누구는 이를 후기 소비 자본주의로, 또 누구는 이것을 가짜가 진짜를 압도한다는 의미에서 시뮬라시옹의 사회로 부르고 있다(보드리야르, 1992: 12).[3] 그러나 어떤 이름으로 불리든 우리가 지금 살고 있는 사회는 생산이 아닌 소비가, 금욕이 아닌 쾌락이, 물리적 현실이 아닌 재현된 이미지가 더욱 가치 있고 자극적이며 정보로 인정받고 또 정치적으로 중요한[4] 사회다.

은 첫째 경우와 함께 둘째 경우도 아우르고 있다. 즉 육체의 직접적인 반응을 불러일으킬 때만이 그것은 의미있는 감각, 또는 정보로서 가치를 가지게 된다. 부르디외도 기억의 저장고로서 육체를 거론하고 있는데, 이것은 무의식적 전략으로 몸에 배어 있는 습성을 의미한다. 관념이 아닌 몸의 습성이 사람의 행위와 사고 방식과 경향에 가장 큰 영향을 끼친다는 것이다. Bourdieu(1990), 68쪽.

3) 장 보드리야르 (1992), 12쪽. 보드리야르의 시뮬라시옹은 단지 비실재, 허구, 환상이 아니다. 그것은 일종의 "없는 것 있는 척 하기"로서 실재와 비실재를 가로지르며 그 경계 자체를 허무는 것이다.

4) 재현(representation)은 현대 세계에서는 단순히 어떤 사실의 반영만을 의미하지 않는다. 어떻게 재현하는가의 문제는 이미 그 자체에 이데올로기적인 것이 포함되어 있다. 따라서 재현 방식을 문제삼는 것은 문화 정치에서 아주 중요한 의미를 가진다. 이에 대한 좋은 분석의 예는 에이즈 환자에 대한 재현과 재현 방식의 정치적 이데올로기를 분석한 Douglas

커뮤니케이션 수단의 전자화를 통해서뿐만이 아니라 소비가 생산을 압도하면서, 생산이 욕망까지 생산하며 관리하는 시대로 접어들면서 육체는 더욱더 자본과 사회적 관심의 대상이 되었다(보드리야르, 1991: 190, 194). 물론 육체는 노동력의 발원지—체력—이기도 하지만(푸코, 1994: 206) 동시에 소비와 욕망의 근원지이기도 하다. 육체는 대중 매체를 통해서 끊임없이 소비의 욕망으로 충만한 관능적이고 뇌쇄적인 그 무엇이 되어 간다.[5] 그러므로 육체는 도덕적/생산적으로 훈육하며 육체를 묶어 두려는[6] 학교와 가정을 비웃으며 무시해 버린다. 점점 더 학교와 가정은 나의 주체성에 의미 없는, 영향력 없는, 매력 없는 공간으로 바뀌어 버린다.

이렇듯 커뮤니케이션의 변화, 생산 자본주의에서 소비 자본주의로의 전환, 금욕에서 쾌락으로(조혜정, 1998), 정신적 가치에서 육체로 권력과 정보가 이동하는 것은 19세기식의 전통적 주체 형성 공간인 학교와 가정(아르노비츠, 1996: 54)을 완전히 주변부적 위치로 몰아넣어 버린다. 대학 역시 이러한 위치 변동에서 자유로울 수 없다. 오히려

Crimp(1992)이다.

5) 그러나 조심해야 할 것은 소비 대중 문화 시대의 육체는 욕망의 대상으로서가 아니라 기호의 집합체로서 기능한다는 점이다. "교환되는 욕망의 기호를 매개로 하는 에로틱한 육체와, 환상의 무대이며 욕망의 거처로서의 육체를 구분해야 한다. 충동 및 환상으로서의 육체를 지배하는 것은 욕망의 개별적 구조이지만, (에로틱한) 육체를 지배하는 것은 교환의 사회적 기능이다." 보드리야르(1991), 198-199쪽.

6) 푸코(1994), 205-206쪽. 푸코의 분석은 288쪽까지 이르면서 육체와 공간, 그리고 효과적인 훈육 방법을 설명하고 있다.

대학의 위상 추락은 더욱 가속화되었는데, 중고등학교는 육체에 강력한 훈육적 방법을 통하여 아이들을 묶어둘 수 있었던 반면, 대학은 그것을 강제할 그 어떤 물리력도 확보하지 못했기 때문이다.

　게다가 문제를 더욱 심각하게 한 것은 세계화 담론 속에서 대학이 생산을 위한 전시 동원 체제로 재편되어 버렸다는 점이다. 오로지 기업이 필요로 하는 "쓸모 있는 인재"를 배출하는 것이 최대의 목표가 되어 버린 대학은 이전의 교양이나 자치, 자유로운 활동 등을 통해 형성될 수 있는 생산적이고 성찰적인 감수성 형성의 기회를 거의 박탈하고 아이들을 또다시 새로운 입사 시험의 전쟁터로 몰아넣었다. 대학을 둘러싼 주체 형성 공간의 변화와 대학 자체의 변화가 맞물리면서 대학은 감수성에 결부된 주체 형성에 관한 한 주도적 위치를 거의 상실하였다.

대중 문화가 일상을 다루는 방식

한편에서 미디어 문화의 특성에 의해, 그리고 사회의 구조적 변화에 의해 대학의 주체 형성 공간의 기능이 파괴되었다면, 다른 한편에서 대중 문화는 주체들의 일상을 동질화해 갔다. 간단히 한국 사회의 대중 문화의 논리와 그것의 일상과의 관계가 어떠한지 살펴보자.

　한국 사회 문화적 장의 가장 큰 특징은 그 자체가 독자적이고 자율적인 문화적 장이 되지 못하고 정치와 이데올로기에 대한 종속이 강하면 강할수록 정치적 변화에 따라 문화적 장의 내부는 왜곡되고 단절되어 왔다는 것이다. 신중현을 중심으로 하여 한국적 록이라는 새로운 장르가 독특한 감수성을 개발할 때쯤 군사 독재 정권은 근엄한 도덕의 이름 아래 모진 철퇴를 가하여 그것을 빈사 직전으로 몰고 갔다. 서태지와 아이들이 끊임없는 기발한 실험으로 새로운 문화를 형성해갈 때쯤 레게 파마와 힙합 바지는 청소년 유해 환경으로 단죄되었다. 그리하여 한국의 문화적 장은 자신에 대해 내부의 목소리로 성찰할 기회를 번번이 박탈당한 채 정치적 필요와 이데올로기의 강압에 의해 이리저리 끌려 다니다 독자적인 발전의 자생력이 죽어 버린 것이다.

게다가 이 문화 외부의 폭력은 무식하기까지 하였다. 그들은 문화에서 형식과 기법, 방식의 가치를 알 리 없는 무식한 인간들이었고 그래서 일본에서 수입한 것이든, 미국에서 수입한 것이든, 거기에 일장기 대신 태극기만 들어 있으면 좋았고, 스토리 전개 방식이 일본 것이든 미국 것이든 반일 감정과 반공 반북 이데올로기만 들어 있으던 더 바랄 게 없었다. 문화에서 이야기가, 이야기 전개 방식이, 이야기 전개를 위한 장치들이 바로 그 문화의 내부적 가치이고 문화를 문화답게 하는 것이라면, 그것에 대해 성찰해 볼 기회가 없던 한국 사회의 문화 생산은 미국과 일본에서 수입해서 그대로 쓴다. 그 내러티브의 이데올로기와 교훈은 전적으로 국수주의적 민족주의로 전환된다.

이런저런 이유로 이야기의 줄거리와 기법, 장치는 일본과 미국의 것이되 오로지 주인공과 줄거리만 민족주의적인 희대의 기형 잡종이 탄생하게 된 것이다. 형식도 내용도, 그 어느 것도 이곳 일상과 아무런 상관도 없는 그런 문화가 오로지 정치적 이해에 따라 형성되고 판을 치게 된 것이다.

그러나 이것은 곧 자기 목을 죄는 것에 불과하였다. 합법적으로, 비합법적으로 공공연하게 일본 문화와 미국 문화가 걷잡을 수 없이 유입되면서 역겨운 이데올로기와 베낀 것에 불과한 어설픈 형식의 타협물인 한국의 문화 생산물은 쓰레기통으로 직행하게 되었다. "민족주의"를 목청 높여 부르던 그 이데올로기가 자기 무덤을 파고 민족주의는 커녕 외래 문화 수입의 견인차가 된 것이다. 스스로 근엄한 척 언제나 문화를 교육 이야기의 주위에 묶어 두었던, 민족주의를 가장한 한국의 파시즘적 문화 통제는 민족주의를 죽이는 오이디푸스가 된 것이다.

이렇게 문화적 파시즘으로 가뜩이나 획일적이고 빈곤해진 한국의 대중 문화는 열악하나마 대중 문화 산업의 발달과 더불어 내부적 획일화가 더욱더 심화된다. 단 한번도 언더그라운드라는 것이 허용된 적이 없는 사회에서, 무도장이 아니면 춤추는 것조차 불법인 사회에서, 그나마 문화적 다양성을 보장해 주고 문화적 감수성을 키울 수 있는 클럽 문화라든가 기타 언더그라운드 문화를 기대하는 것은 해운대 백사장에서 바늘 찾기나 진배없다. 모든 것을 바꾸지만 사실은 아무것도 바꾸지 않는 문화 산업(호르크하이머와 아도르노, 1995: 187). 일상에서의 도피라는 유흥은 제공하지만 언제나 일상을 옹호하고 강화하여 체념케 하는 후기 자본주의의 이데올로기인 대중 문화와 문화 산업(위의 책: 198).

청소년들의 주체 형성에 가장 강력한 영향을 끼치는 공간으로서 대중 문화는 식민성, 파시즘, 획일주의라는 세 가지 악의 잔치판으로 변하여 그대로 청소년들의 주체 형성 과정에 개입하였고 여전히 변화할 조짐은 보이지 않는다. 이 세 가지로 구성된 대중 문화는 이곳의 삶의 일상성과는 엇나간 채 그저 삶의 표피에서만 겉도는 언어를, 아무런 생산력도 없는 몽롱한 감수성만을 조작해 내고 대중을 끊임없이 동질화하고 있다.

대학 경계를 넘어:
차이와 연대의 언어로 감수성 살리기

이 대부분의 "일상의 풍경"과는 달리 우리들의 감수성 내부에서 일상에 대한 언어들은 얼마나 일상을 언어화한 것일까? 또 우리 주변의 일상적인 문화적 장치들의 언어는 얼마나 일상과 닿아 있는 것일까? "이곳"에서의 일상의 풍경과 "대중 문화"에 의해 주조된 일상은 얼마나 연관되어 있는 것일까?

역설적이게도 우리의 "일상적인" 문화적 장치들 — 대중 문화 — 은 "일상에 대한" 혹은 "일상에 의한" 언어화가 전혀 되어 있지 않다. 우리 삶의 주변을 포위하고 있는 "일상적인" 문화적 장치의 언어들은 상투어 이상도 이하도 아니다. 그 문화적 장치 "내부에서 일상화된" 언어들만이 쏟아져 나올 뿐이다. 한국 사회의 문화적 장 자체가 현실과 아무런 긴장도 없다면 문화 내부에서 일상화된 언어는 단지 문화 내부의 일상 언어일 뿐 현실의 일상성과는 아무런 상관도 없는 것이다.

그래서 대학 안/밖의 언어는 몇몇 특수한 예외를 제외하고는 거의

다 겉도는 삶에 대한 헛도는 말에 불과하다(조혜정, 1992). 그것은 일상에서 도피한 언어이며 단지 일상에서 도피하는 재미만을 가져다 줄 뿐이다. 그러나 이 도피 이후, 잔치가 끝나고 일상으로 다시 돌아왔을 때, 우리 앞에는 하나도 바뀌지 않은 예전 그대로의 일상이 버티고 서 있다(호르크하이머와 아도르노, 1995). 현실 도피를 통해 즐거움을 주는 문화 산업은 일상을 그대로 유지시키고 그것은 원래 그렇다는 것을 강하게 주입하는 이데올로기인 것이다. 문화 산업이 주는 재미를 통해서는 일상이 결코 성찰의 대상으로, 보임의 대상으로도 떠오르지 않으며 바뀌지도 않는다.

문화적 식민성/파시즘/획일주의하에서 헛도는 말이 된 일상성에 대한 언어를 획득한다는 것은 곧 일상을 문제 제기하며 일상을 바꾸며 노는 게임이 되는 것이다. 도대체 나를 일상에서 불편하게 만들고 있는 것은 무엇인가? 나의 소소한 일상은 어떠한 위치를 갖는가? 여자로서 밥하고 빨래하는 나의 일상은 하나의 일상으로 담론화될 수 있고 그 가치를 인정받을 수 있는가? 제3세계 백성으로서 우리의 삶은 하나의 인간적 삶으로서 담론화되고 가치를 인정받고 있는가? 이러저러하게 나의 몸을 교차하고 있는 다양한 정체성들 중에서 이 사회가 용인할 수 있는 정체성은 무엇이고 이 사회가 의미의 영역에서 탈락시키는 정체성은 무엇인가?

이러한 질문을 던지면 금세 우리가 이미 "부당하게 취급"받고 있으며 나의 일상이 "부당하게" 구조화되어 있음을 알 수 있다. 문제는 그 속에서 자신의 위치가 무엇이냐 하는 점이다. 일상을 이미 구조화하고 있고 재현하고 있는 대중 문화 속에 빠져 그저 히히거리지 않기 위해서는 바로 대중 문화가 주조하고 재현하고 있는 바로 그 일상을 낯설게 보고 불편하게 보는 훈련이 필요하다.

끊임없이 일상으로부터 미끄러지게만 하는 식민성/파시즘/획일주의를 벗어나는 가장 중요한 전략적 지점이 일상성인 것은 바로 이런 이유에서이다. 일상을 바꾸며 놀기. 거기에 모든 것은 바꾸지만 하나도 바꾸지 않는 문화 산업과는 다른 탈식민화되고 다원화된 성찰의 문화가 주는 진정한 재미가 있게 된다.

이런 맥락에서 한 "대안"을 찾으려는 노력, 즉 다시금 정형화된 형태의 대안을 찾아 "좋은" 문화의 전형을 찾으려는 헛된 노력을 던져버리고 각자가 선 자리에서 자신의 일상을 언어화하여 의미의 영역으로 띄우며 감수성을 키우는 "실험"을 벌이는 것이 가장 필요하다.7) 어떠한 전형에 자신을 끼워 맞추기 위해 전형을 찾고자 하거나, 혹은 스스로가 다른 사람의 전형이 되려는 노력을 폐기하고, 각자가 실험을 하면서 공유된 공동체를 재구성해 나가는 작업을 벌이는 것이다. 이것은 단지 각자 알아서 놀아 보자는 개인주의적 언설이 결코 아니다. 서로 이해하고 교류하는 언어가 아직 우리에게 없다면 그것을 먼저 인정하는 것이 의사 소통되는 언어를 찾는 과정에서 필수적이라는 것이다.

대화할 언어 없음을, 자신의 삶을 표현할 언어가 없음을 먼저 인정

---

7) 조혜정(1992, 178-184). 감수성과 언어에 대한 이야기는 대부분 이 글에서 많은 영향을 받았다.

함으로써, 서로를 바라보는 시선은 유연해질 것이다. 그 유연한 시선으로 여유를 가지고 각자의 감수성을 실험을 통해 키워 가면서 서로서로 의사 소통함으로써 소통과 공유의 공동체는 형성되는 것이 아닐까? 결코 개인주의로 환원되지도, 전체주의로 강화되지 않으면서도 공동체를 이루고 각자의 감수성을 키우며 문화적 자생력을 키우기 위해서는 새로운 실험을 벌일 필요가 있다.

이제는 대학 문화를 걱정하는 사람들부터, 자신의 감수성을 키울 공간을 만들어 가기 위해 굳이 대학이라는 울타리를 고집할 필요 없이 대학의 안과 밖을 가로지르면서 경계 넘기를 시도했으면 한다. 대학이 이미 주체 형성 과정에서 주변부라면 대학생이라는 정체성에 연연할 필요 없이 자신의 감수성에 걸맞는 대학 안팎의 언어들을 묶으면서 연대해 나가며 그 경계 즈음에 공간을 만드는 실험이 필요하다. 대학 밖의 조금 더 전문적인 실험과 대학 안의 공간적 특성에서 기인하는 언어화 — 혹은 그 반대 — 가 만남으로써 감수성을 언어화하고 언어를 감수성으로 키우는 공간이 만들어질 수 있을 것이다.

그러나 이렇게 감수성을 실험한다는 것이 꼭 문화적 텍스트를 직접 생산하라는 것만을 의미하지는 않는다. 오히려 문화 읽기 과정도 적극적인 의미 생산의 기능을 한다. 바흐친에 따르면 텍스트 자체가 이미 단성적이 아니라 다성적인 것이기 때문에 독해자의 위치에 따른 다양한 해석의 가능성은 텍스트 자체에 내재해 있다(김욱동, 1992 : 254).

감수성은 바로 이런 텍스트의 다성성에 근거하여 대항적/교섭적 독해(홀, 1996)를 위한 자신의 위치를 성찰케 하는 기능을 한다. 또한 감수성은 텍스트 내에서 이런 독해를 가능하게 하는 지점들을 찾을 수 있게 한다. 역으로 이렇게 감수성을 키우는 작업이란 텍스트 내에서 자신의 위치를 발견하고, 또 자신의 위치에서 교섭적/대항적 독해를 가능하게 하는 지점을 찾아나가는 과정이라고 볼 수 있는 것이다.[8]

결국 이렇게 생산과 수용을 가로지르며, 대학의 안과 밖을 가로지르며 새로운 의미와 담론을 생산하는 작업은 대학을 단일한 문화적 공간으로 만들려는 전체주의적 발상에서 벗어나 대학 내에서는 차이를 인정할 줄 알고 대학 밖과는 연대할 줄 아는 전략을 지속적으로 키울 것이다. 이것은 대학을 단일하게 묶고자 하는 전체주의적/파쇼적 시도에는 가장 강력한 저항 세력으로 자리 매김될 것이다.

나오며: 개입하며 성찰하기, 성찰하며 개입하기

대학 문화든, 청소년 문화든 그것은 결코 주어진 범주가 아니다. 사회적 문화적 범주는 누가 언제 어떻게 말하는가에 따라 의미가 완전히 달라지는 전략적 개념이라고 볼 수 있다. 권력 관계의 축을 따라 역동적으로 의미가 변하는 투쟁의 장이며 불안정한 개념인 것이다(하딩, 1997: 46).

---

8) 이런 읽기의 대표적인 예는 「서편제」에 대한 여성주의적 읽기를 시도한 김은실(1994)의 논문이다.

자신이 대학 문화에 대해 무엇을 말한다는 것은 대학 문화에 대한 권력들 내에서 어떠한 곳에 자신을 자리 매김한다는 것을 의미한다. 이 때문에 대학 문화를 무엇으로 인지하고 발언하는 것, 그 자체에 이미 당파성이 내포되어 있으며 그 자체로 이미 하나의 정치적 개입이다.

현재 대학 문화는 자신을 청소년 문화와는 다른 그 무엇으로, 그러나 또 한쪽에서는 대중 문화와 다른 그 무엇으로 담론화하려고 노력하고 있다. 그러나 우리는 위에서 그런 노력이라는 것이 얼마나 어줍지 않은 엘리트주의적 발상이며 또 불가능한 것인지 볼 수 있었다. 오히려 지금 가장 큰 문제는 이 엘리트주의에 발목이 붙잡혀 대학 문화 자체가 어정쩡하게 경계 지워져 있다는 점일 것이다. 이미 청소년 문화, 대중 문화, 대학 문화라는 구분 자체가 무의미해지고 있는 것은 아닌지.

문제가 되는 것은 자신이 위치한 자리에 대해 성찰하는 것이다. 자신의 언설에 의해 놓이게 되는 자신의 자리를 성찰하지 않는다면 종종 자신이 객관적이고 중립적이라는 망상에 젖게 된다. 이 초월적 주체가 한발자국 더 나가면 바로 자신에 대해 결코 성찰하지 않는 절대적 주체가 아닌가? 그러므로 대학 문화를 둘러싼 담론의 장 내부를 읽고 자신의 위치에 대해 늘 성찰해야 한다. 그렇지 않으면 파시즘에 대한 저항이 파시즘과 닮은꼴이 되는 오류를 우리 스스로 범하는 것이다.

식민성/파시즘/획일주의라는 삼중의 덫에서 빠져 나와 삶과 현실에 대한 생생한 언어를 벼리고 자신의 감수성을 스스로 창조해 나가는 것은 단지 "언어"를 통해서 이루어지는 것이 아니라 각자 선 자리에서 자신의 일상에 대한 "성찰과 개입"을 통해서 이루어지는 것이다.

참고 문헌

김욱동, 1992, 『모더니즘과 포스트모더니즘』, 현암사.

김은실, 1994, 「민족 담론과 여성: 문화, 권력, 주체에 관한 비판적 읽기를 위하여」, 『한국여성학』 10집: 18-52.

드보르, 기, 1996, 『스펙타클의 사회』, 이경숙 옮김, 현실문화연구.

맥루한, 마샬, 1988, 『미디어는 맛사지다』, 김진홍 옮김, 열화당.

보드리야르, 장, 1991, 『소비의 사회: 그 신화와 구조』, 이상률 옮김, 문예출판사.

__________, 1992, 『시뮬라시옹: 포스트모던 사회문화론』, 하태환 옮김, 민음사.

아르노비츠, 스탠리, 1996, 「문화 산업과 위대한 예술의 죽음」, 이영철 편, 『21세기 문화 미리 보기』, 시각과 언어: 41-72.

조혜정, 1992, 『탈식민지시대 지식인의 글 읽기와 삶 읽기 1』, 도서출판 또 하나의 문화.

_____, 1997, 『학교를 거부하는 아이 아이를 거부하는 사회』, 도서출판 또 하나의 문화.

_____, 1998, 「문화 이론 어떻게 공부해야 하는가?」, 『연세춘추』.

푸코, 미셸, 1994, 『감시와 처벌: 감옥의 탄생』, 오생근 옮김, 나남출판.

하딩, 샌드라, 1997, 「페미니스트 이론에서의 분석적 범주의 불안정성」, 이창순, 정진성 편역, 『페미니즘과 포스트모더니즘의 만남』, 한울: 42-68.

호르크하이머, 막스 & T. W. 아도르노, 1995, 『계몽의 변증법』, 김유동 외 옮김, 문예출판사.

홀, 스튜어트, 1996, 『스튜어트 홀의 문화이론』, 임영호 편역, 한나래.

Bourdieu, Pierre, 1990, *The Logic of Practice*, trans. Richard Nice, Stanford: Stanford University Press.

Crimp, Douglas, 1992, "Portrait of People with AIDS," *Cultural Studies*. New York: Routledge.

조한혜정 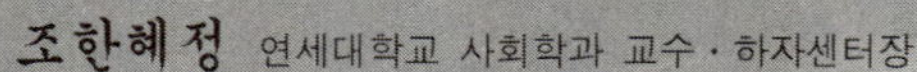연세대학교 사회학과 교수·하자센터장

청소년 "문제"에서 청소년 "존재"에 대한 질문으로

청소년의 반대말은 "자유"이다.
우리 나라의 비인간적인 교육 현실과 십대들에 대한
사회의 인식이 변하지 않는 한 이 말은 진실이다.
나는 청소년이라는 딱지를 거부한다.
내 자신을 청소년이라고 인정하는 것은
곧 내 주체성을 포기하고 사회의 통제에 움직여지는
꼭두각시임을 인정하는 것이기 때문이다.
— 강지은, 연세대 인문학부 1학년 · 19세

* 이 글은 1999년 한겨레신문사와 연세대 청년문화센터가 공동 주최한 국제 학술 대회에서 발표한 것이다.
* 배경 사진은 뮤지컬 「모스키토」(김민기 연출)의 한 장면이다.

누가 "청소년"이며 누가 청소년을 말하는가?

"청소년"이란 청년과 소년을 합친 말이다. 그 단어는 한자어이고, 아마도 19세기쯤 일본에서 만들어졌을 가능성이 높다. 잘 쓰진 않지만 일본에서 "청소년"이라고 하면 청년인 대학생까지 포함한다. 중국에서는 14세 정도까지의 아동을 위한 "소년궁"이 있고, 40세 장년을 포함하는 "공산주의 청년단"이라는 것이 있어서 거의 사십대까지를 청소년으로 포함시켜 왔다. 최근까지 세계 청소년 관련 대회에 가면 제1세계에서는 십대와 이십대 초반 나이의 청년들이 참석하는 반면 제3세계에서는 삼십대나 심지어 사십대 나이의 관이나 학회 관련 사람들이 참석하여 이상한 진풍경이 연출되어 왔다. 요즘 인터넷에 들어가서 유럽 쪽을 보면 18세에서 24세, 24+라는 식으로 "유스 (youth)"의 나이를 구분하면서 거의 30세까지로 그 나이를 넓혀 두고 있다. 후기 근대로 접어들면서 "유스"의 범주가 점점 더 넓어지는 현상을 보이는 것이다.

이렇게 청소년 범주화는 각 사회에 따라, 그리고 시대에 따라 큰 차이가 있다. 근대사를 통해 보편사적인 흐름이 깔려 있지만 동시에 각 사회의 특수한 근대사에 따라 특수성을 뚜렷하게 보여온 것이다. 한국에서는 "청소년"이라고 하면 "미성년 출입 금지"의 분위기가 강하고, 중고등학생을 연상하게 된다. 「청소년 기본법」에 따르면 청소년이란 9세부터 24세까지의 인구를 말하는데, 실제로 9세의 어린이를 청소년이라고 보는 사람은 별로 없으며, 대학생 중에는 자신이 청소년이 아니라고 단호하게 선언하는 이들이 적지 않다.[1] 청소년을 사춘기 시절로 보는 이들이 있는가 하면 대중 매체에서는 "1318"이라는 줄임말로 13세에서 18세 사이의 인구를 청소년 범주에 넣기도 한다. 또 청소년 범주에 청년을 넣어야 한다고 강하게 주장하는 이들도 있다. 이런 의견의 불일치는 무엇을 말하는가?

---

1) 나는 1999년 봄 학기 「인간과 문화」라는 수업 시간에 학생들에게 "청소년은 누구인가?"라는 주제로 글을 써보라고 했다. 특히 자신을 청소년이라고 보는지를 써보라고 했다. 다음은 강지은(연세대 인문학부 1학년)이 쓴 글이다.

"청소년이라는 말의 본질적 개념이 무엇이었는지는 잘 모르지만, 내가 생각하기에 우리 나라에서 이 단어는 기성 세대가 십대들을 손쉽게 통제하기 위해 만든 것이다. 청소년이라는 이름하에 해도 되는 것과 안 되는 것을 구분짓고, 그 틀을 벗어났을 경우에는 여러 가지 수단을 통해서 억압하는 것. 이것이 "청소년"이란 한 단어가 가진 힘이다. 이렇게 눈에 보이지 않는 사회의 강요와 억압과 통제는 청소년 각자의 정신 속에 자연스럽게 각인되어 스스로가 자신의 행동을 제한하게 만든다. 나는 지금까지의 내 인생에서 통제와 억압이 가장 심했던 중고등학교 시절 "청소년"이란 딱지의 무게를 심하게 느꼈으며, 그 끝과 대학생이 되어서는 "청소년"의 무게에서 벗어나기 위해 내가 대학생임을 모든 사람들에게(모르는 사람에게까지) 알리고 싶은 충동을 느꼈다. 나는 더 이상 순진하게 학교가, 사회가 지시하는 것을 따르지 않아도 아무런 문제가 없는 "청소년을 벗어난" 사람이라는 것을 만천하에 떠들고 싶었다. 생각해 보면, 지금의 고등학생과 나는 2, 3년 정도의 차이가 날 뿐인데도 마치 내가 그런 "고삐리"들과는 차원이 다른 자유로운 인간인 것처럼 느끼고 행동했다. 6년 동안 받은 억압이 심했던 만큼, 지금의 "청소년"들과 나의 위치에 차이를 두는 것에 만족을 느끼기도 한다. 가끔은 이런 나의 모습을 보면서 나도 기성 세대처럼 "청소년"과 나를 분리하며, "청소년"의 역할을 정하고 그들의 자유를 제한하고 있는 것은 아닌지 불안하기도 하다.

청소년의 반대말은 "자유"이다. 우리 나라의 비인간적인 교육 현실과 십대에 대한 사회의 인식이 변하지 않는 한 이 말은 유효하다고 생각한다. 그러므로 나는 내 스스로를 청소년이라고 말할 수 없다. 내가 내 자신을 청소년이라 인정하는 것은 곧 나의 주체성을 포기하고 사회의 통제에 의해 움직이는 꼭두각시임을 인정하는 것이다."

이 글에서 보듯이 이 학생은 청소년은 아주 수동적으로 중고등학교를 다니는 학생 정도로 생각하고 있으며, 자신은 그러한 범주에 절대로 들어가서는 안 된다는 강한 거부감을 가지고 있다.

　　자율적 주체로서의 "청소년"을 이야기하기 위해서는 "청소년"이라는 용어 사용에 대한 논의부터 이루어져야 한다. "청소년"이라는 용어의 계보를 따져 한국에서 "유스"라는 범주가 어떻게 형성되어 왔는지를 살펴보고 한국 근대사에서 "청소년"들이 차지하는 자리를 정확하게 파악해 볼 필요가 있다. 이 글에서 나는 근대화라는 전지구적 질서 개편의 과정에서 한국의 "어린/젊은 세대"의 범주화가 누구에 의해 어떻게 이루어져 왔는지를 살펴볼 것이다. 이것은 젊은이들의 삶과 잠재력을 중심으로 새롭게 근대의 역사를 써보는 작업이기도 하다. 이런 역사적 과정에 대한 파악을 바탕으로 "청소년"들이 적극적인 사회 성원으로서 역사적 진행에 참여하는 방안을 제시할 것이다.

한국 근대화와 청소년 담론

보편사적으로 보는 근대 청소년의 자리

　　길게 보면 근대사는 젊은이들에 의한 역사이다. 16-7세기 진취적인 상인들과 발명가와 탐험가들에 의해 시작된 자본주의는 18세기 프랑스의 젊은 시민 혁명가들에 의해 전지구적 근대 기획의 기틀을 잡았던 것이고, 20세기 청년들의 문화 혁명에 의해서 또 한차례 변신을 한 것이다. 이런 과정을 거치면서 "유스"는 사춘기적 방황과 갈등, 이상 사회에 대한 열망과 실험 정신, 대안 문화 등과 같은 이미지로 자리 잡게 된다.

근대사적으로 "유스"라고 불리는 존재가 사회적으로 가시화된 것은 두 단계에 걸쳐서이다. 첫 단계는 근대 형성기이고, 둘째 단계는 후기 근대적 맥락에서이다. 자본주의가 자생적으로, 그리고 가장 먼저 진행된 서양의 경우 1940년대에 그 첫 단계의 유스 컬처 (youth culture)가 형성되기 시작한다. 단적인 예로 1947년 7월 7일 "모터 갱"이라 불리던 폭주족이 경찰의 제지에도 아랑곳없이 사흘 동안 미국 캘리포니아 홀리스터라는 도시를 점거하다시피 하며 광란의 파티를 벌인 사건이 있었다. 이 사건은 전국적 뉴스가 되었고 20세기 사진 앨범에 수록되어 있다.[2] 근대적인 자아 정체성을 가진 "유스" 집단이 기성 세대에 반하여 자기 표현을 하기 시작한 것이다.

그 이후 부모로부터, 그리고 기성 세대로부터 독립하고, 또 구별되기를 원하는 "유스"라는 존재는 하나의 확고한 사회 세력으로 자리잡게 된다. 근대사에 새롭게 등장한 "유스" 집단의 이미지는 제임스 딘이 출연하는 「이유 없는 반항」(니콜라스 레이, 1955)과 같은 할리우드 영화를 통해서 전세계적으로 알려지게 된다. 세대를 기준으로 형성된 이 사회 문화 집단은 자신들만의 영웅을 갖게 되었는데, 엘비스 프레슬리와 비틀즈가 그 초기 영웅들에 속한다. 1970년대에 들어서서 거세게 일었던 히피 운동이나 반문화 운동은 사실상 평등과 자유라는 근대적 이상을 실현하려는 "유스"의 움직임이었는데, 유스 서브컬처 (youth subculture)가 더 이상 소극적인 하위 문화로 남겨지는 것이 아니라 주류

---

2) 「굿 바이 20C 사진 앨범」, 『한국일보』, 1999년 10월 12일.

문화를 적극적으로 변화시키는 원동력이 된 역사적인 사건이었다.

둘째 단계는 대량 실업과 세기말적 혼란 속에서 일고 있는 움직임이다. 20세기 끝머리에 "유스"는 또 한번 거대한 불안 세력이자 가능성의 세대로 부상하고 있는 것이다. "유스" 실업 문제가 앞으로 풀어가야 할 핵심적인 사안으로 떠오르자, 유럽 공동체에서는 "유스"의 범주를 30세까지로 확대하면서 청소년들의 일과 삶 전반에 걸친 취업 학습 대안을 마련하려고 많은 투자를 하고 있다. 1999년의 파리 시위에 적극 가담한 고등학생들에 대한 기사는 "유스 파워"의 나이가 점점 낮아지고 있음을 보여 줬고, 영국의 훌리건 또는 독일의 폭력적 청소년 관련 기사는 "유스"가 21세기의 사회 불안정 세력임을 드러낸다.3) 반면 미국에서는 여전히 부모의 돈을 쓰면서 많은 여가 시간을 가진 십대가 시장을 주도하는 거대한 소비 세력으로 부상하고 있다.

후기 근대적 위기는 "정당성의 위기"가 아니라 "동기상의 위기"라고 말한 하버마스의 정의대로라면, 실업과 동기상의 위기로 방황하는 "유스"의 상태는 그 사회의 안정과 삶의 질을 가늠하는 지표가 된다. 서구 사회의 "유스" 집단은 폭력과 고실업, 그 외 복합적인 위험이 도사리고 있는 혼란의 시대를 살아가야 하는 존재로서 지금까지 해온 것처

---

3) 1999년 10월 11일 『한겨레신문』 국제면에 백경학 통신원은 독일 청소년 폭력이 급증한다는 기사를 실었다. "옛말된 '안전한 나라' 작년 하루 평균 1,300건, 갈수록 조직화, 난폭화, 처벌 강화론 설득력"이라는 제목이다. 특히 최근 청소년 폭력의 특징은 약한 학생을 상대로 한 집단 테러라고 하는데, 그곳 신문은 근본적인 대책이 마련되지 않을 경우, 일본의 이지메나 한국의 왕따와 같은 현상으로 발전할 가능성에 대해 우려하고 있다고 했다.

럼 나름대로 자구적인 실험을 계속할 것이고, 인류의 미래는 상당 부분 그들의 실험 작업에 의존할 것으로 보인다.

그러면 한국의 "유스"는 근대화 과정을 통해 어떤 역사를 써 왔는가? 한국의 근대화는 어떤 "유스"를 만들어 냈으며, 그들은 어떤 문화적 가능성을 주류 문화에 제공해 왔는가? 한국의 "유스"라고 하면 가장 먼저 떠오르는 이미지는 대학생 운동일 것이다. 한국의 대학생들은 반독재 정치 운동의 선봉이었고, 피끓는 젊음을 "대의"를 위해 바친 혁명적 운동가로 세계적으로 이름이 나 있다. 그러나 그들의 운동은 위에서 언급한 세대간의 구별 과정, 곧 청년 문화 운동 (youth cultural movement)과는 성격이 다르다.

1980년대는 대학생 운동의 절정기였으며, 그 시대의 청년 문화는 사실상 기성 세대의 문화와 크게 다를 바 없이 엄숙하였다. 조직력과 이데올로기성이 극도로 강조되는 분위기에서 청년적인 실험성과 자유로움이 들어설 자리가 없었던 것이다. 그들은 기성 세대와 다른 문화 문법을 가진 신세대이기 이전에 기성 사회의 엘리트이며 정치적 투사 집단이었고, 그들이 벌인 운동은 기성 세대에게서 자신을 구별해 내는 새로운 세대의 정체성을 확보하기 위한 문화 운동과는 거리가 멀었다.

"유스"에 의한 문화 변혁적 운동이 없었던 것은 아니다. 1930년대 "신여성"과 "모던 보이"들이 불러일으킨 신문화 조류나 1960년대 말에 일어난 "청년 문화 운동"이 그러한 움직임의 맹아적 성격을 띠고 있었다. 그러나 통기타와 히피풍 패션으로 대변되는 1960-70년대 청년 문화 운동은 서구 풍조의 모방이자 퇴폐 풍조로 간주되어 박정희 정권은 장발과 미니 스커트를 단속하는 등 삼엄한 단속 정책을 펼쳤고, 새로운 일을 벌이던 청년들은 군대를 갔다오면 곧바로 기성 세대 체제에 편입되어 버렸다.

1988년 서울 올림픽 이후 반독재 투쟁은 어느 정도의 결실만을 이룬 채 퇴조하게 되는데, 이때 다시 청소년들이 술렁거리기 시작했다. 그러나 이들의 행보는 곧 소비에만 열중하는 "신세대"로 규정당하고 만다. 『신세대 네 멋대로 해라』와 같이 청소년 당사자들이 새로운 목소리를 내지 않은 것은 아니나, 하나의 세력을 형성하기에는 역부족이었다. 두 번에 걸친 기회가 있었지만 매번 "운동의 주체"를 형성하지 못하고 무성한 말과 뉴스만 남긴 채 사그라졌다.

나는 이런 담론의 특성을 제3세계적 자본주의화의 길을 걸어온 사회가 드러내는 특징으로 본다. 청소년 담론은, 전형적인 제3세계로서 식민 지배와 압축적인 경제 성장을 경험한 한국의 특수한 근대화 과정 속에서 파악해야 한다는 것이다.

이분법을 통해 본 한국 청소년들의 자리

국가 주도적 경제 성장기의
"학생/근로 청소년", "학생/불량 청소년"의 이분법

청소년을 지칭하는 용어의 변화와 그 용어의 저변에 깔린 이분법적 논리를 근대사를 통해 좀더 자세히 살펴보자. 근대 한국사에서 "청소년"의 정체성이 어떤 식으로 형성되었는지를 살펴보면 크게 세 번의 전환기를 거친다.

첫 단계는 대가족의 "소인"일 뿐이었던 청소년이 가족을 빠져 나와 "학생"이라는 독자적인 정체성을 갖기 시작하는 단계이다. 근대 국가 기구는 모든 아이들을 "근대적 국민"으로 만들기 위해 학교를 지었고, 이 과정에서 아이들은 가정에서 벗어나 개인의 공간을 갖기 시작한다. 학생이라는 새로운 정체성을 획득했고, 이 시대에는 청소년 자신들이 이 정체성을 선호했다. 둘째 단계는 청소년의 정체성이 학생의 정체성과 동일시되는 시점이다. 고도 경제 성장기를 거치면서 대다수의 청소년이 "학생"의 신분을 갖게 되는데, 시기적으로는 1970년대부터 1990년대 초반까지가 이 단계에 속한다. 셋째 단계는 대량 생산 체제를 지나 소비 자본주의 단계로 접어들면서 시작된다. 청소년들은 서서히 "학생"의 정체성을 벗어난다. 대신 "청소년", "신세대" 또는 "소비자" 등의 다양한 이름을 얻게 된다. 이 과정을 좀더 자세히 살펴보자.

"학생/근로 청소년"의 이분법

근대화 초기, 가족의 "소유물"이었던 "아동/청소년"이 "학생"이 되는 과정은 지난했다. 유가의 가르침에 따르면 여자와 결혼을 하지 않은 아동/청소년은 "소인 (小人)"이다. 결혼을 하지 않은 "청소년"은 나이가 십대건 삼십대건 상관없이 엄격하게 가부장 어른의 통제 아래 있는 "소인"의 범주에 들었다. 그 "소인"이 가부장적 가족을 벗어나 새로운 정체성을 형성하는 것은 근대 제도 교육의 장이 생기면서이다. 곧 학생이라는 신분을 얻으면서 청소년은 가족을 벗어나 독자적인 삶의 영역과 정체성을 갖게 된다.

　　최근에 나온 「내 마음의 풍금」이라는 영화에서 잘 그려지고 있듯이 새로운 삶의 공간으로 등장한 학교는 "근대적 아동/청소년"에게 선망의 공간이었다. 학교는 자기 집보다 깨끗하고, 학교 선생님은 자기 부모보다 멋있고 더 많은 것을 가르쳐줄 수 있기에 모든 아이들은 학교에 가고 싶어했다. 이 시대에 행운아는 자기를 상급 학교에 보내줄 만한 경제력이 있는 아버지나 잡다한 집안일을 시키지 않고 숙제를 하도록 배려하는 어머니를 가진 아이였다. 소수의 선택된 아이만이 학교에 갈 수 있었던 시대에 "학생"이 되는 것은 축복이었다.

　　이 시점에서 학생에 속하지 않는 청소년은 주변적인 범주인 "근로 청소년"에 속한다. "근로 청소년"은 학교에 갈 여건이 되지 못하는 불우한 청소년이며 "소외 계층"이다. 교복을 입은 같은 또래의 학생을 선망의 눈길로 바라보는 계층인 이들을 위해 1970년대에 국가는 "산업 역군"이라는 이름을 붙여 주고, "근로 청소년 회관"을 지어서 검정 고시반을 운영하거나 취미 교실을 운영하여 이들을 "위로"하기도 하였다. 대학생과 사회 운동가들의 경우, 야학을 운영하여 근로 청소년들의 향학열을 나름대로 충족시켜 주려고 노력했다. 1970년대 후반에는 화장법, 꽃꽂이 강습을 가르쳐서 이들을 "숙녀"로 만들어 내려고 노력하기도 했다. 그러나 1980년대에 들어서면 더 이상 학생과 "근로 청소년"의 이분법은 성립하지 않는다. 근대화가 진행되어 대다수의 아이들이 고등학교에 갈 수 있게 되면서 판도가 바뀐 것이다.

한국은 초등학교까지만 의무 교육이지만 1979년에 93.4%가 중학교에, 90.7%가 고등학교에 진학하게 된다. 한국은 구태여 고등학교 의무 교육을 할 필요가 없을 정도로 향학열이 높은 사회였다. 대다수가 학교에 다니는 것이 기정 사실이 된 시점에서 학교에 다니지 않는 이들은 더 이상 불우한 청소년이 아니다. 대신 그들은 부적응자이거나 일탈자로 범주화된다. 이 시점에서 십대는 "학생"과 "비학생"으로 이분되고, 학생은 "좋은 청소년"을, 비학생은 "불량 청소년"을 의미하게 된다.

1980년대까지 지속된 대량 생산 체제에서 학교는 그 체제가 원하는 인력을 대량으로 생산해 내는 기능을 수행했으며, 기성 사회는 그 체제에서 이탈하는 청소년을 "불량 청소년"으로 낙인 찍었던 것이다. 청소년은 "도약하는 조국"의 예비 국민이자, 그 목적에 맞게 동원될 수 있는 "학생 국민"의 정체성만을 갖게 된다. 이 시점에서 한국의 청소년은 대학생과 중고등학생으로 구분되고, 청소년이란 용어는 중고등학생을 지칭하는 것으로 변한다.

대학생들이 고등학생들을 의식화할 것을 두려워해서 선배들이 모교에 와서 서클 활동을 하는 것이 금지되었고, 그래서 많은 선후배가 함께 하는 청소년 동아리들의 맥이 끊겼다. 청년 대학생들의 변혁 운동이 가장 활발했던 1980년대를 통해 소년들의 공간인 중고등학교는 가장 폐쇄적인 공간이 되어갔으며, 중고등학생 청소년의 경우, 학생 이외의 정체성을 체계적으로 "지워야" 했다. 강압적이고 통제 일변도의 학교 분위기가 형성된 것도 이런 특수한 역사적 과정을 거치면서이다.

　이 시대에 만들어진 "학생 / 불량 청소년"이라는 이분법은 아직도 일상 생활을 지배하고 있다. 낮에 길거리를 활보하는 비학생 청소년들은 순경에게 수시 검문을 당하고, 또 그런 청소년을 보면 눈살을 찌푸리는 국민이 아직도 상당수 있다.

소비 자본이 부상하는 후기 근대의 "학생/청소년", "학생/소비자"의 이분법

　1990년 전후 본격적인 소비 자본주의 체제로 들어가면서, 청소년들에게는 새로운 생활 세계가 펼쳐진다. 더 이상 학생의 정체성으로 십대들을 묶어 내기 힘든 상황에 접어든 것이다. 체육과 문화 관련 정부 부서에서는 "학생"들의 활동 공간을 넓히기 위해 "청소년"이라는 단어를 부각시키기 시작하고, 소비 자본은 십대 시장을 겨냥하여 십대 청소년들을 소비자 고객으로 극진하게 "모시게" 된다. "학생/청소년", "학생/소비자"라는 새로운 이분법적 논리가 등장하는 것은 바로 이 시점이다.

"학생/청소년"의 이분법

　경제 성장이 어느 단계에 접어들고 소비 자본주의가 본격화되는 시점에서 교복은 더 이상 선망의 대상이 아니다. 오히려 학교가 억압적이라고 느껴져서 적극적으로 이탈하는 아이들이 생겨나게 된다. 동아시아 나라들은 비슷한 입시 경쟁 체제로 인력을 길러 왔고, 그래서 비슷한 청소년 문제를 안고 있다. 그러나 한국의 경우, 평준화 정책으로 인한 "하향 평준화"와 1980년대의 대학생 운동에 대한 거부감의 여파로 중고등학교 문화는 일본이나 대만과 비교해 볼 때 그 폐쇄성과 억압성의 강도가 매우 심한 편이다.

1990년대 들어 여론에서는 전인 교육과 열린 교육을 이야기하기 시작했다. 정부에서도 교육 개혁에 박차를 가해 대통령 직속 특별 위원회를 구성하는 등 패러다임을 전환하자는 논의가 활발하게 일기 시작했다. 특히 고부가 가치 상품 생산을 해내야 하는 시점으로 좁어들면서 인력의 질이 달라져야 한다는 논의와 함께 교육 개혁에 대한 논의가 활발하게 진행됐다. 입시 위주의 교육과 강도 높은 암기식 교육, 그리고 권위주의적 학교가 아이들의 창의성과 자발성을 죽인다는 주장이 거세게 일기 시작한 것이다. 정부에서는 학교에 묶인 아이들을 "풀어 주기" 위한 방안으로 "청소년 정책"을 세우기 시작했다. 서울 올림픽 즈음의 일이다.4)

1987년 청소년을 육성하자는 취지에서 체육부에서 청소년 육성법을 제정한다. 1988년에 체육부 안에 "체육 청소년국"이 설치되고, 1990년에는 청소년 헌장이 선포되며, "체육부"가 "체육청소년부"로 명칭을

---

4) 그 전까지 청소년 관련 정책은 전무했다. 1961년 박정희 정권이 들어서면서 제정된 청소년 정책과 관련된 법령은 미성년자 보호법(1961년 12월 31일 제정)과 아동 톡리법(1961년 12월 31일 제정) 정도였다. 여기서 아동은 "18세 미만의 者"(아동 복리법 2조)를 말한다. 미성년자 보호법은 "미성년자의 흡연과 음주 및 선량한 풍속을 해하는 행위를 제한 또는 금지함으로써 미성년자의 건강을 보호하고 선도 육성함을 목적으로 한다"는 문구로 시작하는데, 1970년에 미성년자 보호법 시행령이 발표되고, 1997년에 청소년 보호법으로 개정된다. 미성년의 기준이 청소년 보호법에는 19세 미만으로, 문화 관련 법률에는 18세 미만으로, 한편 민법의 성년 기준 나이는 20세로 되어 있는데, 2000년 10월 현재, 성년 기준을 19세로 낮추는 민법 개정이 이루어지고 있다.

변경할 정도로 당시 청소년에 대한 관심은 높아지고 있었다. 청소년 정책이 처음으로 국가 정책의 하나로 인정받게 되고, "선도·보호·규제" 중심의 청소년 대책에서 전체 청소년의 잠재력 계발로 정책의 무게를 옮기자는 논의가 활발하게 일었다.5) 이 당시에 정부 내에서 일었던 일련의 움직임은 학교에 묶여 있는 청소년들에게 새로운 정체성을 주려는 매우 획기적인 움직임이라고 할 수 있다.

청소년들을 "학생"의 신분에서 풀어 내어 "청소년"이라는 좀더 전인적인 존재로 부각하려는 의도에서 시작한 정부의 개혁적 움직임은 학생이라는 이름만으로 규정될 수 없는 "청소년"의 이미지를 사회에 심어 놓는 데는 성공했지만 실질적으로 학교에 묶여 있는 십대들의 삶을 크게 바꾸지는 못했다. 그 일차적 요인은 정부 자체의 조직 문제에 있었다. 당시 정부의 청소년 관련 정책은 총체적인 전망을 가지고 부처 간 조정을 하면서 세운 것이 아니었기 때문에, "학생"이라는 정체성에만 주력해온 교육부와 새롭게 "청소년"이라는 정체성을 부여해 보려는 다른 부처간의 조정이 이루어질 수 없었던 것이다. 청소년의 삶과 관련된 부처간 대립에서 최근까지 우위를 차지한 것은 교육부 쪽이다.

당시 청소년 정책 입안의 내용 역시 획기적인 전환을 이루어낼 수준의 것은 아니었다. 법안의 내용을 보면 대량 생산적 국민 동원 체제의 언어를 그대로 사용하고 있다. "청소년 육성법" 1조는 "이 법은 청소년의 인격 형성을 도모하고, 청소년의 보호, 육성, 선도 및 지원에 관한

---

5) 제6차 경제 사회 발전 5개년 계획(1987-1991)에 청소년 부문이 최초로 포함되었고 1991년에 청소년 기본 계획(1991년 6월 27일)이 수립되었다.

사업을 효율적으로 추진함으로써 청소년이 국가, 사회 발전에 이바지할 수 있는 건실하고 유능한 국민으로 성장하도록 함을 목적으로 한다"고 쓰고 있다. 1991년에 마련된 청소년 기본법에 따라 청소년 활동은 활성화되는데, 이때 청소년 활동의 초점은 잠시 학교를 떠나 자연 속에서 수련하는 것에 있었다. 청소년 범위를 "9세부터"라고 정한 것도 학생들을 수련원 활동을 하게 하는 차원에서 청소년 정책을 세운 때문으로 보인다.6)

"국민의 정부"는 1997년 이래로 다시 청소년 5개년 계획을 수립하고 청소년 헌장을 개정하는 등 "학생"이 아닌 "전인적 청소년"을 살려내기 위한 노력을 기울이고 있지만 교육부와 교육청의 헤게모니가 막강한 상태에서 "학생이 아닌 청소년" 활동을 활성화하는 것은 사실상 쉽지 않은 일이다. 또한 "국가 발전"을 위해 청소년을 기르겠다는 식의 국가주의적 패러다임이 잔존해 있는 한 큰 변화를 기대하기는 어렵다. 국민을 "동원"과 "구제"의 대상으로 보는 "관"의 시각이 근본적으로 바뀌지 않는 한 관에 의한 청소년 사업은 여전히 주류 청소년들에게 외면당할 것이다.7)

---

6) 청소년 관련 학자이며 당시 청소년 기본법 제정에 참여했던 한 교수는 청소년 기본법의 나이를 9세에서 24세로 한 것은 일단 보이 스카우트 등 청소년 활동 단체들의 회원이 9세 정도부터였으며, 또 청소년들의 수가 많다는 것을 보여 주어야 정부에서 관심을 보일 것이라고 생각했기 때문이라고 회고했다. 그렇게 되면 전체 인구의 4분의 1인 1,200만 명 가량이 청소년에 속한다.

7) 동원을 하지 않는 행사를 하기 위해서 최근 문화 관광부에서는 여러모로 새로운 시도를 하고 있지만 아직도 다수의 청소년이 "학생"의 정체성에 묶여 있는 상태에서 적절한 정책

학생 중심의 세계가 급격하게 변하기 시작한 것은 흥미롭게도 국가나 시민 사회가 아닌 자본에 의해서였다.

국가에서 청소년을 위한 수련거리를 마련하고 있을 때 자본은 청소년들의 소비 공간을 이미 마련해 가고 있었다. 거리 농구장을 마련하고 나이키를 팔았으며, 십대를 위한 잡지와 패션 책을 통해 십대만을 위한 무수한 이야깃거리를 제공하였다. 청소년들은 정부에서 벌인 행사에서와는 달리 시장에서 만든 공간에는 "자발적으로" 찾아다녔다. 노래방, 오락실, 호프집으로 몰려 다녔고, 밤새 오락과 채팅을 할 수 있는 피시방에서 학교에서는 할 수 없던 일에 몰두하였다. 1990년대 들어서면서 거대 소비 자본에 의해 청소년들의 학교 밖 놀이 공간들이 광범위하게 만들어졌으며, 청소년들은 그 공간에서 자기들만의 개별 공간을 만들어 가기 시작했다. 드디어 자본은 근대사를 통해 형성된 학교 중심의 헤게모니를 무너뜨린 것이다.

정확하게 말하면 한편에서는 자본이 만든 새롭고 광활한 소비 공간의 유혹을 받고, 다른 한편에서는 낙후한 학교가 밀쳐 내는 가운데 십대들은 독자적으로 움직이기 시작한 것이다. 인터넷으로 온갖 정보

추진 주체나 방법론을 찾아내지 못하여 그 돌파구로 대중 매체와 인기 연예인들과의 연결을 시도하기도 하였다. 그러나 대중 매체와 인기 가수들을 동원하여 청소년을 유인하는 행사를 하게 될 경우, 청소년들을 "자발적으로" 모아 내기는 하겠지만 일시적 스트레스 해소용 행사에 그치며, 그런 행사를 구태여 나라 돈을 들여서 주도할 이유가 있느냐는 비난을 듣고 있다. 올 여름에 청년 기획자들과 소년 자원 봉사자들이 주축이 되어 진행한 「새 천년 맞이 청소년 축제」는 그런 측면에서 볼 때 제3의 방법을 모색한 시도였다.

를 접할 수 있게 된 아이들에게 학교는 배울 것도 없고 재미도 없는 공간이며, 오래 머물다가는 심히 낙후한 인간이 될지도 모른다는 불안감을 갖게 하는 공간이다. 학교를 이탈한 아이들이 성공하는 사례가 속출하면서, 아이들은 더 이상 "학생"으로만 머물 생각이 없어진다. 대량 생산 체제를 벗어나는 후기 근대적 시점에서 아이들은 학교에서 가르치는 지식은 별로 쓸모가 없으며, 졸업장도 전처럼 그렇게 막강한 힘을 휘두를 수는 없다는 것을 알아챈다. 고도 성장 시대처럼 공부 잘한다고 좋은 직장이 보장되는 것도 아니며, 직장을 얻었다고 평생이 보장되는 시대가 아니라는 것을 아이들이 알아차리기 시작한 것이다. 컬러 텔레비전과 수십 개의 채널을 가진 케이블 TV, 그리고 피시 통신이라는 소통 매체에 익숙한 아이들에게 더 이상 흑백 텔레비전 시대의 문법이 먹힐 리 없다.

아이들은 나름대로 자구책을 찾거나 그런 능력이 없는 경우라도 최소한 "학교에 순응하는 것은 아니다"는 표현을 하기 시작했다. 최근에 언론에 크게 보도되고 있는 학교 붕괴 내지 학급 붕괴 논의는 이런 현상이 공론화하면서 일어난 것이다.[8] 그 동안 막강한 국가 기구의 보호를 받으며 군림해온 학교라는 거대한 관료 기구는 대량 생산 체제를 벗어나는 시점에서, 또 정보화가 본격적으로 진행되는 시점에서 더 이상 아이들을 "잡아둘 수" 없게 되었다. 파행적 근대화 과정에서 강화된

---

8) 조한혜정, 2000, 「학급 붕괴: 근대 교육의 실패」, 『학교를 찾는 아이 아이를 찾는 사회』, (도서출판 또 하나의 문화)를 참고할 것.

어른 중심주의는 세대간의 의사 소통을 차단해 버려서 상황을 더욱 악화시켜 왔다. 실제 학교를 떠나는 아이들의 수는 적지만 다수의 아이들이 몸만 학교에 있는 식의 태업에 들어갔고, 상당수는 학교 생활을 삶의 일부로만 간주하는 사고 방식을 갖게 되었다.

이 과정에서 생겨난 청소년들의 정체성은 "학생/소비자"의 이분법을 둘러싸고 있으며, 학생의 정체성은 더 이상 우위를 차지하지 못한다. 광고 소비 시장과 대중 매체에서는 "십대"라든가 "신세대", "1318", 베이비 붐 세대를 지칭하는 "X세대", 영상 세대를 가리키는 "V세대", 디지털 네트워크를 강조하는 "N세대" 등 무수한 용어로 청소년들에게 새 이름을 붙여 주었다. 그리고 이 소비자로서의 청소년들은 대중 매체를 통해 부각되는 "십대"라든가 "신세대"의 이미지로 자신을 표현하고 싶어하거나, 자신들을 규정해온 이분법 자체를 거부하는 움직임을 보이고 있다.

이분법을 넘어서기

이제 논문의 주제로 들어가 논의를 정리해 보자. "청소년들은 얼마만큼 자율적 주체인가?" 한마디로 청소년들은 별로 자율적이지 못한 상태에 있다.

최근 일고 있는 "교실 붕괴" 현상이나 청소년들의 "이탈 현상"은 근대화 과정에서 전환이 절실함을 알려주는 징후다. 앞서 논의한 바대로 그것은 역사적 시점에 따라 모든 자본주의 사회에서 일어났던, 그리고 일어나는 일이다.9) 근대화가 어느 정도 진행되고 소비 자본주의 단계에 들어서면 아동도 아니고 성인도 아닌 중간 지점에 청소년들이 생기고, 기성 세대와 큰 세대차를 느끼게 되는 이들은 독자적으로 자신들만의 시간과 공간을 원하게 된다. 그리고 그 자기들만의 시간과 공간 속에서 세기말적 전환의 시대를 살아갈 준비를 스스로 하게 되는 것이다.

그런데 식민지에서 시작하여 극도로 압축적인 근대화 과정을 거쳐야 했던 한국 사회는 국민의 일부가 이런 단계에 들어가는 것을 지원하기보다 상대적으로 심하게 막아온 사회에 속한다. 한국 사회에서 청소년의 삶은 학생이라는 정체성에 과도하게 묶여 있었다. 특히 1970년대 이후 강화된 국가 주도적 개발 독재 시대를 거치면서 청소년적 주체는 심하게 억압당한 상태에 있었다. 구체적으로 1970년대 이후 한국의 청년 — 이십대 — 들은 반독재 투쟁에 열을 올렸고, 그 이후에는 군대를 가야 하기 때문에 새로운 일을 벌이지 못했다. 소년 소녀 — 십대 —

---

9) 일본에서는 1999년 8월 20일부터 22일까지 겐지(賢治)의 학교가 중심이 되어서 학급 붕괴에 관한 전국 집회를 열었다. 집회를 소개하는 문건은 다음과 같다. "학급 붕괴! 아이들이 외치는 소리가 들립니까? 교사도 외치고 싶습니다! '내 반은 괜찮다', '우리 학교는 즐겁다'고 하던 학급이 어느 날 갑자기 붕괴하기 시작했습니다. 지금은 그러한 시대입니다. 우리가 생기가 넘치지 않으면 우리 반도 생기가 넘치지 않습니다. 우리가 생기 있는 몸을 되찾아야 합니다. 서로의 고민을 나누며 해결의 길을 찾읍시다." 대만의 청소년 단체가 마련한 행사 안내문에서도 사막처럼 삭막한 삶을 살고 있는 청소년들에게 비밀의 정원을 마련해 주자는 주장을 읽을 수 있다. 동아시아의 청소년들이 특히 압축적 고도 성장과 어른 중심주의에 의해 상대적으로 심한 억압을 받은 것으로 보인다.

들은 1980년대에 실시된 평준화 교육을 통해서 "젊은 국민"으로 하향 평준화되었고, 다양성과 질 높은 노동력이 필요한 현 시점에도 필요한 전환을 이루어 내지 못하고 있다. 십대들은 입시 공부에 매여서 사춘기, "유스", 젊음, 청소년기라는 단어가 주는 방황과 새로운 실험, 열정, 대안 문화 등과는 거리가 먼 삶을 살고 있다.

가끔 우리는 한국의 청소년들이 서양에 비해 학교에 잘 붙어 있고, 덜 폭력적이라고 자랑스럽게 말하는 "애국자"들을 만난다. 학교에 대한 문제 제기를 "학교 망신"시키는 행동이라고 하면서 여전히 원시적인 검열로 현실 유지를 하려는 학교장도 적지 않다. 청소년 문제가 너무나 심각하고 해결책이 없으니까 그냥 덮어 두자고 노골적으로 말하는 전문가도 있다. 기성 세대가 현실을 직시하지 않는 동안, 발산할 데 없이 "열만 받는" 아이들은 자살을 하고 서로를 따돌리는 문화를 만들어 왔다.10) "과잉 학교화"된 사회에 적응하기에 급급하던 십대들은 그래서

---

10) 『한국일보』 "1318 마당"에 덕성여고 2학년 김의선이 쓴 글을 읽어보자. 「왕따를 면하는 5가지 원칙」이라는 제목으로 쓴 글의 일부이다. "지금 우리는 "따"가 되지 않으려고 친구를 사귄다…. 하루의 반 이상을 보내는 학교에서 자신이 "따"가 아니라는 것을 확인시켜 주는 그런 친구다. 이런 종류의 친구들과 관계를 계속 유지하려면 5가지 원칙을 지켜야 한다. 첫째로 이쁜 척, 있는 척, 잘난 척 말고 둘째, 성적에 관해서 이러쿵저러쿵 말하지 말며, 셋째, 외모를 깔끔하게 해야 한다. 넷째, 아무때나 나서지 말아야 하고 다섯째는 유행에 민감해야 한다…. 나 자신도 "따"가 되지 않으려고 이런 규칙들을 성실히 준수한다. 어디서부터 잘못됐는지, 언제까지 이 노릇이 계속될지는 모르겠지만 우리는 끝이 없는 긴 터널을 가고 있는 느낌이다. 인간이 인간을 무시하고 억압하는 세상은 더 이상 희망이 없다. 아니, 희망이라는 성스러운 단어는 이제 이 세상과 어울리지 않고 이 단어를 사용하기에는 세상이, 그리고 너와 내가 너무 더럽다…"(『한국일보』 1999년 10월 8일자).

사실상 매우 보수적이고 수동적이며 분열적인 문화를 만들었다.

자율적 주체성은 몸과 마음이 통합되어 무엇인가를 지향해 가는 상태를 말한다. 하지만 그런 자율적 존재가 되기에는 청소년들의 삶의 자리가 너무나 분열적이다. 훈육의 공간인 학교와 다양한 배경의 청소년들이 영위하는 일상 공간 사이에는 큰 격차가 있다. 특히 1990년대에 들어서서 소비 자본은 급격하게 "소비자"로서의 청소년 정체성을 부각시키면서 학생으로서의 정체성을 마구 흔들어 대고 있다. 다수 청소년들은 파행적 근대화가 낳은 훈육 공간인 학교와 건강한 의사 소통을 기대하기 어려운 가정, 그리고 찰나적 쾌락을 공급하는 소비 공간을 넘나들면서, 분열되지 않는 삶을 살기가 거의 불가능한 상황에 적응해 나가야 하는 것이다.

그러나 한 가지 분명한 것은 청소년들이 이제 "거부하는 주체"의 정체성을 가지지 시작했다는 것이다. 십대들이 자주 쓰는 말이나 그들이 만든 영화 제목을 보면 이런 점이 분명해진다. 이들은 "싫어요." "냅둬요!" "관심 꺼!"라고 말하면서 기성 세대가 만들어둔 것과는 가능한 한 거리를 두고 싶어한다.11) 그래도 "어른들이" 눈치없이 관여해 들어오면 그들은 비상구로 도망을 가거나 "배 째라"고 하면서 버티거나 내심 "닥쳐"라고 소리치며 개긴다. 무표정으로 일관하는 수동적 저항은 이미 오래전부터 시작되었고, 그것이 부정적으로 발전해서 무엇인가를

---

11) 이런 청소년들의 심리는 「또 하나의 문화」 동인들이 편집한 『새로 쓰는 청소년 이야기 · 1, 2』에서 찾아볼 수 있다. 그리고 김현진의 『네 멋대로 해라』 등 십대의 글에서도 쉽게 찾아볼 수 있다.

기존의 안경을 끼고 "문제 청소년"을 가려내거나 청소년 "문제"를 찾으려고 시간을 보내기보다 우리 곁에 있는 청소년의 "존재"를 통해 시대를 새롭게 보고 그들과 함께 새 시대를 만들어 가야 할 때다.

열심히 하려는 사람을 왕따시키는 분위기는 계속될 전망이다. 내버려 달라며 제각기 노는 현상이 두드러지고 있으며, 그래서 십대들이 모인 장소는 거의가 산만하기 그지 없다. 이런 현상이 교실에서 연출되는 장면을 기성 세대는 "교실 붕괴"라 부르고 있는 것이다.

이들 거부하는 주체들이 거부의 문화를 넘어서서 자신들의 문화를 스스로 생산해 내는 주체가 될 수는 없는 것일까? 수동적 저항이 생산적인 에너지로 발전할 가능성은 없는가? 프랑스의 청소년 연구가 프랑수아 뒤베 교수는 청소년들의 자율성 문제를 일상 생활을 통해 경험하는 문화 자본과 학교에서 경험하는 교육 자본 간의 일치와 불일치 문제에 주목하여 풀어낸 바 있다.[12] 자신의 일상적 문화 자본과 교육

---

12) 프랑수아 뒤베, 1997, 「프랑스 청소년의 삶」, 크리스천 아카데미 주최 『스스로 만들어 가는 청소년 문화』 발제 원고. 또 하나의 문화, 1997, 『새로 쓰는 청소년 이야기·2』, 도서 출판 또 하나의 문화, 270-283쪽에 재수록.

자본이 통합되는 경우, 자발적인 학습이 가능하고 주체적인 인간이 될 수 있다는 것이다. 현재 우리 상황에서 이런 "통합형"은 해외 유학을 포함해서 기존 학교를 그만두고 문화 자본이 많은 학교 밖 공간으로 이동한 극히 소수의 탈학교 청소년들에게나 가능한 일이다. 그리고 자신의 일상적 문화 자본과 교육 자본이 너무나 상호 모순적이어서 학교를 그만둔 경우에도 자율적 주체가 될 가능성은 적지 않다. 그러나 이는 그들을 수용할 만한 대안적 공간이 학교 외곽에 만들어져 있을 때의 일이다.

현재 학교에 남아 있는 다수의 청소년들은 "병렬형"인 삶을 살 수밖에 없다. 병렬형의 삶이란 학교에 가서 잠을 자건 딴짓을 하건 형식적으로 다니긴 다니면서, 실은 학교 밖에서 직업이나 취미 활동과 관련된 일을 하는 삶을 말한다. 소니 워크맨을 사기 위해 아르바이트를 하는 "학생", 교실에 앉아서 방과 후에 어떤 패션으로 거리를 돌아다닐지를 구상하는 "학생", 코스프레에 적극적으로 참여하는 학생, 인터넷을 통해 정보를 검색하고 보고 싶은 디자인 하우스에도 들르고 웹진을 만들다 밤을 지샌 후 교실에서 잠이 든 "학생", 이들은 사실상 학생이기 이전에 노동하는 청소년이며, 문화적 스타일을 통해 자기를 표현하려는 패션 디자이너 지망생이며, 또 사이버 키드들이다. 그런데 사실상 두 체제에 적응하는 것만으로도 힘겹기에, 이들은 상당히 산만한 상황에서 에너지를 집중시키지 못하고 있으며, 그래서 이들에게 문화적 주체가 되라고 말하기는 어렵다.

일단 소수이지만 그러한 가능성을 보이는 삶의 스타일을 만들어

가고 있는 청소년의 유형을 몇 가지 살펴보자. 이들은 기성 세대에게 불만을 터트리거나 무조건 개기기보다 독자적으로 자기 세상을 만들어 가는 유형인데, 기성 세대가 걱정으로 가득 차 있을 동안 "저만치" 가버린 청소년들이라고 할 수 있다.

한 부류는 학교에서는 모범생이지만, 따로 사이버 공간이나 댄스 연습, 또는 밴드 활동 등 자신이 몰두하는 영역을 학교 밖에 확보해 놓고 있었다. 이들은 별도의 작업 공간을 마련하고 있기 때문인지 학교에 대해서 큰 기대도 불만도 없는 편이다. 이들은 그냥 관찰을 하거나 잠을 자거나 공상을 하면서 교실에서 시간 때우는 방법을 나름대로 터득하고 있었다. 어떤 면에서 자기만의 생산 공간을 마련했기 때문에 그렇지 않은 아이들보다 훨씬 덜 괴롭고 덜 불안하게 학교를 다니고 있었다.

둘째 부류는 아예 학교를 떠난 아이들이다. 이들은 학교 밖에서 학원에도 다니고 여러 종류의 비공식 모임에 참여하거나 독학을 하면서 자신의 삶을 기획해 가고 있었다. 문화 센터에서 영화 만드는 것을 배우거나 아르바이트를 통해서 사회 경험을 하는 등 새로운 학습의 공간을 개척하고 있는 것이다. 부모나 교사들은 아이들이 학교를 벗어나는 것에 대한 공포를 가지고 있지만 이 아이들은 오히려 학교라는 틀에 매어 있다가 생길 결과에 대한 공포로 인해 학교를 "탈출"하기로 결정한 경우다.

셋째 부류는 딱히 자기만의 창조적 공간을 마련했다고 보기는 어렵지만 열심히 노는 아이들이다. 인기 대중 가수의 열성적인 팬 클럽 회원이기도 하고, 때론 나이트나 콜라텍 등에 가서 열심히 춤도 추고 노래방에 가서도 적극적으로 노는 아이들이다. 이들은 발랄하고 당돌한 신세대의 전형적인 모습을 연출한다. 자기 주장이 뚜렷하고 선호도도 분명한 아이들인데 이들 중에는 코스프레를 기획하거나 열성적 팬클럽 회원을 하다가 정말 음악을 좋아해서 전공자가 되거나 대중 문화 기획자가 되는 사람도 나올 것이다.

넷째는 앞의 청소년들보다 수동적이지만 무엇인가를 여전히 탐색하고 있는 아이들이다. 어머니를 실망시킬 수 없으니까 학교에 가라면 가고, 텔레비전도 조금 보고, 친구를 따라 콜라텍에도 가끔 가고 노래방에도 간다. 질문을 하면 이들은 아주 자연스럽게 "별 생각 없어요"라고 말한다. 이들은 깊이 생각하는 것을 내심 촌스럽다고 여기고, 어차피 자신이 할 수 있는 선택의 폭이 별로 없다고 생각하기 때문에 인생을 "골 아픈 생각 않고" 살아가기로 일찍부터 작정한 아이들이다. 미래에 대해 물으면 "어떻게 되겠죠 뭐"라고 답한다.

생산주의적 시대 논리에 젖어 있는 부모를 설득하기보다 그들의 돈을 잘 써주는 것으로 효도를 한다고 생각한다. 일 중독증에 걸려 놀 줄 모르는 부모 세대를 위해 그들의 보호를 받으면서 계속 놀고 편안하게 살려는 모습이다. 아마도 이들이 현재 청소년들의 다수를 차지할 것이다. 이들은 사방에 널려 있는 대중 문화 소비 공간을 방문하면서 일하지 않고 용돈 받으며 사는 지금이 가장 즐거운 때라고 말한다. 어쩌면 이들 중 다수는 10년 후에도 이런 생활을 하고 있을지 모른다.

이들은 부모 세대에게, 또는 기성 세대에게 이렇게 말할 가능성이 높다. "당신이 시킨 대로 학교를 다녀 주었고, 졸업하고 취직을 해보려 했지만 잘 되지 않더군요. 내 인생을 책임지세요. 즐겁게 놀아줄 테니 돈만 대세요." 이들은 이십대가 되어서도 경제 자립을 하지 않고 적지 않은 사회적 부담 인구로 남게 될 가능성이 많다. 그러나 이들의 수동성과 산만함 속에는 여전히 새로움을 탐색하는 호기심이 숨어 있다. 문제는 이들의 호기심을 끌어내 줄 환경이 준비되어 있지 않은 데 있다.

다가올 21세기는 자본과 국가와 시민 사회가 어떻게 자리를 잡아 가는지에 따라 삶의 질이 결정될 시대이다. 특히 국가는 시민 사회와 손잡으면서 "얼굴 없는 자본"을 "얼굴 있는 자본"으로 만들어낼 때에만 건재할 수 있다. 내가 기존의 이분법을 거부하며 자신을 규정하려는 십대들, 동원의 객체가 되기를 거부하면서 자구 공간을 만들어 가고 있는 이들에게 주목하는 이유가 바로 여기에 있다. 피시 통신에 공간을 마련한 「중고등학생 복지 위원회」 멤버나, 학교 밴드, 학교 방송국 제작 팀, 또는 십대들의 웹진인 「채널 텐」 멤버들, 주말이면 춤 연습실에 몰려드는 아이들, 홍대 앞에 몰려 있는 언더와 인디 밴드들, 일산 호수 공원에 주말이면 어김없이 모여드는 스케이트 보더들, 이들은 적극적으로 자기의 삶을 기획하고 관리하려는 의지를 가진 청소년들이다. 지금은 수가 적지만 이들이 바로 "불확실성의 시대"를 이끌어갈 주역이며, 21세기에 많이 생겨날, 또 많아져야만 할 새로운 국민/시민의 모습이다.

더 이상 학교가, 그리고 사회가 붕괴하고 낙후하는 것을 막고자 한다면, 학교는 이제 아이들이 "이탈"하는 것을 막으려 하기보다 풀어 주면서 다시 아이들을 끌어들일 방안을 모색해야 할 것이다. 정부는 이제 "말 잘 듣는 국민에게 떡 주는" 시대의 논리와 결별하야 한다. 민간에서 일고 있는 움직임을 적극 지원하면서 관민 협동의 프로젝트를 성사시켜 나가야 한다. 대량 생산 체제에서 고착된 이분법으로 청소년 문제를 해결할 해법을 찾아내려고 해서는 안 될 것이다. 기존의 안경을 끼고 "문제 청소년"을 가려내거나 청소년 "문제"를 찾으려고 시간을 보내기보다 우리 곁에 있는 청소년의 "존재"를 통해 시대를 새롭게 보고 그들과 함께 새 시대를 만들어 가야 할 때다.

우에노 도시야 일본 와꼬대 표현 문화학과 교수

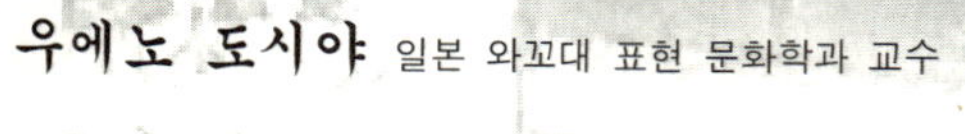

1990년대 일본의 "도시 부족"과 "미디어 부족"에 대하여

전지구화 시대 새로운 심리-지리적 공간을 만들어 가는 아이들

1990년대 일본 사회는 어느 자본주의 사회보다도 더 "순수한" 소비 사회 형태를 갖추게 된다. 거의 모든 것이 상업적으로 재생되고 재구조화된다. 이런 상황은 특히 청소년의 삶에 큰 변화를 가져왔다. 청소년들을 더는 학교에 잡아둘 수 없게 된 것이다. 소비자로서의 청소년은 소비 활동과 경제 생산 활동 (아르바이트 — 많은 청소년들이 소비를 위해 아르바이트를 한다)을 통해 자신들만의 "문화적 의례"를 일상적 공간과 시간 속에서 만들어 가기 시작한 것이다.

들어가는 말: "족(族) 문화"에 대한 대중 담론

일본의 청소년 담론은 크게 세대간의 라이프 스타일이나 취향의 차이를 강조하는 "족(族)" 담론과, 이해하지 못할 청소년들이 "저지르는" 행동에 충격을 받은 기성 세대가 만들어 내는 모럴 패닉에서 시작하는 규제 담론으로 이분화된다. 이 글에서는 "족 담론"을 중심으로 청소년 문화의 진화 과정을 짚어 보고 그 시대적 의미를 논의하고자 한다.

일본에서는 2차 대전 이후, 세대 또는 청소년 문화와 관련해서 "족" 내지 "족화(族化)"에 관한 담론이 활발하게 일었다. 2차 대전 직후에 오사카의 조선인을 지칭할 때 "족"이라는 용어가 사용되기도 했지만, 본격적으로 "족"에 관한 이야기가 등장한 것은 신타로 이시하라가 쓴 소설에서 비롯된 것으로 보인다. 신타로 이시하라는 1957년에 당시 일본의 젊은 아웃사이더들을 주인공으로 한 소설을 썼는데, 이 소설은 선풍적인 인기를 끌었다.[1] 『태양의 계절』이라는 제목의 이 베스트 셀러 소설은 "태양족" 담론을 불러일으켜, 1950년대와 1960년대에는 "태양족"이란 이미지를 중심으로 많은 글과 영화가 쏟아져 나왔다.

이시하라 돌풍이 사라진 후에도 족이라는 용어는 남아서 일본 청소년의 하위 문화를 논하는 주요한 틀이 되어 왔다. 젊은 세대가 이해하기 힘든 모습을 보이면 기성 언론은 즉각 그들의 패션이나 취향을 "족"

---

1) 신타로 이시하라는 일본 험담을 하는 책들을 비판하는 『일본은 말할 수 있다 *Japan Can Say No*』라는 책을 펴내어 선풍을 일으킨 사람이기도 하다. 그는 나중에 정치계에 들어가 최근 도쿄 시장이 되기도 했다.

이라는 단어와 연결해서 부각하기 시작했다. "보오소오 조쿠"(1970년대 폭주족), "다께노코 조쿠"(대나무족, 거리 댄스 집단), "크리스탈 조쿠"(크리스탈족, 일본의 여피), "오타쿠 조쿠"(정보 마니아들) 등이 그것이다. 서양의 히피나 여피 등과 같은 식의 범주화와 일견 상통하나, 일본의 경우 서양처럼 10년 정도의 주기로 새로 등장하는 라이프 스타일을 지칭하는 용어이기보다 즉각적으로 드러나는 "기이한" 현상을 두고 세대 차이를 크게 부각하면서 몇 년 안에 그런 이름들이 줄줄이 간들어졌다는 특징을 보인다.

당시 일본인들은 왜 그렇게 "족"에 대한 이야기를 좋아했을까? 그 이유를 일본 사회의 동질성에서 찾는 이론이 있다. 일본 사회는 매우 동질적인 사회여서, 아주 조금만 튀어도 큰 반응을 일으킨다는 설명이다. 일본 사회는 적어도 표면적으로는 매우 동질화된 집단으로 지배 문화와 분명히 분리되는 소수 집단이 없는 것으로 되어 있다. 간단히 말해서 피부나 머리나 눈의 색깔이 같아서 외모로 구별하기는 어렵고, 게다가 일본 근대사는 일본 국민들에게 일본 사회는 계급이나 인종적 소수 집단이 없는 평등하고 단일한 사회라는 이데올로기를 심어 왔다. 이런 일본의 "동질성"에 대한 자기 규정은 물론 사실이 아니라 신화이다. 이런 사회에서 유독 젊은이들의 "족"에 대한 논의가 활발하게 일었던 것을 두고, 사회 비평가들은 일본 주류 사회가 계급과 종족과 다른 역사적 주체들을 인정하지 않으려고, 세대간의 차이를 지나치게 강조하게 된 것이라고 해석하기도 한다. 젊은이들의 "족" 문화를 강조하면서 모든 새로운 경향을 단순히 세대 차이로 환원하려 했다는 것이다.

사실상 이 세대간 차이를 강조하는 "족 문화론"은 "시장의 분절," 곧 자본의 메커니즘으로 인해 더욱 부풀려진 측면이 강한데, 이로 인해 세대간의 차이가 실제 이상으로 부각된 대신, 그 외의 계급이니 여성, 주변 집단의 존재는 간과된 편이었다.

어쨌든 1950년대 이후 1980년대까지는 청소년의 "족 문화 논의"가 무성한 시대였다. 어느 새로운 문화 집단을 두고 즉각 "족"이라고 부르기 시작한 것은 물론 대중 매체나 주류 문화 쪽이었다. 그런 이름으로 불리는 청소년 당사자들은 사실상 그것에 별 관심이 없었다. 특히 1970년대부터는 단순히 소설 등 대중 매체에 의한 논의가 아니라 실제로 청소년들이 그 활동을 시작했다. 십대를 중심으로 한 학교 공간부터 살펴보자.

1970년대 이후 청소년 자치 공간의 확대

1970년대에 들어서서 학교의 "규율"을 더 이상 견딜 수 없다고 느낀 청소년들이 늘어나면서 다양한 "일탈" 청소년들이 생기기 시작했고, 이에 따라 활동 범위가 매우 다양해진다. "도시족"의 양상이 다양해진 것이다. 이때 청소년들은 단순히 무슨 무슨 족이라고 불리는 존재라기보다 자신의 정체성을 선택하고 자발적으로 만들어 나간 면이 강한데, 록과 펑크 그룹(이들에게는 족이라는 이름이 붙지 않았다)이 많이 생겼고, 보우소우족(스피드족), 쭈팔리(거리의 아웃사이더족, 이들의 패션은 일본 조총련계 고등 학생들의 패션을 모방한 것이었다) 등이 생겼다.

분명 이런 소수 문화적 성격을 지닌 "종족"의 형성은 지배 문화가 지닌 막강한 권위와 관련이 깊다. 그러나 일본의 청소년 소수 집단 문화는 영국의 노동자 계급 청소년들이 한 것과 같은 정치성을 강하게 띠진 않았다. 일본 역시 분명 계급 사회이지만 일본 청소년들은 그런 차원의 정치성을 보이지는 않았다는 것이다.

청소년들은 분명 자신들만의 문화적 의례를 통해 지배 문화에 대해 많은 것을 말하려 했다. 그러나 흥미롭게도 이들은 학교나 학교 생활에서 크게 벗어나거나 이탈하지 않았다. 적어도 가시적으로나 직접적인 의미에서는 그러했다. 예를 들어서 저항적인 록 밴드나 펑크 밴드가 생겨도 그들은 학교 동아리를 통해 활동을 하는 "착하고 밝은" 학생들이었고, 교사와 부모의 영향권 안에 일정 정도 계속 머물러 있었던 편이다. 어떤 면에서 동아리 활동은 학교와 부모와 지배 체제가 이탈을 시작한 학생들을 학교로 끌어들이기 위해 고안한 매우 세련된 포섭/포용 방안이었던 것이다. 학교는 점점 관심사가 다양해지고 있는 학생들이 흥미를 가진 쪽의 일을 할 수 있도록 동아리 활동을 활성화함으로 학생들을 학교에 잡아두는 데 성공했다. 교사나 학교의 통제가 싫어서 학교 동아리에 들지 않고 학교 밖에서 독자적으로 밴드 활동을 벌인 이들이 없지 않았지만, 그들은 주류가 아니었다. 학교에서 활동하는 "학교 밴드"가 학교 밖에서 활동하는 "클럽 밴드" 등에 비해 훨씬 수가 많았고 지금도 그러하다.

1970년대에 고등학교를 다닌 나 자신의 경험을 말하면, 고등학생이면서 1960년대 대학생 중심으로 일었던 사회 변혁 운동에 관심이 많아서 교내에서 그것과 관련한 신문을 만드는 동아리 활동을 했다. 그리고 펑크 록 밴드를 조직해서 학교 안팎에서 연주 활동을 하기도 했다. 학교 축제 때는 1960년대 학생 운동권 출신인 교사와 함께 일본에 거주하는 조선인 학교 학생들과 함께 하는 워크숍을 조직하기도 했다.

1980년대는 청소년 폭력이 가시화된 시대였다. 많은 중·고등학교에서 학교와 교사에 대해 폭력을 행사하는 사건이 늘어났고, 학생들 간에도 폭력이나 이지메 현상이 현저하게 늘어 심각한 사회 문제로 떠올랐다. 그 동안 자신들의 불만을 서양에서처럼 "의례를 통한 일상적 저항"으로 만들어 내는 데 실패한 학생들이 방향성이나 문화적 형식이 없이 노골적으로 폭력을 행사하기 시작한 것이었다. 지금은 그런 적나라한 폭력 행사는 줄어들었지만 이지메 현상은 더욱 심각해진 상태여서 이지메를 당한 학생이나 교사가 자살을 하는 일이 종종 일어난다.

1980년대의 마지막 "족"은 아마도 "오타쿠족"일 것인데, 오타쿠는 한가지에 몰두하여 그것에 관한 한 모든 세세한 것을 알고 있는 사람을 말한다. 그는 전체 맥락에 대해서는 관심이 없다. 이 즈음부터 "족"에 대한 논의는 수그러들기 시작하고 "신종 인류"라는 단어가 등장한다. 학교 붕괴 현상과 "신종 인류"의 논의는 같이 가는 것이며, 이는 일본 사회가 후기 근대로 접어드는 지점, 곧 국가나 학교가 막강한 자본의 힘에 타협하거나 종속되는 시점과도 일치한다.

물론 이러한 이행은 아무런 저항 없이, 그리고 사건 없이 일어나는 것은 아니다. 많은 충격적인 사건이 일어났고, 대표적인 사례가 "오다쿠"라고 칭하는 청소년이 저지른 상징적인 살인 사건이다. 그 기후 원조 교제에 대한 도덕적 논의가 일기 시작했고, 그 논쟁은 아직 지속되고 있다. 이런 현상을 두고 보수적인 사회는 "모럴 패닉" 현상을 보이고 있고, 이런 모럴 패닉에 근거한 청소년 담론은 무성한 족 담론과 병행해서 이루어지고 있고 1990년대는 또 한번 큰 변화를 보인다.

소비 사회의 신인류

1990년대 일본 사회는 어느 자본주의 사회보다도 더 "순수한" 소비 사회 형태를 갖추게 된다. 거의 모든 것이 상업적으로 재생되고 재구조화된다. 이런 상황은 특히 청소년의 삶에 큰 변화를 가져왔다. 청소년들을 더는 학교에 잡아둘 수 없게 된 것이다. 소비자로서의 청소년은 소비 활동과 경제 생산 활동(아르바이트 — 많은 청소년들이 소비를 위한 아르바이트를 한다)을 통해 자신들만의 "문화적 의례"를 일상적 공간과 시간 속에서 만들어가기 시작한 것이다. 이들은 1980년대에 자기들만의 독자적 공간을 만들어간 "종족"들과 직접적 연결은 없어 보이지만, 사실상 그 영향에서 나왔다고 볼 수 있다. 동경 시부야와 하라주쿠 거리에서 열리는 각종 대중 공연이나 오다쿠 간이 시장(코미 켓)에서 일어나는 이벤트를 보면 청소년들이 자신들만의 대안적 공간을 매우 활발하게 만들어 가는 것을 여실하게 볼 수 있다.

자신의 문화적 관심사를 집중적으로 추구하는 청소년들이 늘어나기 시작했고, 그것은 시장과 국가의 활동과 직결되어 있는 것이다. 청소년들은 자신들의 활동의 결과를 교환하는 비공식적 자리들을 마련하였고, 시장이나 지방 정부에서 이를 적극적으로 밀어 주기도 했다. 청소년들이 주체가 된, 독립 만화 운동이나 자치 라디오 운동이 그 대표적인 사례가 될 것이고, 하라주쿠에 "보행자의 천국"을 만든 사례는 청소년들의 자치 공간이 단순히 청소년들의 공간을 확보하는 것 이상의 의미를 지니고 있음을 보여 준다. 청소년들의 자치 라디오 운동은 곧 미니 FM이라는 이름 아래 "시장"에 포섭되지만 어쨌든 1990년대에는 청소년들의 자치적인 활동과 교류 공간이 학교 밖에 폭넓게 만들어졌다. 최근에 학교를 다니지 않고 학원도 다니지 않고 십대를 거리에서만 지낸 청소년이 대단한 디자이너가 되었다는 뉴스 등이 종종 보도되는데, 이는 바로 1990년대 이후 청소년들의 활동 공간이 소비 공간으로 크게 넓어지면서 가능해진 일이다.

비교 문화적으로 보면, 유럽의 청소년들은 학교 밖에서 지내는 시간을 갖게 되면서, "빈 공간 점거" 운동 (squatting)을 벌여 왔다. 이들은 새로운 공공성에 대한 질문을 던지면서 자신들의 주거 공간과 새로운 취향, 그리고 라이프 스타일을 체계적으로 만들어 가기 시작한 것이다. 대신 일본의 청소년들은 대거 소비 영역으로 진출하였다. 이것은 아마도 일본 사회의 근대화가 매우 압축적이고 국가 주도로 일어난 것에 따른 결과일 것이다. 시민적 공공 영역이 국가적 공공 영역에 압도되어 온 일본의 경우, 특히 급격하게 소비 사회로 진입하게 되면서, 자유로운 공간을 갖고 싶은 개인은 결국 소비 영역에서 자신을 표현하고 만들어

갈 수밖에 없었던 것이다. 어떤 면에서 기성 세대보다 시대를 먼저 살아가는, 그리고 자기 정체성을 만들어 가려는 욕망을 강하게 가진 상태에 있는 청소년들이 소비 영역을 점거하게 되는 것은 매우 자연스런 현상일 것이다. 후기 근대 일본 문화의 특징이라고 하는 "나주의 (Me-ism)"와 자기 중심적 문화가 소비 시장에서 돌파구를 찾은 것이며, 그 중심에 막강한 소비력을 가진 청소년들이 자리한 것이다.

전지구화 시대 새로운 심리: 지리적 공간을 만들어 가는 도시 부족과 미디어 부족

나는 최근까지 내가 가진 좌파적, 저항적 경향으로 사실상 청소년들이 만들어 가고 있는 소비 공간에서의 문화 활동에 대해 매우 비판적이었다. 그러나 지금 생각해 보면 달리 보이는 부분이 없지 않다. 그들이 벌이는 활동이 그렇게 전적으로 자본에 편입되는 것만은 아닐 것이라는 새로운 가능성을 볼 때가 있기 때문이다. 나는 최근 이들 청소년들이 형성해온 하위 문화가 자기를 주장하고 자기 삶을 스스로 관리 기획하게 하는 상당히 긍정적인 부분이 있음을 알게 되었다. 특히 "테크노족"과 "다메족"의 경우나 급격하게 형성되고 있는 "문화적 유민(cultural diaspora)"들을 만나게 되면서 그런 생각을 하게 되었다.

사실상 일본 청소년들이 지난 10년 동안 벌여온 "부족 문화" 활동이 문화 산업 발달의 근간이 되었다. 그것은 긍정적으로 평가할 부분이다. 실제로 그 동안 청소년들이 자신이 마련한 개별 공간 속에서 몰두해 온 코스프레나 만화 그리기, 사진 활동, 애니메이션 활동이 개성 있는 일본 문화 시장을 형성하는 데 한 몫을 했다. 벌써 재팬 록이나 재패니메이션 분야는 아시아 청소년들을 사로잡기 시작했고, 조만간 아시아 문화 산업계를 주도할 가능성은 아주 높다. 일본의 문화 산업이 세계 시장으로 본격적으로 진출하고 앞으로 그 시장에서 한몫을 하게 된다면, 그것은 다분히 일본 청소년들이 벌인 실험적 문화 활동에 근거한 것임을 인정해야 할 것이다.

이런 점에서 나는 최근에 생기고 있는 "족"들의 활동에 주목한다. 그리고 지금 만들어지고 있는 족들은 이전의 족들과 다른 점이 있다. 이들은 한두 가지의 패션이나 취향, 행동의 특성으로 기존 주류 문화와 구별되는 수준을 넘어선다. 이들은 아주 적극적으로 자신들의 삶을 만들어 가는 편이고, 그런 면에서 특이한 "종족"이라기보다는 "부족"을 이룬다는 표현이 적절할 것이다. 그래서 이제 그들을 나는 단순히 족이 아니라 "부족"이라고 부른다.

대개 이들의 활동은 대중 문화 소비 사회의 성원으로서 패션이나 음악, 자동차 등의 취향이나 스타일을 가꾸어 가는 데서 시작한다. 이들은 스타일과 취향과 감수성을 매우 중요하게 생각하며, 그를 통해 자신을 적극적으로 표현한다. 예를 들어서 아니메(애니메이션) 오타쿠, 출구 훌리건, 하우스, 레게, 펑크, 스킨헤드, 새 모드족, 테크노족 등이 그것이다. 단순한 취향에서 시작한 이들은 공통의 관심을 가진 이들과 공동체

(부족)를 형성하고, 수동적으로 단순히 주어진 이름에 따라 행동하기보다 적극적으로 자신들의 관심과 감수성을 만들어 간다. 스스로 일상적인 삶을 만들어 가고, 자기들만의 의례를 만들어 내면서 공유의 경험을 통해 "후기" 공동체를 형성해 가는 것이다.

많은 경우, 이들이 만들어 내는 문화는 기성 문화에 반하는 내용을 가지나 꼭 그것이 기준이 되지는 않는다. 자신들 속에서의 구별도 매우 중요한 기준이 된다. 물론 다른 스타일을 가진 "부족"간의 갈등과 긴장이 일어나기도 한다. 그것은 영국에서 1960년대에 "모드족"과 록커들이 사사건건 차이를 내세우면서 대립 세력으로 부상한 것과 유사한 현상이다. 다 알고 있겠지만, 모드족과 록커들은 걸치는 옷, 즐겨 듣는 음악, 춤추는 모습, 타고 다니는 차의 상표나 종류 등 모든 면에서 상호 대립적으로 자신들을 표출하려고 했다. 하나의 문화 공동체를 이룬 이들은 일상 생활의 각 영역에서 문화적 표현을 통해 자신을 드러냈으며, 이들의 표현 활동은 단순한 소비 활동이 아니라 적극적으로 자기를 형성하는 행위였던 것이다. 그리고 결과적으로는 영화, 패션과 대중 음악 등 주류 대중 문화계를 변화시키는 역할을 해왔다.

최근의 "부족 활동"은 다음과 같은 몇 가지 특성을 보인다. 첫째 특성은 어느 한 부족의 취향이나 스타일이 헤게모니를 쥐지 않는다는 데 있다. 한 특정 스타일이 헤게모니를 쥔다는 것은 불가능하다. "정체성의 정치학"의 시대에 생겨나고 있는 이들 부족은 바로 자신들과 구별되는 부족이 존재함으로써 자신들도 존재한다는 것을 의식적이든 무의식적이든 알고 있다. 상대의 존재를 인정하는 것이 미리부터 전제되어 있는 것이다. 자신이 다름을 표현하듯, 다른 이들도 그런 권리가 있다는 것을 인정하고 있으며, 이들은 그런 다양성을 존중하는 자세를 가지고 있다. 그래서 이때의 부족은 절대로 단수일 수 없는 복수이며 위계 서열화되어 있지 않다.

둘째 특성은 한 부족에 속하던 사람이 쉽게 다른 부족으로 이동한다는 점이다. 그리고 한 사람이 한꺼번에 몇 개의 부족에 속할 수도 있다. 마치 낮에는 래스터패리언 (Rastafarian)[1])인 사람이 밤에는 헤비메탈 팬일 수 있듯이 말이다.

셋째 특성은 이 부족 주민들은 수시로 필요에 따라 연대를 할 수 있다는 점이다. 다음 시대를 만들어갈 새로운 질서를 향한 연대가 이들이 취향을 중심으로 만들어 가는 연대와 별개의 것은 아닐 것이다. 이 부족들은 전지구적 시대에 새로운 질서를 만들어갈 잠재성을 가지고 있다. 일상에서 아주 개인적이고 국지적인 정체성 또는 공동체성을 발달시킨 이들은 그런 정체성을 가진 이들과 시간과 공간을 넘어서 쉽게 연대를 하게 된다. 이들의 연대는 기존의 엄격한 이분법을 붕괴시키며, 기존 국민 국가의 변경을 넘어선다. 특히 미디어 부족들에게 기존의 "변경"은 장애물이 되지 않는다.

테크노 레이브 파티장에 가보면 이런 부족들이 만들어 내는 새 기운을 느낄 수 있다. 이 임시로 만들어진 자율 자치 공간에 가면 개인들은 각기 내부의 힘을 느끼고, 자신의 내부의 소리에 맞추어 춤을 춘다.

---

* 옮긴이 주) 에디오피아 황제 래스 터파리를 신으로 신봉하는 자메이카 흑인을 일컬으며, 아프리카 복귀를 주창한다.

그러면서 "따로 또 같이" 가는 공동체적 분위기가 형성된다. 이런 활동을 통해 청소년들은 통제 상태에서 벗어나 사회적 주체로서의 감각을 되살린다. 이들은 수동적인 관객이거나 시키는 대로 따라하는 조직원이기를 강요하는 거대한 고도 관리 사회에서 능동적 존재로서의 감각을 되살리면서 환경 문제나 주민의 공간 확보 운동, 자기를 관리하는 정신(DIY, Do It Yourself)과 상호 호혜적인 경제 개념(Gift Economy)에 관심을 갖기 시작한다. 이들은 주로 야외 공간이나 도심을 벗어난 자연 공간에서 거대한 춤 파티를 마련하는데, 이런 파티를 기획하는 사람들은 이미 전지구적인 네트워크를 가지고 있고, 전지구적인 감성을 가지고 있는 사람들이다. 이들이 앞으로 맺어갈 전지구적 연대는 청소년 자신의 삶만이 아니라 세계 질서를 새롭게 형성하는 역동성으로 작용할 것으로 보인다.

나는 일본과 한국이 매우 유사한 역사적 과정을 거치고 있다고 생각한다. 한국의 청소년 문화도 일본과 유사한 과정을 거쳐 왔고, 또 거치게 될 것이라면, 청소년 문화가 가진 이러한 긍정적 역동성에 대해 충분히 인지하고 있는 것이 좋을 것이다. 나는 좌파로서 여전히 상업주의 자본의 확장에 대해 부정적이지만, 전지구적 시대, 탈지역적 맥락에서 문화적 상호 연대의 중요성은 날로 높아지고 있고, 지금 청소년들이 활기차게 만들어 가는 문화 공간의 의미는 바로 그러한 맥락에서 읽어내야 할 부분이다.

폴 윌리스 『교육 현장과 계급 재생산』 지은이

자본주의 사회의 **청소년, 계급, 그리고 문화**

1970년대부터 새천년까지 영국 노동 계급 청소년의 현장 기술지적 역사를 바탕으로

우리는 청소년과 기성 세대 사이에, "문화"가 매개되는 형태의
통명스러운 협상(때로는 갈등)이 만들어지는 것을 보았다.
기성 세대는 근대성의 의미와 효과에 대해, 특히 변화의 "최전방"에 서 있는 청소
년에게 미치는 영향과 그 의미에 대해 이해하지 못하고 있었다.
"반사회적인" 행동과 그와 연관된 문화 형태들은 뭔가를 주장하는
하나의 방법일 수 있고 실질적인 공간과 자율권을 얻는 방법이 될 수도 있다.
말이 통하지 않거나 말해도 소용없거나 아무도 귀기울여 주지 않을 때에는
그런 방법을 사용할 수밖에 없다. 어른들은 이런 불가피한 협상 과정을
좀더 명료하고 조심스럽고 덜 혼란스러운 것으로 만들 수 있다.
청소년이 경험하는 근대성이 자신의 경험과 당연히 다르다는
사실을 이해하고 인정하고 청소년의 목소리에 귀기울인다면 말이다.

들어가는 말

자본주의 사회를 휩쓰는 근대화의 연속적 물결의 문제와 가능성을 가장 먼저 가장 직접적으로 체험하는 이들은 언제나 청소년이다. 청소년은 변화의 물결에 무질서하고 혼란스럽게 반응하는 경우가 많지만, 그들은 자기 능력의 범위 내에서 최선을 다하고 있는 것이며 자기 삶의 실제 가능성과 관련지으면서 대응하는 것이다. 기성 세대에게 이러한 대응은 도무지 알 수 없고 불안해 보이며, 충격적이고 "반사회적"인 것으로 보이기까지 한다. 그러나 청소년들의 행동을 자세히 들여다보면, 근대화 과정의 "사회적" 영향력과 "사회적" 속성에 대해 많은 것을 알 수 있다.

이 글에서 나는 30년 간의 연구를 토대로 근대사에 나타난 청소년의 모습을 개괄하려 한다. 내가 연구한 곳은 영국이고 내가 택한 연구 방법은 현장 기술지이다. 나는 여기서 근대화의 세 양상과 그에 대한 젊은이들의 대응에 대해 논의할 것이다. 내 연구가 이루어진 순서에 따라 이 세 양상을 살펴보게 되겠지만, 사실상 이 양상들과 거기서 나오는 여러 주제들은 현재 상황과도 여전히 연관 있는 것이다. 한국의 근대화가 매우 압축적으로 위에서 계획적으로 추진되었다는 것은 알고 있다. 이것은 한국의 상황이 내가 알고 있는 영국의 상황과 매우 다르다는 것을 말해 준다. 그렇지만 이 글의 논지가 여러 사례에 적용될 수 있다는 것을 감안하면, 영국의 예가 한국 사람들에게도 많은 시사점을 제공할 것이라 생각한다.

"근대화"의 사회 변동 세 가지

나는 "근대화"라는 사회 변동의 물결 세 가지에 대해 이야기하려 한다.

1. 16세까지의 모든 청소년을 대상으로 무상 의무 교육을 시행하는 데 대한 영국 노동 계급 학생들의 문화적 반응

내가 쓴 『교육 현장과 계급 재생산 *Learning to Labor*』에 보고된 1970년대 중반 한 산업 도시 학교의 "패거리(the lads)" 문화를 간략하게 그려 보겠다.

2. 1980년대 초 영국에서 일어난 청소년 대량 실업

청소년 대량 실업 때문에 노동자 계급 젊은이들이 처하게 된 황폐한 상황을 묘사할 것이다. 『청소년 리뷰 *The Youth Review*』에 실린 것을 요약한 것이다.

3. "상품·전자 사회"의 출현

모두가 청소년들의 "여가 시간"을 사로잡는 데 혈안이 되어 전자 신호가 홍수를 이루고 문화 상품이 흘러 넘치는 현재의 상황에 청소년들이 어떻게 대처해야 하는지 살펴볼 것이다. 이것에 대한 자세한 설명은 『서민 문화 *Common Culture*』에 나와 있다.

영국의 노동 계급 문화: "패거리" 문화

『교육 현장과 계급 재생산』에서는 노동자 계급 청소년 집단의 비

공식 학교 문화를 묘사하고 있다. 내가 여기에서 전개할 논의를 이해하기 위해서는 영국 계급 관계의 역사를 다소 알고 있어야만 한다. 오랜 기간에 걸쳐, 아래에서 시작해서 위로 향하는 산업화를 세계 최초로 이룬 영국은 장기간에 걸친 "자본"과 "노동"의 갈등을 경험했다. 그 결과 영국에서는 노동 계급과 그들의 문화에 명예로운 지위를 부여하는 것으로 계급 관계의 안정을 찾았다. 노동 계급의 문화는 "노동 조합 회의" 건설과 노동자 권리를 위한 투쟁을 뒷받침해온 것이었다.

이 책을 위한 연구를 진행하던 1970년대까지만 해도 여전히 "계급"은 긍정적인 의미를 가지고 있었다. 노동자들 대다수는 자신이 노동자 계급으로 불리는 것에 만족했고, 자신의 생활 양식, 관심사, 말투 같은 것이 노동 계급 문화로 여겨지는 것을 만족스러워했다. 그러나 자본과 노동의 정치적인 타협에 노동자 자녀의 "동등한" 교육권이 포함된 것은 반갑지 않은 부분이었다. 게다가 여기서 기본 모델이 된 것은 중간 계급이었다. 학생은 교사의 말을 잘 듣고 자유주의적 인본주의 교육을 받아, 감지덕지하며 대학에 가고 결국 만족스럽고 보람 있는 일자리를 얻는다는 모델이었다.

여기서 문제는 노동 계급 아이들이 이 "특권"을 감사히 받아들일 마음이 전혀 없었다는 것이다. 많은 아이들은 전혀 학교에 다니고 싶어 하지 않는 것 같았고, 그들은 학교의 권위에 저항하는 또래 문화를 만들어갔다. 예를 들어 내가 연구한 학교의 "패거리" (the lads, 몰려 다니면서 함께 노는 친구들 집단을 가리키는 말)는 학교에서 주입하는 생각을 거부했고 교사에게 고분고분한 태도를 보이는 아이들을 "샌님들"(earoles, 사람 귀의 바깥 부분을 칭하는 속어)이라고 불렀다. "패거리"는 그런 아이들이 듣기만 할 뿐 행동으로 옮길 줄 모른다고 생각했다. 이 "패거리"의 문화는 자기를 내세우는 남성적인 스타일로 나타났는데, 이들은 노골적이고 거칠게 말하는 특이한 말투로 이야기하고, 유행하는 우스갯소리를 하는 "농담 따먹기"에만 열심이었다. 그런 농담은 자주 교사들을 모욕하는 것이었다. 그들은 공부에는 도무지 흥미가 없었고 졸업장에도 전혀 관심이 없었다.

이들의 문화는 비판의 대상이 되었고 "병적"인 것으로 여겨지기도 했지만, 이 문화가 분명히 합리적 요소들을 보여 준다고 나는 주장한다. 특히 이 문화는 자본주의 사회의 이데올로기 가운데 개인주의와 업적주의의 날카로운 날을 무디게 하는 "삶의 형태"를 제공한다. 교육 과정을 마쳐도 돈 잘 벌고 명성 있는 직업을 기대하기 힘든 노동자 계급 대다수에게 개인주의와 업적주의는 그 한계가 분명하다. 이상하게도 이 문화는 사회의 위계 질서를 오히려 고착시키는 효과도 있다. "패거리" 청소년들은 억압적인 학교 분위기에서 벗어나려고 아주 자발적으로 저임금의 육체 노동을 택하게 되고, 그것은 궁지에 몰린 전체 사회 질서의 "재생산"(불평등한 계급적 지위에 있는 개인들의 세대 교체)에 기여하기 때문이다. 또 "패거리" 아이들은 일을 갖게 되면서 "육체 노동 현장의 문화"가 그들에게 매우 익숙하고 우호적이라고 느끼게 된다. 노동 현장의 문화는 그들의 반(反)학교 문화와 같은 특성을 깊이 보여 주기 때문이다. 그리고 가혹한 노동 조건과 권위 체제에서 버틸 수 있게 해주는 집단적이고 인간적인 생존 수단을 제공하기 때문이다.

　친교 활동을 통한 이러한 "사회화 과정"(내 책의 부제목은, "노동자 자녀들이 노동자가 되기까지 How working class kids get working class jobs"이다)은, 영국 사회에서 역사적으로 오랜 기간 계급 관계가 안정되면서 생겨난 최근의 문화적 특질을 이해하는 데 필요한 기본 윤곽이 된다. 모든 국민이 교육에 있어서의 "형식적" 평등권을 가지게 되고, 영국이 복지 국가로 전환한 후에도, 계급 관계는 (매우 불평등한) 안정 상태를 유지했다. 노동 계급은 자본주의 제도나 중간 계급의 이익을 위협하는 "과도한 야심"을 가지지 않았다. 그러나 노동 계급 젊은이들과 학생들은 실질적인 자율권을 어느 정도 가질 수 있었기 때문에, 힘든 조건에서도 그들만의 독특한 노동 계급 문화의 형태와 활동 — 어떤 이들에게는 "반사회적"으로 보였지만 — 을 뿌리 내리고 꽃 피울 수 있다. 그들만의 "패거리" 문화는 열악한 환경을 좀더 "살기 편하게" 만들어 주었고 집단적이고 상호적인 "삶의 형태"를 제공해 주었다. 그러한 삶의 형태는 노동 계급 정체성과 친교 활동의 기초였다. 지금부터 살펴보겠지만, 최근 20년간 많은 변화가 있었는데도 학교에서는 매우 강하고 끊임없는 "저항"의 문화가 변함없이 이어지고 있다. 때로는 반사회적인 모습을 띠고 또 수업 시간에 교사를 곤경에 처하게 하기도 하지만, 저항의 문화는 계속해서 "이게 다 무엇을 위한 것인가", "내가/우리가 공부를 열심히 하고 말을 잘 듣는다고 해서 무엇을 얻을 수 있는가" 따위의 질문을 던지게 한다.

청소년 실업의 대량 증가

근대화 변동의 두번째 범주로 넘어가 보자. 이 오래된 문화적 "안정" 상태가 무너진 것은 주로 두 가지 때문이다. 하나는 "아래"에서 올라오는 공격이었고 다른 하나는 "위"에서 가해진 공격이었다.

첫번째 공격은 1980년대 초의 대규모 실업, 특히 청소년의 대량 실업을 가져온 경제와 정치에서 일어난 일련의 커다란 변화였다. 그리고 인플레이션 퇴치와 국제 경쟁력 제고를 위한 구조 조정을 성공적으로 해내기 위해서 대량 실업은 당연히 치러야 할 대가라는 생각이었다.

"패거리" 청소년이 졸업하면 자동으로 일을 구하게 될 것이라는 기대는 완전히 사라져 버렸다. 최근 영국의 실업률은 낮아지고 있지만, 청년 실업률은 여전히 매우 높다. 특히 학력이 낮고 기술이 없는 경우에 더욱 그러하다. 비숙련 노동자 두 명 중 한 명은 현재 실업자다. 이런 근본적인 변화는 노동 계급 문화 전통의 물적 기반을 파괴 또는 약화했다. 특히 학교에서 곧바로 직장으로 가는 전통이 사라지게 되었다. 경제적으로 잘 적응한 것이 지속적인 사회 문화적 위기를 만들어 낸 셈이다.

1980년대 초부터 청소년 실업 문제 해결을 위한 무수한 "국가 사업"이 전개되었으며, 최근에는 젊은 실업자들에게 직업 체험이나 훈련 기회를 제공하는 "뉴딜" 정책으로 그들을 직업으로 연결해 즈는 새 "다리"를 놓으려 애써 왔다. 그런데 이러한 정책들은 점점 더 강제성을 띠어 가는 추세다. 정부가 제공하는 프로그램에 참가하지 않는 실업자에게는 사회 보험금 지급을 중단하기로 한 것이다. 이제까지 사회 보험금은 영국에서 누구나 조건 없이 받을 수 있는 것이었는데 말이다.

예전의 노동 계급의 학교 경험은 지금도 여러 가지 방식으로 지속되고 있는데, 특히 남자들의 경우, 특정한 직업에는 여전히 예전과 똑같은 문화적 기대, 적성이 요구된다. 그러나 전체적으로 보면, 노동 시장에 공급되는 노동력의 문화적 형태와, 사람을 원하는 일자리가 서로 잘 맞지 않는다. 노동 계급 젊은이들은 적당한 보수의 육체 노동이라면 기꺼이 하겠다고 하는데, 그들이 원하는 일자리는 부족한 상황이다. 그들에게 여전히 중요한 의미를 갖고 있는 완전한 노동 계급으로 옮아 가는 전통적인 이행은 이미 중단되었거나, 끊임없는 불확실성이라는 "사회적 상태"로 의미가 확대되었다. 동시에 고용주들은 학교를 졸업한 사람들의 "자질"에 대해, 또 기술이 필요한 일자리에 그들이 적합하지 않다고 불만을 터뜨린다. 특히 정보 기술 관련 산업의 경우에 그렇다. 자신들만의 문화 형태와 문화적 입장을 가지고 평생 일을 하지 않거나 안정적인 직업을 갖지 않는 "잉여" 인구가 점점 많아질 위험이 있다. "무중력 상태의 경제(weightless economy)" 사회에서 모든 사람이 일을 찾지는 못할 것이다. 그리고 많은 사람들이 정신 노동을 하기보다는 자신의 육체 노동 능력을 계속해서 존중해 주고 보상해 주기를 기대할 것이다.

상품 · 전자 사회의 출현

다른 한편, 문화의 차원에서 "위"에서 시작된 거대한 변동은 노동 계급 문화의 "안정된" 형태에 심대한 변화와 해체를 가져다 주었다. 과거의 "몸과 몸이 부대끼는" 공동체와, 얼굴을 마주보며 하는 의사 소통은 이제 밀려나고 있다. 디지털화로 수백 개 채널을 가진 텔레비전 같은 새로운 전자화된 의사 소통 형태들이 등장하고, 상업화된 여가 형태와 문화 상품들이 대중에 보급되었기 때문이다.

젊은이들은 거주 지역과 계급으로 자신을 정의하기보다, "상품·전자" 문화의 새로운 관계들로 정의한다. 이제 노동 계급 젊은이들은 대부분 자신을 "노동 계급"으로 보는 것을 달가워하지 않는다. 전통적인 계급 문화보다는, MTV의 음악, 야구 모자를 쓰고 유명 운동화를 신는 것, 맥도널드 같은 패스트 푸드점에서 노닥거리는 것에서 자기 정체성을 찾고 그런 것에 더 큰 열망을 느낀다. 교사들이 "쓰레기" 취급하는 문화나 "디즈니"의 상업적 문화로 인해 "마음이 딴 데 가 있는" 학생들에게 흔히 학교는 별 볼일 없는 것이다. 많은 청소년이 돈벌이가 되는 일이나 그런 일의 전망에 관심을 쏟는데, 그것은 일 자체 때문이 아니라 그들이 무척이나 갖고 싶어하는 상품들을 살 수 있게 되기 때문이다.

실업은 "이중의 억압"이다. 일과 그것이 가져다 주는 임금을 갖지 못하게 될 뿐 아니라, 이같은 새로운 여가와 소비의 장에서 정체성을 만들고 만족을 얻는 데서도 배제되기 때문이다. 나는 이런 새로운 전자 형태와 상품 관계가 청소년을 착취만 한다고 생각하지는 않는다. 청소년이 문화 마케팅과 대중 매체 조작으로 만든 최신 유행의 희생자가 되고 있다고 생각하지도 않는다. 청소년은 이런 새로운 자원을 창조적으로 이용할 수 있다. 초기 근대론자들이 국가의 교육이 해방의 수단이 될지, 아니면 대다수 "비특권층"의 이데올로기를 한정하는 수단이 될지를 놓고 의문을 제기했다면, 탈근대론자들은 문화의 상품화와 전자화가 새로운 지배의 수단이 될지, 아니면 의사 소통 가능성이 있는 새로운 분야를 열어갈 수단이 될지를 두고 의문을 제기한다.

(1) 학교에 바탕을 둔 비공식 문화 저항의 지속, (2) 실업의 지속적 영향, 일자리로 이행하는 시간이 연장되는 데 대한 국가 규제의 "강화", (3) 소비와 여가의 새로운 문화적 관계와 가능성, 이 세 가지가 내가 근대성의 세 가지 주제로 이야기한 것인데, 이 세 가지의 결합이 함의하는 바는 사회 집단에 따라 다르다. 학교는 사회·문화적으로 너무나 복잡하게 얽혀 있는 상황에 대처해야만 한다. 더 심한 불안정과 더 큰 변화가 오리라는 것말고는 앞날을 예견하기가 쉽지 않다.

나가는 말

효과적이고 적절한 교육·청소년 정책을 만드는 데 따르는 어려움과 딜레마는 자신이 속한 사회에 국한해서 보더라도 복잡하다. 그래서 나는 이 곳의 아주 다른 상황에 대해 뭐라고 논평해야 할지 망설여진다. 다만 상관이 있을 것 같은 일반적인 이야기 한 가지는 할 수 있을 것 같다. 내가 제시한 많은 예에서, 우리는 청소년과 기성 세대 사이에, "문화"가 매개되는 형태의 퉁명스러운 협상(때로는 갈등)이 만들어지는 것을 보았다. 기성 세대는 근대성의 의미와 효과에 대해, 특히 변화의 "최전방"에 서 있는 청소년에게 미치는 영향과 그 의미에 대해 이해하지 못하고 있었다. "반사회적인" 행동과 그와 연관된 문화 형태들은 뭔가를 주장하는 하나의 방법일 수 있고 실질적인 공간과 자율권을 얻는 방법이 될 수도 있다. 말이 통하지 않거나 말해도 소용없거나 아무도 귀기울여 주지 않을 때에는 그런 방법을 사용할 수밖에 없다. 어른들은 이런 불가피한 협상 과정을 좀더 명료하고 조심스럽고 덜 혼란스러운 것으로 만들 수 있다. 청소년이 경험하는 근대성이 자신의 경험과 당연히 다르다는 사실을 이해하고 인정하고 청소년의 목소리에 귀기울인다면 말이다. (편집부 옮김)

십대를 읽는 언어

이제 청소년이 자신의 삶을 어떻게 겪는가란 문제로 옮겨 가야 한다. 누구인가가 아니라 어떻게 자신의 삶을 겪는가란 질문은 곧 정체성에 대한 질문이다. 지금 청소년은 자신의 체험을 어떻게 구성하는가. 그래서 자신이 청소년이란 일반적인 주어로 어떻게 자리 매겨지는가를 물어야 한다.

나/너를 읽어봐!

제목이 불손하다. "나/너를 읽어봐!"라고 명령하는 말을 따와서 제목으로 삼았으니 말이다. 그러나 이런 언어적 수행은 어쩌면 지금 시점에서 더없이 적절한 말이 아닐까. 우리가 청소년 문화를 이해하려면 어쩔 수 없이 마주해야 하는 괘씸한 분위기 — 가능한 숨어 들고 가능한 딴전 피고 또 가능한 한 말대꾸하지 않는 — 를 앞의 말은 당장 전해 준다. 그러나 읽어 봐!라는 명령 투의 말이 갖는 더 중요한 의미는 별 수고 없이 "저절로" 알려진 대상이던 청소년이 이제는 낯선 대상이 되었음에 있을 것이다.

이제 "내가 너만 했을 때"라는 언어적 몸짓이나 "그 시절 우리는"이라는 자기의 역사적, 개인적 기억으로는 청소년의 정체성을 추정할 수 없다. 청소년은 자기(self) 속에서, 내면의 기억 속에서, 성장 소설이라는 근대적 낭만주의 문학의 내러티브를 통해 인식되지 않는다. 그것은 역사적 담론의 공간으로 이동했고, 우리는 내면적 친근함으로부터 따라서 저절로 얻어지는 지식으로부터 거리를 취하고 청소년 문화를 하나의 "읽을 수 있는 대상"으로 구성해야 한다. 요컨대 이제 청소년은 텍스트다. 그것도 한 권으로 된 책이 아니라 끊임없이 읽어야 하는 그래서 언제 그 끝을 알 수 있을지 모를 불투명한 이야기책이다.

지금 우리가 청소년을 "이해"하려 드는 사람들에게서 가장 많이 듣는 말은 "지금 청소년을 알자"다. 그런데 그런 말이 떠도는 것부터가 의미심장하다. 청소년들이 바뀌었으니 청소년들에 대한 기존의 앎을 좀더 진실에 가깝게 손을 보자는 말 정도라면 문제는 다르다. 우리의 경험적 지식의 부족을 메우는 것이라면 더 많이 관찰하고 더 많이 낡은 생각을 수선하면 된다. 그러나 청소년에 대한 앎을 문제 삼는다는 것은 청소년을 보는 인식의 원근법 자체가 흔들리고 또는 효험이 없게 되었음을 가리킨다. 그래서 우리는 청소년들이 얼마나 다르고 어떻게 다른지 또 무엇 때문에 달라졌는지 묻지 않을 것이다. 그런 질문에 대한 답은 이미 마련되어 있고, 또 대개 설득력이 있다. 하지만 우리는 그렇게 마련된 답들 가운데 군더더기처럼 달려 있는 말, 청소년 문화가 바뀌었다는, 덧붙여진 말이라기에는 이미 청소년을 읽는 어법 자체의 전환을 숨기고 있는, 그 말을 물고늘어지려 한다.

결론부터 말하자면 우리는 기존의 청소년을 읽던 앎의 원근법이 부서지고 쓸모 없어졌음을 깨닫고 있다. 우리는 청소년이 달라졌다고 생각하는 것이 아니라 청소년이 낯설다고 생각하고 있다. 지금 청소년은 낯선 손님이다. 그래서 그들이 얼마나 다른가 같은 물음으로 지금의 청소년을 읽으려 해서는 안 된다. 얼마나 달라졌는지를 묻는 것은 "차이의 충격"을 회피하고, 그 대상을 동일한 정체성 위에 두고 인식하려는 것이다. 그 전략은 자기가 청소년을 인식하는 틀 안에 머문 채 청소년의 차이를 읽고, 자신의 앎 속에 자신이 맞닥뜨린 차이의 충격을 길들이려는 것이다.

청소년과 정체성, 그리고 문화

청소년이 누구인가란 말은 지금 청소년이 자신의 삶을 어떻게 겪고 있는가의 물음으로 바뀌어야 한다. 그래서 지금 내 삶을 읽어 보라는 청소년의 말이 떠오르는 것이다.

청소년이 무엇인가란 질문은 청소년을 알 수 있는 무엇으로 붙잡아 매는 것이다. 그런데 그걸 누가 붙잡아 매는가? 누가 청소년을 잘 알고 또 청소년을 설명하고 해석하는 특권을 갖는가? 그런 질문을 빼놓을 수 없다. 학부모, 교사, 어른들은 청소년과 다른 사회 집단을 가리키는 말이 아니라 청소년을 해석하는 입장과 위치를 가리킨다. 이 위치에서 보면 청소년은 자녀, 학생, 아이들이다. 학부모, 교사, 어른은 객관적인 사회적 위치를 가리키는 것이 아니라 청소년을 읽는 말의 힘과 질서를 가리킨다. 그런데 학부모, 교사, 어른은 청소년을 이미 잘 알고 있고 어떻게 보아야 하는지 아는 사람들이게 마련이고, 청소년은 낯선 손님이 아니라 이미 익숙한 식구다. 그래서 지금 청소년의 다름은 다름이 아니라 위반이나 이탈로 보인다.

청소년을 손님으로 보려면 손님의 이야기를 듣듯이 청소년의 이야기를 들어야 한다. 이미 잘 알고 있는 식구들 대하듯이 그의 자질구레한 이야기를 괄호 치거나 해석하는 노력을 생략해서는 안 된다. 청소년은 손님이기 때문에 그의 말에 귀를 기울여야 하고, 그와 친해지기 위해서는 그에 대한 새로운 이미지를 만들어 내야 한다.

그러기 위해서는 청소년이 자신의 삶을 어떻게 겪는가란 문제로 옮겨가야 한다. 누구인가가 아니라 어떻게 자신의 삶을 겪는가란 질문은 곧 정체성에 대한 질문이다. 지금 청소년은 자신의 체험을 어떻게 구성하는가, 그래서 자신이 청소년이란 일반적인 주어로 어떻게 자리매겨지는가를 물어야 한다. 청소년들은 나름의 실존적인 삶을 살아가는 구체적인 한 명의 개인이지만 동시에 청소년이란 일반적인 주어로 자신을 해석한다. 그를 위해 청소년은 자신이 살아가는 구체적인 삶을 매개해야 한다. 그렇게 매개된 체험은 우리 청소년이란 말로 묶이고, 자신을 청소년이란 명칭에 등록시킨다. 이런 일련의 과정을 가리키는 말이 정체성이다. 정체성은 그를 다른 것과 구별시키는, 안에 깊숙이 숨겨진 어떤 본질이 아니라 청소년들이 벌이는, 나는 청소년이다, 그래서 나이다라는 생각을 암묵적으로 만들어 내며 거쳐가는 행동과 절차, 과정 따위를 가리키는 것이다.

모범생과 날라리, 불량 학생과 날라리: 취향과 유행 그리고 문화 자본과 내공

정체성이란 문제틀에 비추어 청소년을 이해하는 것이 매개된 체험을 읽는 것이라면 그렇게 청소년들이 자신들 앞에 들이닥치는 삶을 어떻게 매개하는지 살펴야 한다. 이를 위해 취향과 문화 자본이란 말을 택하기로 하겠다. 이런 딱딱해 보이는 말을 쓰는 이유는 이 두 개의 개념이 청소년 읽기에 제법 쓸모가 있기 때문이다.

사람들은 청소년에게 이렇게 묻는 버릇이 있다. "너 왜 그러니?" 그 질문을 던져서 가장 많이 듣는 답은 "그냥"이다. "그냥요, 좋아서요." 왜라고 물었으니 그 이유를 답해야겠는데, 그게 이유와 관계된 행위가 아니기 때문에 답은 "그냥"으로 나온다. 던져진 질문이니 답은 해야겠는데, 그 질문의 대상이 된 행위는 왜라고 물을 수 있는 성질의 것이 아니다. 그래서 질문을 들은 청소년은 난처하다. 하지만 물음을 던진 사람의 기대를 무시할 수도 없어 애써 대답을 마련한다. 그 답이 "그냥"이다. "그냥"이란 답을 들은 이들은 청소년들이 원칙도 없고, 생각도 없고, 그저 아무 생각 없이 내키는 대로 산다고 단정해 버린다. 하지만 그건 오해다.

청소년들이 말한 "그냥"은 대단히 원칙이 있고, 질서가 있는 말이다. 그 원칙과 질서가 취향의 원칙이다. 지금 청소년들은 이전처럼 학생이란 위치에서 자신의 능력과 위치를 평가받지 않는다. 모범생과 우등생이 있고, 불량학생과 열등생이 있는 게 아니라 범생이와 날라리가 있다. 우등생과 말 잘 듣는 학생에서 범생이로, 불량 학생과 비행 청소년에서 날라리로 청소년을 가리키는 말이 바뀐 것은 바로 청소년 사회가 취향의 사회로 바뀌었음을 보여 준다. 범생이는 취향의 차이와 구분에 따라 만들어지는 청소년 사회의 새로운 열등생이다. 취향이 청소년들이 자신을 정의하는 방식을 바꾸고 있을 뿐 아니라 그들 사이의 차이와 구분을 새롭게 만들어내고 있는 것이다.

취향이란 독특하고 별난 말이다. 흔히 피자를 좋아하는 사람과 갈비를 좋아하는 사람의 차이는 취향의 차이라고 한다. 좋은 비유는 아니지만 그래도 취향이란 말을 잘 설명하기 때문에 이를 택해서 취향을 정의해 보자. 취향이란 선택을 가리키기도 하고, 또 그 선택된 대상과 독특한 관계를 맺도록 요구한다는 점에서 특별하다. 갈비를 좋아하는 사람이 피자를 좋아하는 사람을 나쁜 놈이라고 비난할 수 없다. 그것은 단지 취향의 차이이기 때문이다. 그런 점에서 취향은 법과 다르다. 쉽게 말하면 법은 가치 평가를 내리고, 그 평가에 따라 대상을 나눈 후 각 대상을 달리 취급한다. 이를테면 비정상과 범법자 같은 것이 그것이다. 그런 점에서 법은 흔히 처벌과 규제의 담론이라 불린다.

취향은 이런 사법적 담론과 달리 문화를 둘러싼 관심과 행위를 통해 관계의 틀을 짜고 정체성을 구성한다. 취향이 다르다고 다투거나 어떤 취향을 처벌할 이유는 없다. 우등생과 열등생이 아니라 힙합파와 펑크파, 애니메이션파와 순정 만화파로 이어지는 다양한 차이가 있을 뿐이다. 청소년은 그런 차이를 수긍하고 있다. 그리고 그런 차이는 청소년들이 자신들의 사회에서 서로를 나누는 분류의 규칙이 된다. 같은 취향의 집단에서 많은 정보를 갖고 있고, 그 취향에 따라 자신의 삶을 물들이는 청소년들이 마니아이고 오타쿠이다. 반면에 그런 취향에 무감각하거나 취향의 변화를 따라잡지 못하는 이들은 촌스럽다거나 "후지다"고 평가받는다. 우리가 듣는 범생이는 학교에서 벗어나지 못한 청소년이 아니라 바로 이런 취향의 원칙에 따라 청소년 사회가 만들어지고 변형되는 흐름에 합류하지 못하는 청소년이다. 그 청소년들은 전통적인 역할을 강요하는 어른들과 취향의 원칙으로 줄달음치는 청소년들 사이에서 어쩔 줄 모른다.

　한편 취향은 선택을 요구한다. 취향은 언제나 유행과 짝을 이룬다. 쉽게 말하자면 유행이란 사회적 취향이다. 그런 유행의 변화는 청소년들의 지속적인 선택의 과정을 뜻한다. 타인의 취향을 비교하고, 그 취향들 중에서 세련된 것, 멋진 것, 훌륭한 것을 골라 내고 청소년들은 자신을 자리 매김한다. 그에 따라 세련되고 멋지고 잘 나가는 내가 될 수도 있고, 후지고 이상하고 촌스런 내가 될 수도 있다. 또 그런 유행을 비난하면서 유행에 휘둘리는 것을 촌스럽다고 생각하는 유행, 이른바 반유행의 유행을 만들어낼 수도 있다. 나는 텔레비전에 중독되어 있지 않고, 오빠 부대를 경멸한다 주장하며 언더그라운드 펑크 록의 열혈 팬이 될 수도 있고, 고전적인 전자 오락 동호회 멤버가 될 수도 있다.

　따라서 취향은 이미 주어진 것이 아니라 지속적인 선택과 결정을 요구하는 것이다. 그러기 위해서 청소년은 끊임없이 돌아다녀야 하고, 정보를 흡수해야 한다. 이는 청소년들이 사회적으로 관계를 맺는 방식도 바꾸어 낸다. 같은 취향의 아이끼리 모이기 좋아하고, 전처럼 같은 반 아이들과 뭉쳐 다니는 것이 아니라 같은 취향의 아이들을 만날 수 있으면 어디든 간다. 서울의 홍대 앞과 신정동, 연신내와 목동은 취향에 따라 아이들이 이합집산을 하는 장소이다. 그것은 아이들이 삶을 살아가는 장소의 의미도 바꾼다. 학교라는 안정되고 전통적인 장소에서 탈피하여 아이들은 자신들이 삶을 살아가는 공간을 확장하고 또다시 꿰맨다. 학교와 집에서 아이들은 세상을 전부 삼킬 듯이 자신이 살아가는 공간을 확대하고 다시 잇는다. 이것이 또 뒤에서 말할 도시 부족으로서의 청소년의 특징이다.

게다가 청소년은 이제 피시 통신, 삐삐와 인터넷이란 원격 통신의 전문가들이다. 청소년은 전처럼 시간과 장소를 체험하지 않는다. 예를 들면 힙합 도사들은 웨스트 코스트와 이스트 코스트의 힙합 유행을 관찰하고, 수시로 MP3 파일을 다운 받고, 자신이 편집한 테이프를 교환한다. 그런데 이는 상당한 노동을 요구하는 피곤한 일이고, 많은 자원을 축적하고 관리하는 복잡한 공정의 작업이다.

그리고 이를 통해 끊임없이 같은 취향 내에서도 오타쿠, 마니아에서 입문자, "초짜"들의 구분이 있다. 그것은 흔히 내공이라 불리는 문화자본의 소유에 따라 차지하는 다른 위치를 가리키는 말이다. 이를테면 갈비를 좋아하는 사람들 가운데 식도락가나 미식가가 있듯이 말이다. 하지만 미식가나 식도락가가 여전히 별난 기벽의 사람일 수 있다면 청소년들은 그렇지 않다. 식사라는 삶의 소소한 부분을 떼어 내어 그것을 하나의 예술처럼 즐기는 게 식도락가라면 청소년들은 자신의 일상적인 생활이 모두 그 취향에 따라 조직된다. 그런 점에서 취향은 청소년들의 삶 전체에 스며든다.

셋째로, 취향은 습관적인 행동과 짝을 이룬다는 점을 생각해야한다. 취향은 시쳇말로 "땡긴다"는 것이다. 땡긴다는 것은 땡기는 대상에 대한 설명과 분석을 요구하지 않는다. 갈비나 피자를 좋아하는 것이 그 성분에 대한 이해 때문이거나, 그것이 신체에 미치는 영양학적인 이해나 생태적 관심에 따른 것이 아니듯이 말이다. 그런 점에서 취향은 어떤 규범을 따르는 것도 아니며, 또 형식적인 규칙에 따라 생각하고 행동하는 것도 아니다. 이렇게 생각하면 지금 청소년들이 왜 "그냥요"

란 말을 입에 달고 사는지도 이해할 수 있다. 청소년들은 왜라는 질문을 거부하는 것이 아니다. 그것이 취향에 대한 질문에서 비롯된 "왜"가 아니기 때문에 "그냥"이라 답할 뿐이다. 또 취향은 말 그대로 자석에 끌리듯이 부지불식간에 몸이 먼저 가는 것이다. 이런 점에서 청소년들의 삶을 이해하는 말 가운데 몸으로 살기나 몸으로 이해하기 같은 말이 크게 다뤄지는 것을 알 수 있다. 청소년들이 자신의 삶을 몸으로 배운다는 말은 지금 자신이 세상을 살아가는 지식과 지향이 몸에 체화되어 있다는 말이다. 지식을 수행하는 도구로서의 몸도 아니고, 지식에 따라 통제해야 하는 몸도 아니어서 몸과 지식은 같이 움직인다. 취향의 지식은 몸으로 된 지식이기 때문이다.

이런 거칠게 짚어본 취향의 특징은 청소년들이 자신의 개인적인 정체성을 만들어 내는 규칙이 바뀌었음을 보여 준다. 청소년들이 새로운 문화적 환경에 놓이게 되었고, 또 교육 정책의 변화에 따라 새로운 조건에 처하게 되었다는 말도 다 맞는 말이다. 하지만 그런 변화의 요인을 열거한다고 해서 지금 청소년들의 삶을 알 수 있는 것은 아니다. 앞에서 얘기했듯이 그런 이야기는 청소년에 대한 전통적인 이미지를 유지한 채, 청소년들이 새로운 삶을 사는 것을 인정하지 않으려는 것이다. 그것은 청소년들이 자신의 개인적인 삶을 꾸려 내고 밀고 나가는 방식의 근본적인 변화를 인정하지 않고 과거의 이야기로 지금 청소년의 삶을 담아 내려는 것이기 때문이다.

지금 청소년들의 정체성을 읽는다는 것은 말 그대로 청소년들이 나는 누구인가, 나는 다른 사람들과 어떻게 다른가 같은 질문을 던진다는 것이다. 이것은 바로 청소년의 주체성을 읽는다는 말로 번역될 수 있다. 그리고 그렇게 청소년의 주체성을 읽기 위해, 즉 청소년의 일상적인 삶을 주체성으로 번역하기 위해 취향과 유행, 문화 자본, 내공 같은 말을 뽑아 냈다. 요약하면 지금 청소년은 취향이라는 습관적인 규칙에 의해 자신들의 삶을 자리 매김하고 이해한다는 것이다.

도시 부족민으로서의 청소년

"취향의 시민"인 청소년들은 부족민(部族民)이기도 하다. 그들은 끊임없이 이합집산하고 또 떠도는 유목민이다. 그리고 이는 청소년 사회를 이해하는 데 매우 중요한 함축을 갖고 있다. 취향의 습관적 규칙에 따라 자신을 만들어 내는 청소년들은 또 그 규칙에 따라 사회와 관계를 맺는 규칙을 만들어 내기도 한다.

청소년은 더 이상 학생이란 규정에 얽매이지 않는다. 알고 보면 학생이란 것은 국민이란 말과 다름 없다. 열세 살에서 열여덟 살까지 정상적인 한국 국민이라면 그는 반드시 학생이다. 그런 점에서 학생이란 말은 한국 사회에서 청소년의 국민적 정체성을 가리키는 말이다. 청소년은 "학생 국민"인 셈이다. 하지만 지금 청소년은 학생이지만 학교의 규정에 더 이상 얽매이지 않은 채 자신의 삶을 종횡으로 조직한다.

그들은 회원 몇 명으로 이루어진 작은 동호회의 멤버이기도 하면서 동시에 같은 취향의 사람들과 원격 통신을 통해 수시로 연결하는 세계 시민이기도 하다. 그들은 작게는 팬클럽으로 크게는 인터넷의 거대한 동호회의 멤버로 활동하며 무리를 만들어 낸다. 그런 점에서 전통적으로 주어진 정체성이 동시에 국가, 지역 사회, 가정과 같은 "(고정된) 장소의 정체성"이라면, 지금 청소년의 정체성은 떠돎, 무리짓기의 정체성이고, 결국 부족의 정체성이다. 그들은 취향의 공통성과 차이에 따라 서로 모여들고 흩어진다. 전처럼 그들에게 "뉘 집 아들/딸이냐, 너 어디에 사느냐"고 물어선 그들을 알 수 없게 된 것이다. 이런 물음은 그것만으로 그 질문을 받은 청소년을 충분히 알 수 있다는 전제를 깔고 있다. 그리고 그 전제는 앞에서 말한 "(고정된) 장소의 정체성"을 가정한다. 하지만 지금 청소년에게 그런 물음은 쓸모없다.

그들을 설명해 줄 수 있는 사회는 조만간 유행의 변화와 더불어 언제 사라질지 모를 임시적이고 일시적인 취향의 사회일 뿐이다. 그들은 그래서 부족민이고 유목민이다. 예전처럼 모든 사람들에게 적용되는 일반적 정체성을 따르지 않는 작은 정체성, 취향의 사회란 점에서 부족이지만 동시에 끊임없이 흩어지고 자신의 장소를 바꾼다는 점에서 유목민이란 것이다.

그렇지만 청소년이 부족의 사회로 나아가고 있다고 해서 그들이 전보다 자유롭고 해방되었다고 생각할 필요가 없다. 만약 그렇게 생각한다면 이는 지극히 일면적이고 피상적인 생각일 뿐이다. 이는 새로운 특성을 가진 개인들이 모인 집합체가 청소년 사회란 생각에 머물고 만다. 청소년들이 부족민의 혹은 유목민의 사회라고 말하는 것은 사회를 "만들어 가는" 규칙이 바뀌었으며, 다른 절차와 작업을 요구한다는 말이다. 이를 곰곰이 따져 보기 위해 조금은 둘러 가는 게 좋을 것 같다. 그것은 바로 "왕따"이다. 왕따는 지금 부족 사회로 가는 청소년들이 겪는 홍역일 뿐이다.

왕따가 만연한 것은 지금 청소년들이 전에 없이 공동체성이 부족해서도, 이기적이고 자기 중심적이어서도 아니다. 그것은 또다른 종류의 사회성을 보여줄 따름이다. 왕따는 콤플렉스로 볼 수 있다. 취향의 차이에 따라 이합집산을 하는 사회는 특별한 능력을 요구한다. 그것은 표현적인 자아와 수다스런 자아를 요구한다. 표현적인 자아란 자신을 마치 하나의 작품처럼 놓고 자신을 제작하고 갈고 다듬는 것을 가리킨다. "서태지"와 "에초티"를 좋아하는 청소년은 자신의 취향을 자신이 살아가는 삶의 스타일로 만들어 내기 마련이다. 그렇게 삶이 스타일이 되어 있을 때, 그 삶은 표현적인 삶이 된다.

그런데 그런 표현적인 자아, 스타일적인 삶은 동시에 끊임없이 자신을 표현하는 노력과 작업을 요구한다. 이를테면 신문이나 TV에서 만나는 특출한 청소년들을 생각해보면 된다. 이 청소년들은 자신이 영화를 좋아하는 것에서 출발해 과거의 자신의 삶을 소급해서 재해석할 뿐 아니라 미래의 삶을 예상하고 재구성하기까지 한다. 쉽게 말하면 그들은 자신의 삶의 전문적인 이야기꾼이다. 이렇게 유창하게 자신의 삶을 설명할 줄 아는 능력의 청소년들, 그런 수다스런 자아를 가진 청소년들이 바로 청소년의 자아의 모습이다.

그런 자아는 동시에 청소년들 사이에서 이뤄지는 사회적 관계를 제약한다. 그런 표현적인 자아에 도달하는 데 무능력한 아이들은 곧 왕따가 된다. 잽싸게 대꾸할 말을 찾지 못하고, 남의 요구에 순응하면 왕따가 된다. 항의든 자신의 욕구든 그 아이는 자신을 표현하지 못하기 때문에 찍힌다. 하지만 그것은 그런 경쟁적인 능력을 요구하는 새로운 청소년 사회에서 뒤쳐지고 싶지 않은 자신의 불안이 투사된 것이기도 하다. 청소년은 그런 자신의 표현적이고 수다스런 자아를 만들어 내고 그를 통해 자신들을 하나의 사회로 묶어 주는 규칙을 새롭게 구성하는 과정에서 생겨나는 심리적 부담을 몇몇 청소년에게 전가한다. 그게 왕따이고, 그래서 왕따는 콤플렉스다.

부족 사회의 특성을 지닌 청소년 사회는 새로운 사회를 만들어 내고 있다. 그것이 새로운 사회인 이유는 사회가 만들어지고 움직이는 규칙이 바뀐다는 뜻에서 그리고 동시에 그것이 우리가 살아가야 할 사회의 모습을 암시하고 있다는 점 때문이다.

청소년들은 미래의 주인이 아니다. 지금의 청소년은 곧 우리가 살아가는 사회를 살아갈 집단에 머물지 않고, 우리가 살아가야 할 새로운 사회의 이미지를 미리 체험하고 우리를 대신해 그 사회를 만들어 가는 규칙을 실험하고 있다. 그런 점에서 어른들은 그들에게 빚지고 있다고 해야 옳을 것이다. 우리는 그런 빚을 갚기커녕 그들을 우리가 익숙하게 살아온 사회의 책임과 규범을 회피하고 그 사회의 이익을 누리려는 나쁜 채무자로 보고 있다.

우리가 청소년과 소통하는 사회를 만들려 노력한다면 새로운 발상에서 출발해야 한다. 그들의 새로움을 받아들이고, 그들이 살아가는 사회의 이미지를 존중해야 한다. 어른과 다른 청소년으로서가 아니라 다른 시민으로서 그들을 받아들이는 것이다. 그들을 손님처럼, 놀라움의 눈으로 보고 그들과 소통하는 법을 배워야 한다.

새로 가는 길
하자센터가 만들어지기까지

유스 비전 2020

청년문화센터 사람들

하나의 프로젝트를 제대로 성사시키려면 삽박자를 맞추어야 한다. 분명한 비전, 적절한 인력 구성과 충분한 자원이 그것이다. 다시 말해서 "장단기 청사진"이 제대로 나와야 하고, "개념을 가진 인력"이 모여야 하며, 실제 기획한 바를 현실화할 수 있는 "공간과 재원"이 뒷받침되어야 하는 것이다. 하자센터와 같은 공간을 만들겠다고 찾아오는 분들과 이야기를 하면서 이 삽박자를 맞추는 것이 성공의 열쇠라는 것을 우리는 누누이 확인한다. 서울시립 청소년 직업체험센터(일명 "하자센터")는 그 삽박자를 꽤 잘 맞춘 새로운 문화 공간에 속한다. 아래는 그 '새 문화 공간'이 출현하기까지의 과정을 기록한 것이다. 새 공간을 확보하기 위해 사람들이 모이기 시작한 1998년 10월경부터 서울시 공모에 공식 제안서를 제출한 1999년 5월까지의 기록으로, 어떤 배경과 능력을 가진 사람들이 무엇을 위해 모여들었고, 그 목적을 달성하기 위해 어떤 브레인스토밍 과정을 거쳤으며, 어디를 벤치마킹하면서 어떤 예비 작업을 벌였는지, 그리고 누가 어떤 제안서를 썼는지의 이야기가 담겨 있다. 2부에 실린 글들은 지금 청소년 문화 공간을 만들려고 구상하는 이들에게 도움이 되도록 편집한 것이다. 1부의 글들이 너무 빡빡하다고 느끼는 이들은 이 장을 꼼꼼히 읽으면 할 일이 보일 것이다. 많은 이들이 자신의 삶의 터전에서 우리가 한 것과 같은 작업을 통해 실행 기획안을 짜고 실제 공간들을 마련해 냈으면 하는 마음 간절하다.

— 책 임 집 필 조 한 혜 정

"문화가 없다"며 비관적 현실 진단을 하던 사람들이 있었습니다. 이들은 특히 급격한 시대 변동에 따른 세대 갈등과 계급 갈등, **IMF** 금융 위기 이후의 경제 침체와 가정 해체, 악명 높은 입시 위주 교육으로 인해서 많은 청소년들이 사회에 대한 심한 불신과 냉소, 자포자기로 치닫는 현실을 힘들어하고 있었습니다. 이미 여러 곳에서 새로운 문화를 만들어 가려고 노력하던 이들은 그것을 만들어낼 "거점"이 필요하다 함을 절실하게 느끼고 있었습니다. 이제는 이론을 이야기할 때가 아니라 실행 기획을 세울 때라는 데 동의한 이들이 하나 둘씩 연세대학교 인문학관 구석 「청년문화센터」라는 곳으로 모여들었습니다. 그들은 자신들의 프로젝트에 "유스 비전 2020"(Youth Vision 2020)이라는 이름을 붙였습니다. 회의는 늘 인문학도들이 주재하였지만, 딴따라들, 그리고 앞으로 생길 공간에서 지속적으로 진행될 일들을 행정적으로 챙길 이들도 자리를 함께했습니다.

인문 사회과학자들은 사회 이론을 만들어 내는 "말의 전문가들"이지만, 진정으로 말의 전문가가 되려면 현실을 헤집고 다녀야 합니다. 그리고 때론 현실 속에 빠져야 합니다. 현실과의 만남 속에서 이론을 수정하고 새 현실을 만들어 내는 것이 인문 사회 과학도의 역할입니다. 그런 면에서 많은 인문 사회 과학도들이 현실의 아픈 부분을 수술해 내는 작업을 기획하고 실천해온 것은 자연스러운 일입니다. 이 프로젝트의 깃발을 처음 든 이들도 인문 사회 과학도들이었습니다. 연세대 사회학과 교수, 대학원생, 학부생을 중심으로 한 핵심 멤버들이 모이는 공간에는 다음과 같은 글이 붙어 있었습니다.

일의 성패는

일을 꾸려 가는 사람들이 가진

개념(concept),

능력(competence), 그리고

관계망(connection)에 달려 있다.

탈식민지 시대 지식인은

경험의 지식화 · 정보화 · 축적 · 공유 · 유통을 하는 사람.

You don't get what you deserve,
You get what you negotiate!

공간과 재원을 갖춘 구체적인 청소년 프로젝트를 띄우기 위해 사람들이 모인 것은 1998년 11월이었습니다. 사람을 기르는 온상으로서 대학이 급변하는 상황에서 제대로 본분을 다하지 못하고 있다는 점, 그리고 인문학이 시대에 맞는 학문이 되기 위해서는 시민 사회적 실험과 문화 산업을 육성하기 위한 실습 공간이 필요하다는 점에 연세대학교 본부가 동의하면서 적극적으로 이 프로젝트를 밀어 주기로 결정한 시점입니다.

이 프로젝트를 성사시키기 위해 일군의 인문 사회 과학자들과 문화판에서 일하던 이들이 모여들기 시작했습니다. 예를 들어 다음과 같은 사람들이 모였습니다. 1990년대 초반 당시 대학 분위기 안에서 상당한 "박해"를 받으면서 록 카페에 대한 석사 논문을 썼던 안이영노, 십대들이 포르노 보는 것에 대한 연구를 막 끝낸 엄기호, 서태지와 아이들

팬클럽 연구로 석사 논문을 준비한 현지영, 아현 직업 학교에서 하는 대중 문화 관련 수업에 관심을 가진 정현주, 페미니즘 운동 이전의 여성 활동가들을 연구하던 최수정, 학생 운동 시절 민중 민주 계열 이론가이자 학내 활동가였던 전효관, 주변적 시선·감성으로 누구보다 명석하게 전체를 보는 문화 비평가 서동진, 지속적으로 일상의 시민 교육 운동을 펼쳐온 김찬호, 1996년 한총련과 정부의 대립 사건으로 쑥대밭이 된 연대 캠퍼스를 살리기 위해 "백양로 난장"을 진행한 권기원 등 학부생들, 심리학과 학부 4학년이면서 교내 문화 기획, 웹 관련 기업 아르바이트에서 군대 사령관 비서일에 이르기까지 풍부한 경력을 가진 천정현, 교회 내 시민 문화 활동에 대한 석사 논문을 준비하던 김현경, 독립 영화 관련 영상 작업을 하다가 대학원에 입학한 이현정, 피시방에서 노는 청소년들의 행동에 대한 연구를 시작한 문현, 대학원 입학 준비를 하던 소설가 지망생 양선영, 영상과 웹 작업을 하던 이민우, 어린이 비디오방과 박물관 학교에 관심을 가져온 강성혜 등이었습니다.

이들은 이 시대에 필요한 청년들을 위한 문화 공간, 더 나아가 자신의 감수성을 죽이고 싶어하지 않는 십대들을 위한 공간을 상상하기 시작했는데, 그것은 곧 자신들의 좌절된 꿈과 삶의 이야기이기도 했습니다. 이들은 자신이 지나온 십대를 돌아보면서 이 시대가 필요로 하는 문화적 공간에 대한 그림을 그리기 시작했습니다. 자신들의 아이디어가 실행 가능한 일인지 점검하기 위해, 아니, 아이디어를 실행 가능한 것으로 만들기 위해 이들은 아주 자주 만나기 시작했습니다. 외부적으로는 사람들을 만나면서 제도화 가능성을 탐색하고, 내부적으로는 실행팀을 꾸려 갔습니다.

좀 크고 안정적인 규모로 일을 벌이려면 가장 중요한 것이 외부 네트워크와 협상이지요. 청년문화센터를 만들어 가는 과정에서 일정은 대략 이런 식으로 진행되었습니다. 번거롭지만 구체성을 더하기 위해 실명을 거명했습니다.

* * *

1998년 11월 2일

연세대 기획실장(이영선), 부총장(김기영)과 연세대학교에서 청소년 프로젝트를 하는 것에 대해 상의. 또 이런 "낯선 일"을 관과 연결해서 벌일 때 예상되는 문제에 대해 자문(또 하나의 문화 모임의 즈형, 조옥라, 서울시 자문 관련 조경목, 사이버 사업 관련 전길남, 건축과 일상의 기획 관련 김진애, 연세 여성 연구소 소장 이영).

11월 10일

오후 3시 연세대 총장(김병수) 면담, 대학측 참여와 적극 지원 의사를 확인. 같은 날 저녁 7시, 연세대 외부 활동가들과 모임을 함. 거리 미술전 등의 작업을 해온 아이스 자이트 카페팀, 후드 뱅크 준비팀 이관범, 전국 백수 연맹 회장 주덕환, 인디 밴드 관련 사업을 하던 대중 문화 평론가 김종휘, 10만 원 비디오팀 최소원, 대중 문화판에서 새로운 실험을 해온 전 삐삐 밴드 멤버이자 테크노 디제이를 하던 달과란, 어어부 밴드 백현진과 장영규, 1980년대 민중 운동권 팀을 꾸렸던 이경숙, 또 하나의 문화 어린이 캠프를 했던 이수정, 역시 또 하나의 문화 멤버이면서 오랜 경력을 쌓은 구성 작가 한선정, 웹 전문가 곽영선이 모임. 11월 11일 대학 기획실에서 준비 자금 1,000만 원과 준비 공간을 지원 받음.

12월 4일

전효관, 최수정 코디와 실무 담당키로 함. 집중적인 브레인 스토밍 시간을 갖기로 하고, 모일 때마다 전반에는 멤버십 훈련으로 집중적 학습, 후반에는 기획서 작업을 하기로 함.

12월 6일

1차 브레인스토밍: 조한혜정, 강성혜가 실업 대책 위원회에 제출했던 기획서 「고실업 시대를 대비하는 21세기형 청소년 문화 센터 모델 개발」을 검토하면서 글로벌 시대의 청소년 관련 추세에 대한 토론. 그리고 청년문화센터 조직 체계에 대한 논의.

앞의 멤버에 학부모 운동가 박혜란, 백영애 교사 외 세 분, 삼성 사디대학 색채 관련 윤희수, 사진 작가 박영숙, 학원에서 새로운 학습 방식을 구현하고 있는 송재희, 그리고 상담 심리를 가르치는 심리학과 오경자 교수, MIT 미디어 랩의 청소년 활동을 주목해온 심리학과 황상 민 교수가 합류.

12월 13일

2차 브레인스토밍: 외국의 청소년 정책과 활동 공간 벤치마킹. 독일의 청소년 정책 관련 김영옥(당시 숙대 독문학 강사) 발제군, 그리고 바우 하우스 관련하여 사디의 윤희수 교수가 발제를 함. 영국에서 박사 학위를 끝내고 온 정현선의 영국 런던 중심의 청소년 공간 탐방, 조한혜정과 사사키 노리코의 일본 청소년 관련 발제를 다음에 하기로 함.

기획서 보완 작업 계속. 대상 청소년, "청소년 사업관"의 성격, 누구와 결합할 것인가의 가이드 라인과 공공성의 문제, 그리고 공간 확보의 중요성과 배치에 대한 논의. 팀 구성과 팀간 조율 문제. 다른 사업관과의 관계와 대중 여론화 방안 토론.

12월 16일

3차 브레인스토밍: 기획서 작업 계속하면서, "청소년과 텔레비전" 발제(한선정). 공중파의 효용과 한계, 대안적인 매체 개발 방안 탐색. 김종휘의 발제로 예비 프로그램 기획, 그리고 센터 조직 구성표와 운영할 예상 프로그램, 응모 시스템 개발 방안, 방과 후 학생들의 연결 관련 방안을 마련함. 시민성과 공공성 개념 정리.

12월 23일

4차 브레인스토밍: 일본 고등학교 축제와 도쿄 슈레에 대한 발제(조한혜정). 마니아 그룹과 "생비자", 청소년 활동가의 마인드, 후기 산업 사회 청소년들의 라이프 스타일에 대한 논의, 경험 축적과 공유 문제 논의.

12월 30일

5차 브레인스토밍과 예비 프로그램을 굴리기 위한 분과 작업.

1999년 1월 6일

6차 브레인스토밍: 대학원생 위주로 진행한 한국 청소년 활동 공간 점검 작업을 두고 공부함. 노원 청소년 수련관, 보라매 청소년 회관, 서울 YWCA 강남 청소년 회관, 아현 직업 학교 등 국내 사례 벤치마킹 결과 발표와 토론. 인건비와 프로그램 자체에 문제가 있음을 확인, "일상의 사회 과학팀"과 "일상의 미학팀"이 따로 자리를 잡으면서 상호 보완하게 하는 것이 중요함을 확인. 그리고 학부모와의 접점에 대해 토론.

기획 관련: 대중 음악팀(김종휘, 강기영, 백현진), 미술팀(안이영노, 아이스 자이트), 영상팀(10만 원 비디오 팀, 최소원 등)의 발제, 온라인 관련 천정현, 패션 관련 의류환경학과 고애란 교수의 문건 등 서울시 제출 서류 기초 자료 취합.

1월 13일

7차 브레인스토밍: 청소년 정보 문화 프로그램 「사이버 매직 월드」와 보스톤 MIT 미디어 랩의 「컴퓨터 클럽 하우스」에 대한 심리학과 황상민 교수의 발제, 이후 실제 독일의 「컴퓨터 클럽 하우스」에서 일한 스태프가 와서 워크숍 진행함. 온라인에서 미국 뉴욕시에서 지원하는 십대들에게 기업 경영을 가르치는 학교(National Foundation for Teaching

Entrepreneurship) 등 살펴봄.

기획 관련: 영상팀(이현정), 미술분과팀의 보완 발제.

2월 1일
연세대학교에서 실험 프로그램을 굴림(뒷장에 별도 정리).

*　　*　　*

여기에 모인 "어른들"이 열정적으로 이 프로젝트를 추진하려는
배경에는 그들과 깊은 관계를 맺고 있는 십대들의 상황이 있었습니다.
1996년 청소년 문제의 심각성을 인지한 페미니스트 모임 「또 하나의
문화」에서는 『새로 쓰는 청소년 이야기』를 펴낸 바 있는데, 그 일을
주도적으로 해낸 분은 당시 강남여중 교사였던 백영애 선생님과 학교
제도를 바꾸고 싶어한 학생 김현진이었습니다. 당시 막 만들어지고 있
던 십대 웹진에 참여하던 김현진은 펭도(조성도), 박준표 등 십대 작업
자들을 끌어들였고, 문화 관광부에서 진행한 청소년 헌장 만들기 작업
등에 이들이 깊이 관여했습니다. 그리고 문화 관광부의 지원(한국 청소
년 개발원)으로 청년문화센터는 청소년 웹진 「사이버유스」를 출범시켰
습니다. 이 사이버 공간은 당시 막 일기 시작한 청소년의 인권과 시민권
에 대한 새로운 움직임에 힘을 더하는 공간이 되었지요. 2000년 전후에
만들어진 「탈학교」 사이트, 「두발 제한 반대」 사이트 등은 사이버유스
와 관련하여 활동하던 십대 작업자들이 적극적으로 참여한 프로젝트입
니다. 또 사이버유스 팀이 한겨레 신문과 함께 「십대 그곳에 가고 싶다」

라는 프로젝트를 하면서 십대들의 욕망에 대한 탐색을 좀더 체계적으로 할 수 있었습니다.

당시 청년문화센터는 이런 몇 개의 작업들을 하는 십대와 어른들로 상당히 북적거렸습니다. 멀티 작업을 하는 공간이었지요. 그래서 아래와 같은 구절도 이곳 저곳에 붙어 있었습니다.

이 공간에서는
나이 차별, 학력 차별, 성차별은 않습니다.
그러나
경험의 깊이와 사유의 자유로움과 관련된
차별은 합니다.

경험을 바탕으로 한 이력서만을 받습니다.

일을 벌이는 데 늘 가장 중요한 것은 사람이었습니다. 이 공간에 모인 이들을 좀더 다른 식으로 분류해 보면 1980년대 치열한 민중 운동에서 뼈가 굵은 사람들, 새로운 시민 운동이라고 할 수 있는 페미니즘과 문화 운동의 경력을 가진 사람들, 오랫동안 청소년들을 기르거나 가르친 경험을 가진 학부모와 교사, 마지막으로 "딴따라"들이었습니다. 이들이 가진 공통점은 어디서건, 누구에게서건 배우겠다는 태도였을 것입니다. 이들은 부단히 업그레이드를 해갈 마음이 되어 있었습니다. 기존의 경계를 넘나들며, 새로운 일을 벌이고 새로운 기준을 만드는 일을 해왔고, 또 할 준비가 된 사람들이었습니다. 프로젝트가 성사될 보장도 없고, 아르바이트 비용도 나오지 않는데도 이 자리어 꼬박꼬박 참여한 것은 바로 그런 새로운 학습의 즐거움, 새로운 텍스트를 쓰는 즐거움, 그리고 자신을 업그레이드할 수 있다는 가능성 때문이었을 것입니다. 미래에 대한 보장이 없고, 확실한 기준이 없고, 텍스트가 없는 것에 불안을 느낀 이들은 도중 하차하였습니다. 한마디로 이 곳에 모인 열성 분자들은 시대 변화의 맥락을 읽어낼 줄 아는 사람들이었습니다. 손익 계산을 좀 긴 호흡으로 할 줄 아는 사람들이라고도 할 수 있지요.

두 부류의 사람들이 이 자리를 떴습니다. 첫째 부류는 기존의 전문성을 고집하는 사람들, 경계 넘기를 두려워하는 고정적 자아를 가진 사람들, 손해 보는 일을 절대 못하는 시장 마인드의 사람들이었습니다. 둘째 부류는 이론을 이야기하는 것 자체에 만족하는 사람들과 당위를 지속적으로 강조하는 사람들이었습니다. 이 두 부류는 실은 공통점을 가진 것 같습니다. 새 길을 가는 불안감을 감당하고 싶어하지 않는다는 점이라고 할 수 있지요.

1999년 초부터 프로젝트 팀은 본격적으로 굴러가기 시작했는데, 다음은 그때 만든 문건입니다.

청년문화센터(Youth Vision 2020)의 성격과 목표

연세대학교 부설 「청년문화센터」(Youth Vision 2020) 준비 위원회는 다양한 실험적 작업을 통해 청(소)년 문화의 활성화를 목적으로 활동하고 있습니다. 「청년문화센터」는 이 어려운 시대 상황 속에서 청년 문화의 활성화가 가지는 의미에 주목합니다. 청년 문화의 활성화는 거시적으로는 사회를 재활력화하고 창조적 발상이 가능한 사회적 분위기를 만들어갈 역량을 축

적하는 것일 뿐 아니라, 개인적 차원에서는 각 주체가 서로를 인정하면서 의사 소통하는 방법을 배우고 나름대로의 즐거움을 창조하면서 살아가는 방법을 터득하는 계기가 될 것입니다. 「청년문화센터」는 시장과 힘의 논리가 지배하는 세상에서 스스로 만드는 자율과 공생의 자그마한 공간으로 기능할 수 있기를 희망합니다.

「청년문화센터」는 이와 같은 전망을 가지고 청(소)년들과 함께 할 수 있는 프로그램을 개발하고 실험해 나갈 생각입니다. 이를 위해서는 서로가 가진 욕구를 표현하는 방법을 배우고 이 과정 속에서 서로를 이해해 가는 훈련이 필요할 것입니다. 이것은 지금은 비록 작은 움직임이지만 결코 사소하지 않은 변화를 초래할 것입니다. 우리가 일상에서 진행되는 움직임에 주목하면서 개입할 수 있고 그 관계를 변화시킬 수 있다면, 그것은 분명히 새로운 패러다임을 구체화하고 "새로운 시민 문화"의 가능성을 만드는 소중한 작업이 될 것입니다.

이때부터 일이 빠르게 진행되었고 추진 방식도 달라졌습니다. "그냥 하고 싶은 일"을 "하는 데까지 열심히" 하면 되는 것이 아니라 확실하게 성취해 내는 기업적 방식을 도입하기로 한 것입니다. 일차적으로 대학과 협상을 거쳤지만, 이제 "관"과 협상을 해내야 하기 때문에, 판을 제대로 읽고 협상력을 기르는 일이 중요해졌습니다.

넓게 펼친 판을 모으면서 작은 제안서 팀이 꾸려졌습니다. 이 팀은 관(서울시)과 협상을 해서 21세기형 청소년 문화 센터를 만들어 내겠다는 분명한 목적을 가지고 작업에 들어갔습니다. 언젠가 우리가 하려는 작업을 성공적으로 해내기 위한 공간과 재원을 확보하기 위한 제안서를 쓰는 것, 그리고 제안서가 받아들여질 경우, 당장 시행할 프로그램과

공공성	시민 사회적 / 공공의 원리로 움직이는 민간 영역의 모델을 제시한다. 이 작업은 파행적 / 압축적 근대화 과정에서 심하게 왜곡된 공공성을 회복하는 작업으로서의 의미가 크다. 일차적으로 공공 재산이 "이권" 차원에서 분배됨으로 본연의 작업을 해내지 못하고 있는 상황이 대한 문제 제기를 한다. 둘째로 전지구적 자본이 지배력을 강화하는 가운데 국가 공공 부문과 민간 공공 부문의 협동의 대안을 제시하게 될 것이다. 남성 중심주의, 세대 중심주의, 특정 계급 중심주의를 넘어서 청소년들이 "자율과 공생의 원리"를 익히는 것이 이 공간에서 해낼 일이다.
복합성	개발 독재 시대는 도구적 합리성이 의사 소통의 합리성을 압도하는 사회를 낳았고, 이는 다시 말해서 문화적 영역의 말살을 의미한다. 현재 시급한 사회적 문제를 풀기 위해서 제시되는 많은 제안들이 단세포적이고 일차원적 수준을 넘어서지 못하는 이유가 바로 여기에 있다. 이 작업은 장단기적 전망을 가지고 복합적 문제를 복합적으로 풀어 가는 프로젝트의 모형을 제시하게 될 것이다. 시장 / 민간 / 국가의 제 차원, 생활권 / 국가 / 전지구적 차원, 전문가 / 아마추어 / 시민 세력이 어떻게 서로 연결되어야 하며, 문화와 경제의 엇물림, 문화 산업과 생활 문화의 조화, 감성과 이성의 조화를 이루어 내는 일을 해낼 것이다.
실험성	유스 비전 2020의 창의적 실험은 앞으로 오는 불투명한 시대를 좀더 투명하게 만들어갈 것이다. 그 경험들의 정보화를 통해 사호 전반에 걸쳐 문화적 자본을 축적하게 될 것이다. 이는 후기 산업 사회적 문제를 풀어 가고, 동시에 문화 시장의 성격을 변화시켜낼 것이다
연계성	이 작업은 지금까지 형식적으로가 아니라 실질적으로 청소년들과 함께 새로운 작업을 해온 전문가들과, 청소년기를 막 지내, 그리고 잘지낸 청년들과 청소년들이 어우러져서 문제를 풀어 간다는 점에서 연계성의 원리가 중요한 작업이다. 창조적이고 문화적 감수성이 풍부하면서 건강한 시민 의식과 운영 마인드가 있는 청년들이 스스로 일거리를 만들어 내어 문화 자본을 축적해 나가게 될 것이다. 이는 동시에 학문과 현실(문화 연구가/문화 독립군)의 연계 작업으로 현실과 동떨어져 있다는 비판을 받아온 학문 분야를 현실화하는 효과도 낼 것이다.
정보공유	지금까지의 문제는 각각의 경험들이 정리되지 않았고 공유 가능한 형태로 재가공되지 못했다는 데 있었다. 이제 훈련된 인력을 통해서, 그리고 체계적인 데이터 베이스 작업을 통해서 이 실험 공간에서 이루어진 작업들은 널리 공유되어야 한다.

팀을 만드는 일이었습니다. 많은 사람들의 꿈과 열정과 지식과 토론의 과정을 통해 이 팀이 공유하기로 한 몇 가지 기본 원칙들은 다음과 같은 말로 정리되었습니다.

2월 1일부터 추진한 예비 프로그램 결과를 보면서 또 한차례 집중적인 평가 작업에 들어갔고, 한편 예비 프로그램에 대한 언론의 반응을 보면서 청년문화센터 팀은 이 사회가 이런 작업을 해낼 준비가 되었음을 다시 한번 확인할 수 있었습니다. 이 지점에서 우리는 다시 한번 누가, 무엇을, 어떻게 할 것인지를 정리해 보았습니다.

누가?

1) 현장에서 도가 튼 장인과 도제
2) 글로벌라이제이션이 이루어지는 상황에 대한 인식과 그 수준에서 작업을 해 갈 수 있는 사람.
3) 그런 자격을 갖고도 늘 배울 자세가 되어 있는 사람
4) 다음 세대의 삶에 깊은 관심을 가진 사람

무엇을?

1) 청년 문화를 활성화하고
2) 청소년 문제를 해결하며
3) 새로운 라이프 스타일을 창출하여
4) 서울의 경제와 문화를 살려냄.

어떻게?

1) 사람의 기운을 빼지 않는 판을 짜서 자율적이고 신나게 일하게 한다.

2) "상징"과 "문화 자본"의 중요성이 느껴지는 공간이어야 한다.

3) 팀워크와 크로스오버, 그리고 온라인 활동을 통해 시너지 효과를 낸다.

4) 도제적 학습이 가능한 작업장 형태를 위주로 하는 학습 공간화한다.

5) 기획과 공모, 초청 프로젝트를 통해 항상 열려 있는 체제를 만든다.

6) 직원은 연봉 계약제로 채용한다. 매년 서로에게 필요한 존재인지를 확인하는 자리를 갖는다. 이를 통해 십대만이 아니라 어른들도 자기 자리 찾기를 적극적으로 해 가는 문화를 정착시킨다.

구체적인 프로그램을 통해 우리의 시대 인식이 실행 가능한 언어로 전환되는 것이 충분히 가능함을 느끼면서, 그리고 실제 공간과 재원을 확보했을 때 허둥대지 않고 일을 잘 추진할 수 있겠다고 확신하게 되면서, 우리는 곧장 제안서 쓰는 팀을 구성했습니다. 초기부터 이 작업의 비전과 장단기 구상을 한 총기획자 조한혜정, 좀더 많은 사람들이 알아듣고 참여할 수 있도록 아이디어들을 공공적이고 실현 가능한 형태로 만들어 내는 것을 핵심적으로 고민한 리뷰어 스타일의 전효관, 아이디어를 좀 다른 각도에서 점검하면서 새로운 언어로 서술하는 데 뛰어난 서동진, 아무리 많은 아이디어가 물밀듯이 쏟아져 나와도 금방 흡수하여 교통 정리를 해내는 양선영, 그리고 이들을 다 취합해서 관과 기업 어디서나 통할 기획서로 완성해 내는 능력을 가진 천정현, 이 다섯 명이 환상적인 팀워크를 발휘해서 제안서 쓰기 작업에 들어갔습니다. 장기적 비전을 담는 상상도, 그간 나온 프로그램들의 축약, 별로 상관없어 보이는 것들의 관련성을 두고 많은 그림과 분류 도표를 그리면서 밤새는 날이 많았습니다. 이때 작업한 제안서를 이 책 마지막에 좀 축약

된 형태로 실었습니다.

지금 보면 그 제안서는 당시에 만들어지기 시작한 벤처 기업의 제안서와 아주 유사한, 새로운 관 제출용 제안서였습니다. 사실상 이것은 새로운 공공적 벤처 사업 구상 제안서로, 연세대 청년문화센터는 그 해 5월 서울시 청소년 회관 위탁 운영 공모제에서 십 대 일의 경쟁을 뚫고 위탁 운영 주체로 선정되었습니다. 1984년도에 지은 영등포의 "남부 근로 청소년 회관"이 이 프로젝트 팀이 새롭게 자리를 틀고 구상한 것을 현실화할 공간이었습니다. 그해 서울시정 연구원 12월 회보에 청년문화센터 팀은 아래와 같이 그들 작업에 대한 데뷔 기사를 냈습니다.

청소년 문제 해법을 찾아서
— 서울시립 청소년 직업체험센터 공식 오픈에 부쳐
"교실이 무너지고 있다", "인천 참사, 청소년 54명 사망", "탈학교 청소년 40만 명", "청소년들 아이디어가 21세기 이끈다."

21세기의 가장 심각한 문제 중 하나는 청소년 문제일 것이다. 후기 근대로 들어서면 무엇을 하고 싶은지, 어떻게 살아야 할 것인지를 몰라 방황하는 아이들이 늘어나고, 폭력, 마약, 성 문제가 심각해진다. 사회 분위기는 심하게 흐트러지고 청소년 실업이 심각한 상태에 달하게 된다. 한국의 경우, 사회 변화의 속도가 너무 빨랐던 데다가, 입시 위주 교육으로 지나치게 오랫동안 십대들을 수용소와 같은 학교에 묶어 두었기 때문에 그 정도는 아주 심각한 편에 속한다.

1970년대만 해도 학교를 가지 못해 한이 맺힌 청소년들이 많았다. 서울시에서는 학교 갈 나이에 일을 해야 하는 이들 "소외 계층 청소년"들을 위해 공단 지역에「근로 청소년 회관」을 만들어 주었다. 20년이 지난 지금,

170

모든 청소년들이 학교에 다닐 수 있게 되었는데, 아이들은 이제 학교에 다니기 싫다고 아우성을 치고 있다. 졸업장만 아니라면 학교를 그만두고 싶다는 중고생이 40%에 달한다는 조사가 나와 있다. 기성 세대는 아이들 모두가 "불량 청소년"이 되고 있다고 걱정이 태산이다.

아주 새로운 청소년 정책이 나와야 할 때다. 그 정책은 한편으로는 점점 심각해지는 청소년 문제를 해결하고, 다른 한편으로는 청소년들과 함께 새로운 시대를 만들어갈 터전을 마련하는 것이어야 한다. 서울시가 "정보문화센터", "성문화센터", "직업체험센터"의 이름으로 기존의 청소년 회관을 기능 전환을 하고 민간 위탁하기로 한 것은 이런 상황에서 매우 시의 적절하고 의미 있는 결정이었다. "젊은 국민/시민"을 살려내기 위해 새로운 관민 협동의 시대가 열리고 있는 것이다.

연세대학교 청년문화센터가 위탁 운영하기로 된 「서울시립 청소년 직업 체험센터」는 이런 시대 상황에서 만들어졌다. 십대들의 에너지를 창조적인 문화 산업과 시민 문화를 꽃피우는 쪽으로 유도하기 위해 만들어진 이 센터를 우리는 「하자 haja! 센터」라고 부른다. 어떤 이들은 "하자!"가 아니라 "놀자!" 센터가 아니냐고 물어오는데, 우리가 목적하는 바가 바로 그것이다. 놀면서 일하는 것, 그것이 바로 21세기 시민들이 추구하는 삶의 방식이며, 학습 방식이 아닌가?

「하자! 센터」는 자율과 공생의 원리로 움직이는 공간이다. 하고 싶은 일을 하면서 하기 싫은 일도 하는 후기 근대적 일꾼, 그리고 정보화 시대에 맞게 정보를 공유할 줄 알고, 네트워크 능력을 가진 시민을 기르는 곳이다. 「하자! 센터」는 기존의 직업 훈련소와는 판이하게 다르다. 창의력을 살려 자신감을 심는 직업 체험의 장이고, 대안 교육의 산실이며, 문화 산업을 육성해갈 생산적 작업장이다. 십대들의 에너지를 생산적으로 끌어냄으로서 울을 젊고 활기찬 도시로 새롭게 태어나게 하려는 「하자! 센터」는 12월 18일에 공식 오픈한다.　　　　홈페이지 http://www.haja.net

　　1999년에 비전과 인력과 재원의 박자를 맞춘 공간을 마련하기 위해 열을 다했던 초기 팀의 구성원들은 대부분 지금 하자센터에서 일하고 있지는 않습니다. 벤처 초기는 아이디어를 내는 사람이 CEO가 되어야 하지만 수성기에는 아이디어보다는 유지 보수를 잘하는 유형의 CEO가 필요하다고 합니다. 실은 몇 명의 아이디어와 카리스마가 아니라 팀워크로 굴러갈 수 있는 시스템이 되어야 하는 것이지요. 현재 비상임 센터장을 맡고 있는 조한혜정 교수는 산파의 역할을 다했다고 느끼기 시작해서 슬슬 위치 이동을 하고 있고, 반대로 부센터장을 맡고 있는 전효관 박사가 좀더 깊숙이 이 일의 무게를 지면서 수성기의 체계 잡기를 하고 있습니다. 지금 초창기 멤버 중 남아 있는 이는 전효관 박사 외에는 프로젝트 지원팀장을 맡고 있는 최수정과 하자 센터 기획팀장을 하다가 지금은 하자 작업장 학교 담임을 맡고 있는 김종휘뿐입니다. 초반 제안서를 쓴 서동진과 양선영은 다시 대학으로 돌아갔고, 천정현은 웹 관련 회사의 CEO가 되어서 아주 많은 일을 벌이고 있지요. 물론 이들은 여전히 하자센터와 깊은 연계 관계에 있고 하자센터에 일이 있으면 누구보다 빨리 달려 가는 "하자의 친구들"입니다. 하자센터가 강조하는 멘토이며 후원자, 영구적인 "하자 명예 시민"인 셈입니다.

　　1998년과 1999년에 연세대 인문관 아지트를 들락거렸던 이들은 모두 여전히 하자센터에 깊은 애정을 가지고 있을 겁니다. 그들이 그때 스스로 업그레이드했고, 서로의 비전과 열정을 공유한 경험으로 그것이 가능했기 때문입니다. 그 경험은 하자센터를 만드는 거름이 되었을 뿐 아니라 그들 개개인 삶의 밑둥이 되었을 것이라고 생각합니다. 전환기를 살아가는 데 중요한 것은 태도라는 생각을 새삼 합니다. 삶을 바라보고 삶을 대하고 살아가는 태도 말입니다. 감수성이라고도 표현하지요. 그들/우리들은 연세대 인문관의 작은 아지트 게시판에 붙어 있던 아래의 글을 떠올리면서 지금도 새롭고 즐거운 일들을 이곳 저곳에서 벌이고 있습니다.

> **이제는 라이프 스타일을 바꿈으로**
> **세상을 바꿀 차례입니다.**
> **공략하기보다는 낙후시켜라!**

이 자리를 빌어 그때 꿈을 나누던 사람들, 소맷자락을 스쳤던 모든 분들에게 감사합니다. 이 글을 쓰면서 존댓말이 나온 것도 아마도 그런 이유였나 봅니다. 그리고 이 글을 읽는 많은 분들이 여러 곳어 서 우리가 경험한 것들을 해가기를 바랍니다. 삶의 태도와 감수성을 바꾸어 가게 하는 만남 말입니다.

현장 탐방을 통한 학습

정현선 런던교육대학 미디어 교육 박사 과정

미디어 교육을 통한 직업 창출

런던 지역 청소년 센터들

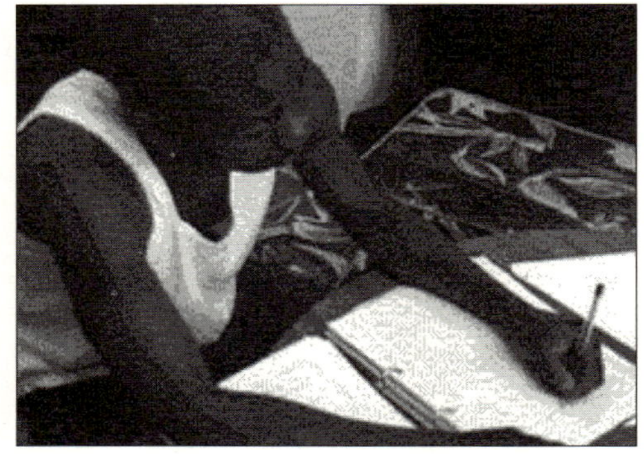

이 글은 서울시 청소년 사업관의 모델을 구상하기 위한 작업의 하나이다. 1998년 가을 영국 런던에서 벌어진 새로운 청소년 문화 프로젝트 세 사례를 조사했는데 이 사례들이 런던 지역의 대표적 혹은 전형적 청소년 문화 사업이라고 말하기는 어렵다는 점을 미리 밝힌다. "대표적" 혹은 "전형적"이라는 말이 갖는 위험에도 불구하고 굳이 이 말을 사용한다면, 지금까지의 "전형적"인 청소년 문화 사업은 공식적인 학교 교육과는 다르게 이루어졌다. 대개가 어린이·청소년이 중심이 되고 여가 활동의 성격이 강한 문화 및 미디어 활동이다. 그리고 이러한 활동은 직업 훈련이나 고용 가능성과는 특별히 연관되지 않는 소규모 지역 단위의 순수한 문화 활동에서 찾아볼 수 있다. 여기서 살펴보려는 세 개의 청소년 문화 프로젝트는 모두 그러한 "전형적" 사례들에 비해 우선 규모가 좀 크고, 전통적인 레저 중심의 문화 활동을 바탕으로 하면서도 한 걸음 더 나아가 미디어 산업 등 문화 산업에서의 고용 가능성과 연결하려는 새로운 움직임이라고 할 수 있다.

주 말 예 술 대 학

Weekend Arts College(WAC)

위치

첫째로 살펴볼 곳은 청소년을 위한 공연 예술과 미디어 교육의 주춧돌이라고 할 수 있는 주말 예술 대학(Weekend Arts College)이다. WAC은 런던 북부의 캄덴에 위치하고 있는데, 이곳은 해크니 지역과 더불어 런던 시내에서 가장 가난한 지역 중의 하나다(물론 캄덴 내에는 햄스테드와 같은 아주 부자 동네도 있지만, 대체로는 매우 가난한 사람들이 모여 산다). WAC은 1978년에 설립되어 5-25세 어린이 및 청소년(주니어 WAC : 5-14세, 시니어 WAC : 14-25세), 특히 저소득층

가정의 청소년들에게 공연 예술 및 미디어를 배울 수 있는 기회를 제
공하고 있다.

운영 목적 및 사업

이곳의 전체적인 운영을 맡고 있는 책임자 실리아 그린우드
(Celia Greenwood)는 미디어와 예술이 젊은이들의 성장에 독특한 역할
을 한다고 말한다. 미디어와 예술은 젊은이들이 자신의 창의성과 아이
디어를 표현할 수 있는 독특한 수단이며, 또 이를 통해 사회에서 받은
소외감, 좌절감, 분노를 어느 정도 해소함으로써 사회 생활에 자신감
을 갖게 하는 데 중요한 역할을 한다. 5년 경력의 연극 교사인 실리아
는 더 자유롭게 젊은이들에게 연극을 가르치기 위해 학교를 그만두고
WAC에서 일하게 되었다고 했다.

빈민 지역 청소년들에게 여가 활동을 통해 문화를 배울 기회를
제공한다는 취지에서 출발한 WAC은 최근 런던 전체 인구의 약 28%가
문화 산업 관련 분야에 종사하고 있고, 이 분야의 고용이 앞으로도 증
가하리라는 예상을 하면서, 청소년들이 이러한 교육을 통해 자격증을
취득해서 장차 경제 자립을 할 수 있었으면 한다. 다시 말해 기존의
청소년 문화 센터의 기능에 직업 훈련소 기능을 덧붙이는 것인데, 이
를 위해 각종 프로그램을 개발 중에 있다. 현재 WAC에는 총 56명의
교사가 500명이 넘는 학생을 가르치고 있다.

<u>재정 구조</u>

이 모든 일을 해나가는 데는 돈이 필요하다. WAC을 운영하는 돈은 "지역 정부 예산 + 유럽 연합 보조금 + 자체 수익금(빌딩 대여료 및 약간의 수업료)"에서 나온다. 전직 교사인 실리아가 이곳에서 주로 하는 일은 정부와 사회 단체들을 설득해 사업 자금을 끌어 모으는 일이다. WAC은 "저소득층 청소년" 혹은 "소외 계층 청소년" 지원의 목적을 띠고 설립되었기 때문에 지방 자치 단체나 유럽 연합 차원의 공공 기금을 받는 데 좋은 명분을 갖고 있다고 할 수 있는데, 이 지원금으로 운영진과 교사들의 급료, 각종 프로젝트에 소요되는 비용, 건물 유지비 등 비용의 대부분을 충당한다.

한편 수업료는 한번의 수업에 2.50파운드(동네 슈퍼마켓에서 샌드위치와 음료 등 간단한 점심을 사 먹을 수 있는 정도의 돈)를 받는데, 이는 재정에 보탬을 주려는 목적도 있지만 학생들에게 일종의 규율을 부여하기 위해서다. 이곳의 강의는 모두 학생들이 원해서 듣는 것이지만, 수업료를 받지 않으면 신청만 해놓고 들으러 오지 않는 학생들이 상당히 많아진다. 그래서 일단 적은 돈이라도 내게 해야 학생들이 책임감을 갖고 수업을 신청하고 끝까지 듣는다는 것이다. 하지만 이 돈이 부담이 되는 학생들을 위해서는 따로 장학금 제도를 마련해 놓고 있고, 실제로 4분의 3 정도의 학생들이 장학금 혜택을 받는다. 아무튼 이러한 재정 구조 때문에 WAC에서는 언제나 학생 가정의 경제 수준을 모니터링을 하는 등 설립 목적에 맞게 가난한 가정의 청소년들에게 봉사하려고 애쓰고 있는데, 사실은 WAC의 교육 수준이 상당히 높기 때문에 더 비싼 수업을 들을 수 있는 집안의 학생들도 WAC을 찾는 경우가 상당수 있다.

기관의 성격: 청소년 센터 + 예비 직업 교육
Youth centre + Pre-vocational training centre

WAC은 어린이와 청소년이 예술 문화 활동을 여가 활동으로 즐길 수 있게 하는 전통적인 청소년 문화 센터로 출발했지만, 1990년대 이후에는 WAC의 비공식 교육 활동이 장차 이 청소년들이 받아야 할 공식 교육 또는 직업 창출의 "디딤돌"이 되는 것이 바람직하다는 발상의 전환이 이루어지면서 예비 직업 교육에 대한 관심을 높이는 중이다. 그러나 기본적으로 여러 가지 문화 교육을 받음으로써 이후에 청소년들이 직업까지 갖게 되면 좋겠다고 생각하고는 있지만, 지나치게 직업 교육을 강조하면 잃는 점이 생기기 때문에 조심하고 있다. 예를 들어 WAC을 찾아오는 청소년 중에는 여러 이유로 학교 교육에 적응하지 못해 그만둔 사람들이 많고, 그런 만큼 학교와는 다른 방식과 내용의 교육을 원해서 찾아오는 경우가 많은데, 여기서까지 엄격한 규율을 적용해 직업 교육을 하면 "고객"이 원하는 것을 저버리는 결과를 초래할 수 있다는 것이다.

이곳에서 흥미를 갖게 되어 배운 춤 솜씨, 연극 솜씨, 비디오 촬영 솜씨 등을 가지고 먹고사는 문제를 해결할 수 있게 되면 더 바람직하겠다는 생각에서, 어느 정도의 과정을 이수하면 일정한 학점을 모아서 나중에 자격증을 취득하는 데 보탤 수 있게 한다. 하지만 이런 제도가 정착하려면 각지에 흩어져 있는 직업 훈련소의 교육 과정과 연계할 수 있도록 국가 차원에서 자격증 취득 과정을 정비하는 것이 필요한데, 현재 영국에서는 이런 제도가 정비되어 가는 중이다.

　WAC에서는 좋은 프로그램을 제공하는 것도 중요하게 생각하지만, 교사 채용에서도 성·인종·계급·신체 장애 등 모든 면에서 다양한 교사들을 채용하려고 애쓴다. 학생들이 여러 가지 사회적 제약을 극복해 가는 실제의 역할 모델을 보며 자랄 수 있도록 하기 위해서다. 현재 WAC에서 춤이나 연극을 가르치는 교사들 중 4분의 3 정도는 청소년 시절에 WAC에서 춤이나 연극을 배우기 시작한 사람들이다. 그래서 교사들은 자신이 청소년 시절에 겪은 가난과 우울했던 학교 생활과 그것을 어떻게 스스로 극복해서 오늘에 이르게 되었는지를 비슷한 처지에 있는 청소년들에게 자연스럽게 이야기해줄 수 있다. 현재 WAC에서 최고 인기 교사인 스티븐 오히어는 웹 디자인 코스를 맡고 있는데, 신체 장애가 매우 심해서 늘 휠체어 신세를 져야 한다. 그렇지만 컴퓨터와 관계된 일을 하는 데 몸을 많이 움직일 필요는 없어서 학생들을 가르치는 데 아무 지장이 없다. 실리아는 스티븐이 신체 장애를 갖고 있어서 채용된 것이 아니라 그야말로 "환상적인" 교사이기 때문에 채용된 것이라고 강조하면서도 실제 일종의 부대 효과가 있다고 은근히 자랑했다. 자신의 삶이 매우 어렵다고 힘들어하는 학생들도 스티븐을 보면, "저렇게 장애가 있는 선생님도 늘 밝게 웃으면서 무궁

무진한 아이디어를 가지고 매일 새롭게 살아가는데, 나는 우선 신체라
도 건강하지 않은가"라며 자신을 더 채찍질하게 된다는 것이다.

운영상의 어려운 점들

더할 나위 없이 좋은 프로그램과 시설, 그리고 훌륭한 교사들을
갖추고 있는 **WAC**이지만 실제로 청소년들을 대하면서 프로그램을 운
영하는 것은 결코 쉽지 않다. 우선 이 곳에 찾아오는 청소년들은 각자
의 삶에서 여러 복잡한 문제들에 직면해 있는데, **WAC** 교사들은 이들
의 삶을 함께 걱정하고 고민해 주면서 자신감을 키워주려고 노력해야
하면서도 이들에게 뭔가를 제대로 가르치기 위해 적절한 규율을 강제
해야만 하기 때문이다. 예를 들어 한 학생의 경우, 아버지는 집을 나갔
고 어머니와 이 학생이 일을 해서 생활을 하고 어린 동생들을 학교에
보내야 했는데, 그러다 보니 자연히 몸이 피곤한 때가 많고, 그래서
수업에 나오는 둥 마는 둥했다. 이 학생의 고달픈 삶을 생각하면 이런
행동이 충분히 이해가 되지만, 이 학생에게 일정한 삶의 리듬과 더 나
은 삶을 위해 스스로 자신을 강제해야 하는 부분(예를 들어 약속 시간
을 반드시 지켜야 한다거나 약속한 과제는 반드시 해와야 한다는 것)
에 대해 교사가 규율을 적용해줄 필요도 있다는 것이다. 그러나 이론
적으로는 모두 수긍이 가지만 막상 현실에 부딪쳐 이런 학생들과 함께
고민하고 프로그램을 운영하는 것이 쉬운 일은 아니다.

위에서 말한 **WAC** 최고의 인기 교사 스티븐에게 가장 힘든 일은

학생들이 "이거 해서 뭐해요?"하고 물을 때다. 어린 나이에 학교 공부는 물론이고 자신의 삶에서 이미 많은 고통과 좌절을 겪어온 학생들이 가끔 그렇게 묻는다. 그럴 때 스티븐은 웃으면서, "그럼 하지마!"라고 일단 말한다고 한다. 이 대답이 황당하게 느껴져서 어리둥절한 표정을 하고 있는 나에게 스티븐은 이렇게 말했다. 물론 개별 학생에 대해 평소에 관찰하고 생각한 바에 따라 달리 반응하지만, 일단 교사에게 찾아와서 "이거 해서 뭐해요?"라고 묻는 학생이라면 정말 그만둘 마음으로 오는 게 아니라 푸념을 하고 싶어하는 것이기 때문에 오히려 교사가 강하게 야단을 쳐주는 게 낫다는 것이다. 일단 야단 치듯이 "그럼 하지마!"라고 얘기하고 나서 학생이 한발 물러서는 것 같으면 교사도 솔직하게 자신이 겪은 어려움에 대해 얘기해 주면서 다시 격려를 해준다. 정작 교사를 힘들게 하는 학생들은 아무 말 없이 어느 날 나오지 않는 학생들이다.

WAC이 학교 바깥의 좀더 자유로운 공간이고 학교와는 달리 학생들이 스스로 선택해서 배우러 오는 곳이기는 하지만 어떤 것을 꾸준히 배워 나가야 하는 곳인 만큼 학생들 스스로 규율이 필요하고 또 교사들도 학생들을 이끌어 나가는 데 학교에서 학생들을 가르치는 것만큼이나 복잡한 문제들을 갖고 있었다.

진행 중인 프로젝트

현재 WAC에서 진행 중인 프로젝트 중에 가장 중요한 것은

"ARCO 프로젝트"이다. 유럽 연합에서 지원금을 받아 1998년 5월부터 운영 중인 프로젝트로, 16–19세의 "소외 계층 청소년"을 대상으로 춤, 연극, 음악, 음악 테크놀로지, 비디오 테크놀로지, 웹 디자인 등을 가르치고 있다. 원래는 교사 8명과 학생 40명이 시작했는데 현재는 30명의 학생이 남아 계속하고 있으며, 6개월 과정 중 전반부에는 각 분야의 기초 기술을 배우고 후반부에는 전반부에 배운 기술을 가지고 그룹을 나누어 실제로 작품(CD 음반, 비디오 작품, 웹 디자인 등)을 제작하도록 되어 있다. 여기에 국가 직업 훈련 과정 자격증 학점(NVQs credit) 취득을 위해 수학, 언어 능력, 의사 소통 능력, 그룹 단위로 일하는 능력, 컴퓨터 능력 등 다른 일반 과목도 국가에서 요구하는 수준(level 1–4)에 따라 가르치고 있다.

지난해에는 청소년 라디오 방송 프로젝트를 운영했는데, 스티븐 교사를 비롯해 다수의 학생들이 모여 두 주 동안 준비한 후 1998년 8월에 나흘간 FM 라디오로 밤 7시부터 11시까지 일종의 시험 방송을 내보냈다. 그들이 직접 만든 음악, 유명 연예인 인터뷰, DJ 기술을 선보이고, 방송 중 인터넷상에서 대화방을 운영했다. 첫 시도여서 많은 기술상의 문제에 부딪쳤지만, 학생들은 이 과정에서 엄청난 자신감을 갖게 되었다. 그리고 현재 뚜렷한 계획은 없지만 어쨌든 학생들이 강한 의지를 보이고 있기 때문에 1999년 중 다시 시도할 계획이다. 실리아는 서울에 있는 청소년들과의 연합 방송도 고려할 수 있다고 했다.

WAC에서는 정규 코스 이외에 사이버 카페를 운영하고 있다. 이는 5세 이하 어린이들과 부모들을 대상으로 건전하고 교육적인 미디

어 이용을 위한 가족 환경 창출을 위해 기획되었다. 일요일마다 WAC
에 와서 인터넷 등을 이용할 수 있으며, 어린이들이 인터넷 등을 이용
하며 즐거운 시간을 보내는 동안 부모는 교사에게서 컴퓨터에 대한
정보를 얻기도 한다. 6-10세 어린이들은 부모 동반 없이 혼자 와서 씨
디롬 등을 이용할 수 있고, 그 이상의 어린이나 청소년은 웹 디자인
코스 등에 등록해서 배운다. 이는 일종의 공공 서비스로 인터넷 등의
정보를 모든 사람이 동등하게 이용할 수 있는 문화와 환경을 만들기
위한 것이고, 또 컴퓨터 테크놀로지의 진정한 잠재적 가능성을 더욱
살릴 수 있도록 도움을 주려는 것이다.

트라팔가 광장 2000

Trafalgar Square 2000(TS2K)

둘째로 살펴볼 곳은 젊은이들을 미디어 및 문화 산업으로 향하게 하는
좀더 세련된 형태의 직업 소개소 또는 직업 훈련 기관의 성격을 갖춘
「트라팔가 광장 2000년 프로젝트」인데, 이곳에서는 런던 남쪽과 동쪽
두 군데에 사업관을 운영하고 있다.

운영 목적 및 사업

1994년 두 여성의 창조적 아이디어로 출발한 이 곳은, 1995년에

처음으로 지역 정부의 재정 지원을 받아 1997년 11월에 런던 남부 브릭스톤에 먼저 센터를 개관했고 이어 1998년 초에 런던 동부에 또 하나의 센터를 개관했다(런던 시내에서 가장 가난한 지역인 캄덴과 해크니에서 돈을 지원했다고 한다). 어떤 이유로든 공식 학교 교육에서 실패해 "소외"되거나 "탈사회화"했지만, 아직 일자리를 찾지 못한 16–30세 청소년을 교육 대상으로 삼는다. 이들에게 8주간의 단기 교육을 실시해 미디어 및 문화 산업에서 일할 수 있도록 지원한다는 목표로 출발했는데, 2000년 말까지 4,000명의 실업 청소년에게 일자리를 제공한다는 야심을 갖고 사업을 진행 중이다. 주로 8주 단위의 단기 코스를 많이 기획했는데, 전반 4주 동안 미디어 산업에 대한 "환상"을 없애고 "실제로 고용 가능한 분야"에 대해 분석하며 자신의 목표를 현실적으로 세우는 작업을 한 뒤, 나머지 4주 동안은 직접 작품을 제작하거나 이벤트를 기획하는 등의 실제적인 작업을 하게 되어 있다.

앞에서 살펴본 WAC와 달리 TS2K는 처음부터 직업 교육을 강조하면서 생겨났다. 그러나 단지 기술만 가르치는 전통적인 직업 교육 기관들과는 달리, 이곳은 여전히 청소년들의 개별 삶에 대한 정서적 지원 및 지역 사회의 실업 문제 해결이라는 역할을 중시하고 있다는 점에서, 기존의 청소년 문화 센터가 해온 청소년 문제 해결 및 지역 사회와의 연대라는 성격을 이어받고 있다. 다만 이들의 문제 의식은 현재 뚜렷한 직업이 없으면서 공식 교육도 받지 않는 청소년 중 문화 산업에서 일하고 싶어하는 이들이 일종의 "맛보기"를 하면서 현실성 있는 정보를 얻고, 직업을 갖거나 공식 교육으로 돌아가도록 돕는 디딤돌 역할을 해야 한다는 것이다.

재정 구조

재정에 대해 물으니 "탄탄한 파트너십"(Big Partnership)에 의존한
다고 대답했다. 지역 정부나 기관의 공식 지원에서 각종 자선 단체의
기부에 이르기까지 돈이 나오는 곳이 매우 다양한데, 사실 쉽게 말하
면 그만큼 돈을 받아내기가 어렵다는 뜻이다. 그래서 재정 지원의 필
요성을 알리기 위해, 프로젝트 시행 초기에 런던 지역의 창조적 문화
산업 및 인력 분포와 이 분야의 발전과 고용 창출 가능성에 대한 연구
를 북런던 대학교 (University of North London)에 의뢰해서 좋은 연구
결과를 얻었다. 런던 시내에서 문화 산업 분야가 계속 성장하고 있으
며 따라서 이 분야의 고용 증대가 예상된다는 연구 결과인데, **TS2K**에
서는 이 연구 보고서를 가지고 각 단체와 지역 정부를 설득해 현재도
계속해서 기금을 모으고 있으며, 이렇게 확보한 돈으로 대상 청소년들
에게 무료 수강 기회를 제공하고 있다.

기관의 성격: 청소년의 창의성 학습 + 멘토 지원+ 구직 서비스 Youth creative training centre + Mentor support + Job search service

이 기관은 전문적이고 효과적인 직업 훈련을 제공할 뿐 아니라

청소년의 사회적 좌절감 및 자신감 결여 문제 등에 대해서도 정서적 지원을 하고자 노력한다. 이를 위해 이미 미디어 산업에서 종사하고 있는 사람들을 일종의 자원 봉사자로 활용한다. 그들을 멘토로 일하게 함으로써 학생들과 멘토 사이의 일대일 면담을 주선해 장차 미디어 산업에서 일하면서 경험할 수 있는 어려움이나 즐거움에 대해 실질적으로 파악할 수 있게 하고(사실상 생업으로 바쁠 현직 종사자들이 얼마나 이 일에 열심일지는 의문이다), 또 전문 심리 치료사를 초빙해 학생들이 개인적으로 심리 검사를 받게 하여 자신을 좀더 잘 파악할 수 있도록 한다. 또 코스를 밟으면서 일할 수 있는 임시직을 알선해 줌으로써 경제적인 어려움을 해결할 수 있게 해주고, 빌딩 내에 있는 크고 작은 공간들을 활용해 미술 전시회나 영화 상영회를 열고 구성원들간의 값싸고 짧은 여행을 주관하여 이곳에 오는 청소년들의 정서적인 안정을 꾀하고 있다. 하지만 이곳에서 가장 중시하는 것은 역시 직업을 찾아 주거나 프리랜서가 될 준비를 시키는 일인데, 실제로 이곳 관계자들이 가장 강조하는 것 또한 "경험"을 하고 "인맥"을 만들게 하는 것이다. 그리고 특히 문화 산업 종사자들은 자영업자나 프리랜서가 될 확률도 높기 때문에 이때 알아 두어야 할 여러 가지 법률 지식을 조언하기도 한다.

　운영진 구조를 보면 이곳의 성격이 더욱 확실해지는 듯하다. TS2K는 런던 지역 네 군데에 기반을 둔 복합적 기관이며 현재 46명의 운영진이 근무하고 있다. 기본적으로 기관마다 각 프로그램을 관장하고 여러 가지 전시회 기획 담당자, 코스 디자인과 교실 배정 담당자,

개인 직업 상담 및 이력서 작성 상담가, 행정 담당자, 멘토 서비스 담당자, 현장 실습 담당자, 밀레니엄 이벤트 조직 담당자, 청소년 작품 판매 담당자 등이 배치되어 있다.

최근에 개설한 짧은 코스들

우선 "레코드 제작 코스"가 있었다. 1998년 가을에 열린 이틀 간의 코스였는데, 매니저 2명과 학생 8명이 참가했다. 지원자가 25명이나 몰려들었을 정도로 인기가 높았기 때문에 다음에 다시 개설할 계획이다. 음반업계에 종사하는 전문가 2명이 강사로 초빙되어 주로 저작권, 음반 프로덕션, 배포 등과 관련된 레코드 회사와의 법률적 계약에 관한 강의 및 조언을 했으며, 이 코스가 끝난 후에는 다시 **TS2K**에서 운영하는 본격적인 음반 제작 코스에 등록하거나 그 지역의 소규모 프로덕션에 가서 직접 음반을 제작할 수 있도록 인맥 형성 기회를 마련해 주었다.

다음으로 "피알 이벤트 코스"가 있었다. 현재 런던에서는 패션쇼나 시 낭독회 등 실내 및 야외에서 각종 이벤트가 많이 열리고 있으며, 이를 조직할 매니저가 많이 필요한 실정이다. 이 코스는 피알과 이벤트 실무를 익히는 것에 중점을 두었다. 예를 들어 이벤트 조직에 드는 물건 값을 상점이나 이벤트 의뢰측과 협상하는 방법, 안전 수칙, 법률적 지식, 행정적 기술 및 컴퓨터 이용, 홍보물 제작 등 구체적인 부분에 대해서 강의를 했는데, 댄 스콧이라는 22세의 젊은이가 자기 경험을 바탕으로 이 분야에 대해 설명해 매우 좋은 반응을 얻었다. 그리고 "넘버원 퍼포밍 아트(No. 1 Performing Arts)"라는 지역 이벤트 회사와 공조하여 모든 참여자가 마케팅, 홍보 과정 등을 경험하고 나서 개인적으로 평가를 받았다.

이 이벤트 코스와 관련하여 TS2K는 런던대학교 내의 버벡대학(이 대학은 시민 재교육을 목적으로 설립, 운영되고 있어서 모든 강좌는 직장인이 저녁에 일을 마치고 와서 들을 수 있도록 되어 있고, 시간제로 강좌를 들을 수도 있는데, 교수진과 프로그램 면에서 모두 최고 수준을 자랑한다)과 공동 프로그램을 개발했다. 일종의 직업 과정이라고 할 수 있는 예술 행정 과정(Advanced Diploma in Arts Management)을 개발해 운영하고 있다. 이는 기존 대학 과정을 새로운 개념과 프로그램으로 다시 공동 개발한 것인데, 대학에서 보면 열의 있는 학생들을 많이 모집할 수 있다는 이점이 있고, TS2K에서는 자신들에게 온 학생들을 대학의 정식 강좌로 연결시켜 줄 수 있어서, 이들이 이후 더 나은 자격을 갖추고 일자리를 구하는 데 도움을 줄 수 있다는 점에서 서로 도움을 주고받는 셈이다. 강의나 실습도 대학과 TS2K에서 반씩 이루어지는데, 지역 사회·시민 사회 분야와 대학 간 연대의 좋은 사례라고 할 수 있다.

고용 가능성

TS2K는 코스를 마친 청소년들에게 일자리 정보를 더욱더 많이 주려는 생각에서 파트너 관계를 맺고 있는 단체들이 정기적으로 만나는 아침 모임을 조직했다. 이곳에서는 예를 들어 BBC와 같은 기관에 부정기적으로 생기는 일자리에 대한 정보 등을 교환한다. "연줄"이 없으면 취직하기 힘든 미디어 산업의 특성상 이 분야의 취업은 공평하게 누출되지 않는 "정보"에 의존하기 마련이다. TS2K는 자신들이 가지고 있는 인맥을 "남용"해서라도 그곳을 찾아온 청소년들에게 일자리 정보를 최대한 제공하려 노력하는데, 그런 점에서 이 모임은 매우 유용하다.

그러나 미디어 및 문화 산업의 고용 가능성에 대해서는 조심스럽게 접근할 필요가 있다. 공식 교육의 통로가 아닌 단기 교육을 통해서 얻을 수 있는 직업이 어떤 직업이냐는 문제를 따지고 들어가면 사실 매우 실망스러울 수 있기 때문이다. TS2K와 외부 기관의 연결을 담당하는 매니저 미지 램퍼사드는 이 문제가 가장 큰 고충이라고 털어놓았다. TS2K에 찾아오는 청소년 대부분은 유명한 뮤지션이나 영화 감독이 되고 싶어하는데, 실제로 미디어 산업에서 이들이 당장 찾을 수 있는 일자리는 정말 "밑바닥"의 일자리인 경우가 대부분이기 때문이다. 그래서 이들은 청소년들에게 끊임없이 "현실적으로 생각하라"고 충고하는 한편, 일단은 이곳의 단기 교육을 통해 일자리를 찾아 생계를 유지하면서, 가능하면 공식적인 교육의 경로로 돌아가도록 돕는다. 꿈에 부풀어 찾아오는 젊은이들의 꿈을 꺾으면서 그들을 만나기 시작해야 한다는 게 가장 괴롭다는 이곳 사람들은, 그럼에도 불구하고 "젊은이들의 문화적 에너지를 실업 문제 해결의 돌파구로 삼겠다"는 목표를 그야말로 "현실적"으로 이루어 나가려고 노력하는 것으로 보였다.

청소년 케이블 텔레비전

Youth Cable Television, YCTV

끝으로 살펴볼 곳은 청소년들이 직접 만드는 TV 프로그램 제작사인 YCTV이다. YCTV는 런던 서부의 노스 켄싱턴에 있는데, 이 지역은 매년 8월 런던 최대 규모의 축제인 노팅힐 게이트 축제가 열리는 곳이다. 브릭스톤처럼 다양한 민족과 인종이 어울려 살고 있는 곳이며, 런던의 가난한 지역에 속하지만 노팅힐 게이트 축제를 매년 개최할 정도로 문화적 에너지가 넘치는 곳이다. YCTV는 주로 이 지역 청소년들에게 무료로 프로그램 제작 과정에 대해 가르쳐 주고, 이들이 만든 프로그램을 케이블 방송을 통해 내보내는 곳이다.

운영 목적 및 사업 개관

YCTV는 11–19세 어린이·청소년에게 전문 스튜디오에서 직접 프로그램을 제작하고 기술적 훈련을 받는 기회를 제공하고 여기서 만든 프로그램을 지역 케이블 방송 채널에서 방송하고, 또 이를 통해 급속도로 성장하고 있는 창조적인 커뮤니케이션 산업에서 청소년들이 일할 발판을 마련해 주는 것을 목적으로 한다. YCTV는 1994년 창설된 청소년 공동체 교육 재단(The Young People's Community Training Foundation)이라는 자선 단체에 속한 비영리 회사로, 처음 몇 년간은 1주일에 30분 동안 런던 내의 극히 제한된 지역에만 방송을 내보냈지만 최근에는 런던 이외의 지역에까지 방송 지역을 넓히고 있으며 방송 시간도 매일 30분으로 늘었다. YCTV에서는 회원 교육 이외에도, 지역 사회와의 연대를 위해 각종 청소년 클럽과 청소년 센터, 그리고 각급 학교의 미디어 관련 코스의 제작 부분에 시설 및 기술상의 지원을 하고 있다. 현재 운영진 15명과 200명이 넘는 어린이·청소년이 회원으로 있다.

재정 구조

YCTV의 재정은 대부분 자선 기금과 기부금에서 나오며, 부분적으로 외부에서 의뢰 받은 TV 프로그램 제작으로 재정을 충당하기도 한다. 앞서 살펴본 WAC이나 TS2K와 달리 YCTV는 기본적으로 영국 상류 사회의 오랜 전통에서 나온 자선 단체인데다, 특별히 소외 계층을 대상으로 하겠다는 명분이 없어서인지 현재까지는 정부 지원금을 받지 못하고 있다. 지금까지는 프로젝트 책임자 사브리나 기네스의 개인적 친분으로 대기업이나 미디어 산업 관련 유명 인사들의 재정적, 기술적 지원을 많이 받았다. 최근에는 영국 항공, MTV, BBC 어린이 방송 등에서 의뢰한 어린이·청소년 프로그램 위탁 제작으로 기금을 마련하고 있다. 최근 어린이·청소년 방송의 추세가 미숙하지만 어린이나 청소년이 직접 만든 것을 선호하는 방향으로 나아가고 있어서인지, YCTV의 제작 방식이 많은 기관의 흥미를 끌고 있다. YCTV 측에서는 앞으로 이러한 위탁 제작을 더 확대하고, 거기서 생긴 수익금으로 어린이·청소년에게 무료로 텔레비전 프로그램 제작 훈련의 기회를 제공하려 한다.

기관의 성격: 청소년 동아리 활동+ 창의성 학습 + TV 프로그램 제작사 youth club + youth training centre + TV company

"자선 단체"에 소속된 TV 프로그램 제작사가 청소년들에게 무료로 프로그램 제작 훈련을 제공"하는 것인 만큼, 이 기관은 매우 복합적인 성격을 갖는다. YCTV 운영의 총책임을 맡고 있는 사람은 "자선 사업의 성격을 지닌 교육 기관"이라는 특성을 매우 강조하는 반면, 실제로 제작 총책임을 지고 있는 매니저는 "TV 프로덕션"의 성격을 강조하면서 제작의 질에 매우 신경을 쓰는 모습이었다. 또 한편으로 청소년들을 전반적으로 돌보는 운영진 중 청소년 활동가 출신인 사람은 "지역 사회와의 연대"와 "청소년 클럽"의 성격을 더 중시하는 상반된 입장을 보여 주었다. 사실은 이 세 입장이 모두 YCTV의 복합적 성격을 말해 주고 있었다.

YCTV의 복합적 성격은 두 가지 측면에서 흥미롭다. 첫째는 토니 블레어의 신노동당 정부가 들어선 이후 영국 정부가 강조하는 "공공 영역과 상업 영역의 공조"라는 측면이다. 상업적으로 벌어들인 돈을 공익을 위해 쓰겠다는 **YCTV**의 의도가 과연 얼마나 공공성을 확보하면서 실현될 수 있는지는 사실 두고 볼 일이기 때문이다. 지금으로서는 **YCTV**가 존립을 위해서라도 점점 더 상업적으로 나아갈 가능성을 배제할 수 없을 것 같다. 다른 한편으로 **YCTV**는 학교나 아마추어 유스 클럽과는 달리 전문적인 환경에서 실제 교육을 제공한다는 점을 강조하고 있는데, 지나치게 "교육 (training)"의 측면을 강조해서 오히려 잃는 부분도 생길 것이기 때문이다. 예를 들어 이 "교육"이 지나치게 기술적인 것으로만 흘러서 청소년들이 생산하는 "내용"은 상대적으로 등한히 하는 경우가 상당히 있다. 그런데 한 가지 재미있었던 것은 오히려 미디어 트레이닝을 강조하는 카메라맨 출신의 교사는 텔레비전 제작 기술을 가르치는 데 전념하며 정작 아이들이 생산하는 내용에는 관심이 없었던 반면, 청소년 활동가 출신 교사는 아이들로 하여금 더 사회 비판적인 내용을 담도록 하는 것과 또 되도록 그 지역에 사는 가난한 젊은이들이 계속해서 그곳에 와서 무료로 자기 능력을 개발하게 하는 데 관심이 더 많았다는 점이다. 이 예는 결국 "문화 마인드"와 "교육 마인드"를 모두 갖춘 교사가 필요하되, 결국은 "문화 마인드"를 가진 "교육자"(교육학을 전공한 사람이나 교사 출신을 뜻하는 것은 아님)가 이런 기관의 운영의 중심에 남아 있는 것이 더 바람직하리라는 생각을 갖게 했다.

진행 중인 코스 및 프로젝트

YCTV의 회원이 되려면 우선 0단계에 해당하는 시작 코스를 거쳐야 한다. 이것은 TV에서 하는 인터뷰 방식을 이용해 짧은 토크쇼나 다큐멘터리를 만드는 연습을 간단히 한 후 짧은 드라마를 만들어 보면서 TV 프로그램 제작의 전반을 훑어보듯이 연습하는 4일 간의 코스(방학을 이용한 4일 집중 코스 혹은 학기 중을 이용한 1개월 코스로 주 1회)다. 이 코스를 마치면 YCTV 회원이 되며 그 후에는 TV 프로그램 제작에 정식으로 참여할 수 있다. 이 코스는 개별적으로 YCTV에 와서 할 수도 있지만, 인근 학교나 유스 클럽에서 단체로 등록을 해서 이수할 수도 있다.

1단계 코스

세부적인 기술(촬영, 음향, 녹음, 조명, 편집 등)의 집중 훈련 워크숍들로 이루어져 있다. 이 단계에서는 TV로 방송될 프로그램의 제작을 도와주면서 기술적인 연습을 한다(일주일에 한 번 1개월 간).

2단계 코스

좀더 진전된 단계의 기술을 가지고 실제 TV 프로그램을 구상 단계부터 자세히 제작하는 단계이며, 2주에 한 번씩 모두 네 번 모여 프로그램을 제작한다.

3단계 코스

영국 항공, BBC, MTV 등 외부에서 의뢰받은 프로그램을 전문가적인 환경에서 제작하는 단계인데, 제작 기간은 의뢰받은 프로그램에 따라 다르다.

4단계 코스

마지막 단계인 4단계 코스는 전문적인 환경에서 일할 기회나 미국의 한 전문 스튜디오에서 6개월 간 일할 수 있는 기회를 갖는 단계인데, 해마다 2명에게 장학금을 지급할 계획이나 아직 실현되지 않았다고 한다.

생각할 거리

청소년을 위한 "문화 교육"과 "직업 훈련"의 결합

즉각적인 결과를 기대하기는 어렵다. 그렇다면 무엇에 좀더 초점을 맞출 것인지가 문제다. 아무래도 "문화 교육"의 측면이 우선되어야 하지 않을까. 청소년들로 하여금 창의적이고 비판적인 작품을 생산하는 능력을 길러 주는 것을 우선적인 목표로 하고, 직업 창출은 그 부수적인 효과로 기대하는 것이 순서일 듯하다.

프로그램 개발·평가 및 민주적이고 생산적인 의사 소통

프로그램의 운영 자체가 청소년의 문화적 욕구와 관련되어야 하며, 또 이를 청소년들이 처한 문화적 상황에 대한 연구 기회로 삼아야 한다. 또 처음 하는 것인 만큼 프로젝트에 대해 끊임없이 수행 평가를 해야 한다. 교사 개인도 자신이 맡고 있는 학생들의 작품뿐 아니라 그들의 삶에 대해서도 관심을 갖고 관찰해 나가야 할 것이다. 이렇게 하기 위한 제도적 장치를 어떻게 마련할 것인가 하는 문제가 있다.

인력 수급 및 배치

문화, 교육, 직업 창출, 세 마리의 토끼를 잡기 위해 어떤 사람들이 필요하고 그들이 어떻게 협력해야 할 것인가의 문제다. 결국은 "문화 마인드"와 "교육 마인드"를 모두 갖춘 교사들이 필요하다. 직업 창출을 위해서는 문화 산업에서 원하는 인력에 대해 체계적 정보를 제공할 팀이 구성되어야 할 것이다.

공간 배치

청소년들만의 공간이 절대적으로 중요하다. 새로운 청소년 사업관은 우선 청소년들이 자유롭게 찾아와 놀 수 있는 공간이 되어야 한다. 강의만 듣고 나가는 공간이 되어서는 안 된다. 이를 위해서 청소년들이 돈을 아주 적게 들이거나 돈을 들이지 않고도 친구들과 선생님들을 자유롭게 만나 얘기할 수 있는 공간이 필요하다.

"문화 마인드"를 가진 "교육자"들이 필요

　　이제 앞서 살펴본 청소년 문화 프로젝트들이 나오게 된 영국적 배경에 대해 이야기하면서, 어떤 사람들이 중심에 있어야 하는지를 이야기하려고 한다. 서로 다른 시간과 공간에서 나온 이야기지만 우리에게 시사하는 바가 있다고 생각하기 때문이다. 영국에서 청소년 정책이 나오기 시작한 것은 19세기 말 20세기 초인데, 주로 "무질서한 노동 계급 청소년들의 도덕적 발달"을 위해 이들의 여가 생활을 통제하기 위해서였다. 우리 나라에서도 많은 청소년 정책이 "체육 청소년" 정책이었던 것처럼, 이러한 초기 청소년 정책은 거리에 나가 있는 청소년들을 청소년 클럽이나 청소년 센터 같은 일정한 공간에 몰아넣고 주로 스포츠 활동을 장려하는 것에 그쳤다. 이러한 청소년 정책에 본격적으로 문화 활동의 개념이 들어가기 시작한 것은 1970년대 초인데, 1960년대 후반 대학에서 일어난 현대적이고 진보적인 예술 운동 및 문화 연구의 세례를 받은 세대가 엘리트주의 예술 활동을 거부하고 학교와 청소년 클럽 등에서 일상의 미학을 통해 일상의 삶을 들여다보는 운동을 일구면서부터였다. 어쩌면 우리가 이 단계에 있는 게 아닐까. 물론 청소년은 이미 글로벌한 세계에 살고 있고, 어쩌면 우리의 청소년이 세계를 이해하고 느끼는 방식은 우리보다도 무척 앞서가는 면이 있는 것 같지만, 그들에게 놀 공간을 마련해 주고 더욱이 문화적으로 놀 수 있는 공간을 마련해 주고 그 공간에서 좀더 의미 있는 것을 가르치려는 어른들의 노력은 이제야 "체육 청소년" 정책을 넘어서려고 하는 단계에 있으니 말이다.

문제는 어디에 목표를 두고 청소년 문화 사업을 해나갈 것인가, 어떤 사람이 중심에 서서 어떤 프로그램을 꾸려 가야 할 것인가이다. 여러 사례에서 보았듯이 실제로 청소년들과 만나 함께 뭔가를 만들어 가려면, 문화적 활동을 통해 비판적이고 성찰적인 사람을 길러 내겠다는 목표를 갖되, 청소년들이 생산해낼 작품에 처음부터 지나치게 큰 욕심을 부리지 않아야 한다(물론 이 문제를 실업 문제 해결과 연결하려면 현실적인 정보를 가져다줄 별도의 팀이 필요할 것이다).

그야말로 자신의 삶과 사회에 대한 성찰적 비판성을 바탕으로 대안 교육의 이상을 갖게 된, 그러면서도 실제로 청소년들에게 문화를 가르칠 수 있는 사람들이 많이 필요하다. 이것은 막상 프로그램을 짜 놓고 나서 그걸 운영하게 될 때 더 중요한 점으로 부각될 것이다. 우선은 청소년 사업관을 찾아올 사람들이 살아온 구체적인 삶을 함께 이해하고 그들의 삶 속에 사업관 프로젝트 하나 하나를 의미 있는 것으로 자리 잡게 할 수 있어야 하기 때문이다. 만약 청소년들의 삶이 뒷전으로 가게 된다면 청소년들이 학교에서 경험한 것을 반복하는 것이 될 수 있기 때문이다.

또 청소년이 자기 삶과 사회에 대해 비판적이고 성찰적인 눈을 갖게 해주는 것을 목표로 삼아야겠지만, 처음부터 너무 큰 기대를 갖거나 청소년의 빠른 변화를 기대하는 것은 위험할지도 모른다. 청소년들의 문화 활동이 비판적이고 성찰적이어야 한다는 사실을 너무 강조하다보면 이미 어느 정도 그런 준비가 되어 있는 청소년들에게만 눈길을 주게 될지도 모른다. 이는 "비판적"이나 "성찰적"이라는 개념을 어떻게 정의하는가의 문제와도 맞물려 있겠지만, 정말 훌륭한 교사라면, 당장은 어느 정도의 "수준"이 되는 작품을 만들어 내지 못하더라도, 사진이나 비디오를 찍고 싶어하는 아이들의 삶의 자리에 놓인 사진과 비디오의 의미에서 출발해야 할 것이다. 그리고 궁극적으로 그것을 좀더 성찰적인 눈으로 볼 수 있게 도와주어야 한다. 다시 말해 청소년 사업관에서 벌일 문화 사업들이 아방가르드 예술가를 기르는 일로 흐르지 않으면서도(물론 그럴 수 있으면 좋겠지만), 어떻게 비판적이고 성찰적인 시민들을 길러낼 것인지를 교실에서 아이들과 함께 고민해야 한다는 것이다. 처음부터 너무 많은 기대를 하지 말아야 하고, 또 문화 작품 자체보다는 문화와 젊은이들의 삶이 만나는 구체적인 양상에 관심을 갖는 사람들이 많이 필요할 것이다.

함께 읽고 싶은 책

Angela McRobbie & Mica Nava, 1984, *Gender and Generation*, London: Macmillan.
청소년 클럽이나 청소년 센터의 활동을 바탕으로 청소년 문화 및 문화 정책을 페미니스트의 시각으로 비판적으로 분석한 글들을 모은 책이다. 영국 청소년 문화 정책의 흐름을 젠더(gender)의 차이라는 측면에서 분석한다.

Andrew Dewdney & Martin Lister, 1988, *Youth, Culture and Photography*, London: Macmillan.

1970년대 초 이후 런던 지역 교육 위원회 산하의 청소년 극장 코크핏(Cockpit)에 있었던 문화 연구팀에서 벌인 사진 프로젝트를 소개한 책이다. 구체적으로 이 프로젝트의 운영을 위해 학교나 지역 사회 등의 다른 기관들과 맺은 협력 관계, 청소년들이 만든 사진 작품들을 가지고 다른 청소년들 및 다른 기관들과 네트워킹을 하기 위해 개최한 사진전, 저널 발간 등 여러 가지 부대 사업, 더욱 중요하게는 자신이 만난 청소년들이 어떤 사람들이었으며, 그들이 자신과 어떤 식으로 만나 프로젝트에 참여해 왔는지 생생하게 적고 있다. 비슷한 사업을 하려는 사람들에게 자신의 경험에서 나온 조언을 전해 준다.

김영옥 이화여대 한국여성연구원

독일의 청소년 정책, 어떻게 수행되는가?

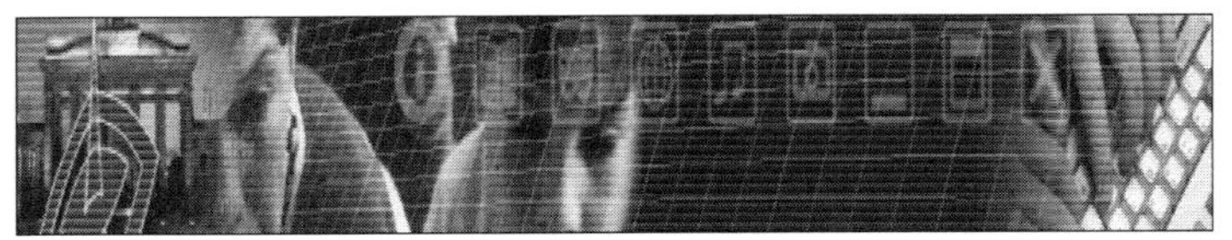

이 글은 글쓴이가 베를린에 두 달 간 머물면서 일상의 맥락 속에서 관찰한 것, 경제적으로나 정치적으로 소위 "문제 지역"이라고 지적되는 웨딩 지역의 관청을 방문해 청소년 및 교양 담당 시 참의원 라이너 자우터와 인터뷰한 것, 이 지역의 몇몇 청소년 프로그램을 참관한 것, 그리고 경제적으로나 정치적, 문화적으로 비교적 안정된 지역으로 일컬어지는 샤를로텐부르크 지역의 고트프리트 켈러 김나지움을 방문해 비교적 젊은 교사 우베 캐니(40세)와 인터뷰하고 그의 음악 수업을 참관한 것에 기초하여 작성되었다. 우베 캐니하고는 한번 더 만나 4시간에 걸쳐 교사로서 그가 이해하는 독일 청소년에 관한 이야기를 들었다.

청소년 프로그램의 구조

독일의 청소년 프로그램이나 그 실천을 살펴보고자 할 때 가장 먼저 눈에 띄는 것은 그것의 이중 구조이다. 즉 청소년에 관한 안건이나 기획들을 "관리" 또는 "처리"하는 행정 차원과 이것들을 자발적으로 그리고 구체적으로 "계획"하고 "실행"하는 시민 단체들의 실천 차원이 서로의 독립 영역을 지키면서, 또 서로 영향을 끼치면서 공존하고 있다. 물론 여기서 주도권을 쥐고 일을 추동하는 쪽은 단연 작은 규모의 다양한 시민 단체들이다. 참고로 담당 행정 부처 및 부서들을 일별해 보자면 다음과 같다.

청소년 프로그램을 담당하는 정부 기관들

정당

청소년을 위해 설계하고 있는 프로그램들은 대체로 구태의연하고 별로 새로운 이념을 담고 있지 못하다. 청소년 문제는 현실적인 안건이라기보다 정당의 "의무 사항"에 속한다고 보는 것이 타당할 것이다. 즉 정당들은 청소년을 있는 그대로가 아니라 미래의 투표자로 보고 있다(독일에서는 18세부터 선거권이 주어진다).

연방 정부의 「가족, 여성, 청소년부」

프로그램을 세우거나 정책을 수립하기보다는 특정한 목표와 이

넘을 갖고 운동을 벌이는 시민 단체들에 반응을 보이고 보조하는 데에
주력하고 있으며 이 점에 있어서는 상당한 효과를 거두고 있다. 무엇
보다도 이 부처가 내는 보고서가 중요한데, 보고서는 청소년에 관계되
는 모든 운동과 프로그램, 그리고 가능성에 대한 포괄적인 내용을 담
고 있다. 특히 청소년의 권리에 관한 사항들, 권리와 관련된 청소년의
요구 등에 관해 아주 상세한 정보를 담고 있다(베를린 시에서 내가
인터뷰한 중고등학교 교사나 도시의 지역별 청소년 센터에서 일하는
사회 교육가의 말에 의하면 독일에서 최근 청소년의 법적 권리 상황이
눈에 띄게 좋아졌다고 한다).

주 정부의 「가족, 여성, 청소년부」들과 지방 관청들

**정부에 의견을 내는 위원회들 중 가족, 노인, 여성, 청소년 문제를 위한
위원회**

각 도시의 노동관청
지방 자치제가 대단히 발달한 독일에서 여성, 혹은 청소년 문제
를 그 수행 과정에서 살펴볼 때 중요해지는 곳이 바로 각 도시의 노동
관계 관청인데 여기서 대부분의 기획과 조처가 논의되고 자금에 대한
결정이 이루어지기 때문이다.

구역별 청소년 관청 및 센터들
한 도시 내에서 상당히 다양하게, 나름의 독립성을 확보하면서

형성되어 있으며 청소년 프로그램의 가장 구체적인 면모를 보여 주는 현장이다. 베를린시의 경우 20여 개가 넘는 지역 센터들이 있다.

청소년 문제에 관심이 많은 시민 단체들

"자유 수행자"라고 불리는 이 시민 단체들은 그 숫자에 있어서나, 이념 및 실천의 양상에 있어 대단히 다양하고 대단히 구체적이다. 지방 자치제와 더불어 독일의 고유한 특성으로 손꼽고 있는 것이 바로 시민 단체 운동이라는 것을 고려한다면 그 정황이 어느 정도 분명해질 것이다. 독일에서 여성 정책을 비롯해 다른 정책들도 그러하듯이 청소년 정책의 초안은 이 "자유 수행자"들의 머리에서 나온다고 보아야 할 것이다.

독일 청소년 정책의 일반 법칙

프로그램, 프로젝트, 새로운 아이디어 등은 위에서도 설명했듯이 정부나 국가 또는 주 정부 및 지방 단체들에서 나오지 않고 소위 "자유 수행자"들이나 몇몇 개인의 머리에서 나온다. "자유"라는 것은 "국가적이지 않은", "정당과 무관한", 즉 "시민 단체의"라는 함의를 담고 있다. 국가나 정부는 "보조의 원칙"에 따라 이러한 시민 단체들의 운동이 실현될 수 있도록 자금 및 조직책 등의 물질적 기반을 댄다. 통일 이후 사회 복지에 할당되는 자원이 급격하게 줄어들고 있는 형편이어서 청소년 관련 시민 단체들도 어려움을 겪고 있다. 그래서 정부는 이미 있는 프로젝트들을 지속하는 데에 주력하고 있으며, 새로운 프로젝트에 대해서는 드물게 승인을 할 뿐이다.

"자유 수행자"들은 무엇보다도 교회나 노동 조합에 소속되어 있는 부속 기관들이다. 정당들이 "정당에 가까이 서 있는" 기관들과 재단들을 설립해 나름대로 정책을 수행하고 있기는 하지만(그 예가 기민당의 노선에 근접해 있는 콘라드 아데나워 재단이다), 정당과 무관한 독립적인 정책을 수행하는 것을 원칙으로 삼는다. 그렇지 않을 경우 "자유 수행자"들이 누리는 혜택, 예컨대 세금 우대 등을 받지 못하게 된다. 이외에 많은 단체들도 "자유 수행자"들이다. 이 "자유 수행자"들이 청소년 프로젝트, 청소년 작업의 주요 수행자들이다. 예를 들어 "정원사 단체" 같이 외견상 청소년과 하등 관계가 없어 보이는 단체도 청소년 관련 프로젝트를 구상해 일련의 구체적 기여를 한다. 대부분의 경우 시간이 지나면서 점차 함께 일했던 청소년들이 자연스럽게 주도권을 넘겨받게 된다. 어떤 단체가 "자유 수행자"의 성격을 부여받게 되는지를 결정하는 것은 지방 관계 부처다.

"자유 수행자"들 외에도 개인이나 소수 그룹이 프로젝트를 신청할 수 있는데 그것이 기존의 일반적인 프로젝트에 통합될 수 있는 경우 승인 가능성이 가장 많다. 그렇다고 해서 자율이 손상되는 것은 아니다. "보조의 원칙"은 무엇보다도 "아래에서 위로", "개인에서 국가로"의 구조를 의미한다. 즉 단체 및 개인의 책임이 매우 분명하게 강조된다.

탈중심적인 이러한 개별 이니셔티브의 구조는 프로젝트를 신청할 때 몇몇 문제점을 동반하기도 한다. 즉 자금이나 일자리를 신청할 수 있는 중앙 관청들이 고정되어 있지 않다는 것이다. 프로젝트를 신청하는 사람들은 스스로 고생스럽게 정보를 수집해 다양한 원조 가능성을 찾아내야 하고 그에 따라 전체 프로젝트의 부분들을 각기 다양한 곳에서 다양한 방식으로 따로따로 신청해야 된다. 관계 부처들이 정보를 제공하기도 하지만 결정적인 것은 프로젝트 신청자의 "꾀"인 경우가 많은 것도 이 때문이다.

프로젝트를 신청할 때 일반적으로 적용되는 두 개의 범주는 장소와 영역이다. 장소의 경우, 시, 시의 큰 구역, 작은 구역, 주 정부, 또는 여러 개의 시를 포함하는 국제적인 프로젝트 등등으로 나누어 프로젝트를 신청할 수 있다. 예를 들어 국제적 프로젝트는 브뤼셀에 있는 유럽 연합에 신청하는 것과 같은 형태이다. 영역의 경우도, 스포츠, 문화, 자유 시간 작업 등등에 따라 상이한 관계 관청에 신청할 수 있다.

가장 많은 자금을 운용하고 가장 많은 프로젝트들을 받아주는 곳은 노동 관청이다. 노동 관청은 가능한 원조의 범위 및 원칙에 대한 상세한 정보를 담고 있는 책자를 발간해 관심 있다고 판명되는 그룹들에 보내는 등의 적극적인 작업도 수행한다.

구체적 실례

내가 방문했던 베를린시의 웨딩 구역에서 행해지는 청소년 관련 프로젝트들을 살펴보면 몇 가지 공통점이 발견된다. 첫째, 나이에 따라 구별된다는 것, 둘째, 언제나 거의 예외 없이 소녀들을 위한 특별 프로그램과 특정 날짜가 따로 정해져 있다는 것, 셋째, 매우 상이한 프로그램들이 함께 제공되는 경우가 많다는 것이다.

상이한 프로그램들이 함께 제공되는 이유는 상이한 자금원에서 자금을 조달했기 때문이기도 하지만 무엇보다도 가능한 한 많은 청소년들에게, 가능한 한 전 영역에 걸쳐 말을 걸기 위해서이다. 청소년을 이처럼 통합적으로, 일상의 모든 실천적 영역과 관련해 파악하는 관점은 추상적으로 단편적인 이전 관점에 비해 한결 새로운 방향 전환이다. 대표적인 성공 사례로 아헨시의 청소년 프로그램인 "청소년 실업자 조직"을 들 수 있는데, 초반에는 직업에 관련된 상담 및 도움에서 시작했으나 점차 시간이 지나면서 청소년 삶의 다양한 국면을 포괄하는 통합적 방식으로 발전해 갔다. 그리고 청소년들이 보호 및 상담을 주로 받던 초기 단계에서 함께 결정, 기획하는 중간 단계를 거쳐 궁극적으로 완전히 스스로 문제를 구성하고 기획하는 단계로 발전했다.

이처럼 상이한 프로그램 제공은 다양한 능력을 지니고 있는 많은 조력자들을 전제로 한다.

<u>구체적인 프로그램들</u>

후씨텐 가의 청소년 센터

누구나 언제든지 자신의 문제와 소망을 가지고 방문해 의논할 수 있도록 개방된 곳으로 특정 그룹을 위한 특정 주제의 행사들로서 목공예, 컴퓨터, 숙제 도와주기, 구직서 쓰는 것 도와주기, 사진 및 비디오, 매체 작업, 요리, 축구, 농구, 탁구, 춤, 환경 친화적 사고와 삶, 창조 행위 등 매우 다양한 스펙트럼을 보여 준다.

팡케 모험 놀이 공원

목재로 초막 짓기, 캠프파이어 및 고기 구워 먹기, 스포츠 및 놀이 기구 빌려 쓰기, 자전거 수리, 함께 요리하기, 공작, 도자기 굽기, 사진 찍기 등의 프로그램을 제공한다.

소녀들과 젊은 여성들을 위한 국제 센터 「메데아」

특별히 연극이나 연주회, 전시회 등의 문화 행사에 주력한다.

독일에서 "청소년 문제"가
사회 문제로 부각된 과정

독일에서 청소년 문제는 다양한 시간대에 다양한 원인들 때문에 다양한 형태로 부각된 여러 국면들의 총합으로 이해되고 있다. 여를 들어 약물 복용, 청소년 범죄, 일자리 부족 및 기술을 습득할 수 있는 훈련장 부족, 가출 및 부랑 등의 문제들을 들 수 있는데 이러한 문제들은 청소 년들의 주변자적 위치와 저항의 위치를 강화했으며, 이로써 결국 청소 년은 사회의 고유한 관심 그룹으로 인정받기에 이르렀다.

특히 초등학교 및 김나지움(한국의 중고등학교에 해당함)의 성격 변화가 청소년 문제에 많은 영향을 끼쳤다. 초등학교 및 김나지움은 1970년대부터 "학문화"라는 개념하에 학교의 일반적인 학문 수준을 향상시키기 위해 전문적인, 즉 곧바로 "학문"으로 연결되는 교육에만 점점 더 많은 비중을 두게 되었다. 가장 많이 알려진 예가 김나지움의 "상급반 교육 개혁"이다. 이러한 개혁의 일반 경향은 말하자면 교양 및 교육에서 전문 지식 양성, 즉 능력 배양으로 전환하는 것이었다. 이러한 경향은 심지어 유치원에까지 침투해 알파벳을 가르치는 등의 소위 "취학 준비 교육"이 유치원 생활의 주요 내용을 이루기 되었다. 그리고 1970년대의 교육학이 이를 위해 새로운 패러다임을 제공했으 니, 그것이 바로 "교육 목적 이론"이라는 것이었다.

이러한 과정에서 청소년들은 두 암초 사이의 진공 상태에 점점 더 깊이 빠져 들었다. 학교는 청소년의 삶과 연결된 문제들어 대해 점 점 더 무관심해졌으며, 학부모는 자녀의 교육 및 삶의 문제를 점점 더 학교에 떠맡기게 되었다. 그 결과 청소년은 점점 더 자주 소위 "일탈 행위"를 통해 자신이 사회의 주변으로 내몰린, 진지한 고려의 대상이 아닌 존재가 되어 버렸음을 알리는 데 몰두했고, 이로써 청소년 문제는 사회의 일반 문제로 자리 잡게 되었다. 이때 재미있는 현상은 이러한 과정에서 교사나 학부모들은 부상하고 있는 문제점들에 대해 거의 반응을 보이지 않았다는 것이다. 청소년 문제를 진지하게 고민하기 시작한 그룹들은 바로 "자유 수행자"들이었고, 다양한 정치 및 국가 기관이 그 뒤를 따르게 되었다.

재미있는 예를 하나 들어 보자. 그 당시 부모의 집을 나와 독립하고 싶어 한 많은 청소년들은 돈 있는 사람들이 소유하고는 있되 거주하지 않는 많은 빈 공간들을 점령해 버리는 일을 벌였다. 소유냐 거주냐를 둘러싸고 공간에 대한 "권리" 논쟁이 치열했는데 그 당시 청소년들의 이러한 저항 방식은 어느 정도 전통이 되어 통일이 되었을 때 많은 대학생과 전위 예술가들이 황폐하기 짝이 없는 옛 동독 베를린 구역의 많은 빈집과 공장을 점령해 자신들의 실험적 삶의 공간으로 만들어 버리는 일이 즉시, 지속적으로 일어났다.

이러한 구역을 중심으로 지금 베를린시는 문화/정치적으로 재편성되고 있다. 자본과 행정부가 정책적으로 형성시키고 있는 시의 구역과, 전위 부대의 하위 문화가 일궈 내는 시의 구역이 베를린 내에서 서로 묘한 대조를 이루고 있는데, 그곳의 젊은이들뿐만 아니라 독일의 다른 지역 및 세계 각국에서 몰려온 젊은이들이 낮이고 밤이고 머물고 싶어하는 곳은 단연코 하위 문화 구역이다. 시 정부도 이러한 현상을 인정하고 그 지역의 이름을 "시 중앙"이라고 새로이 명명했을 정도다.

그리고 소유냐 거주냐를 둘러싼 "권리"논쟁은 또다시 치열해지고 있는데, 더군다나 이러한 발전 과정을 통해 이제 이 구역이 시의

가장 매혹적인 구역으로 변신했기 때문에, 그리고 그 변신의 주요 동
력이 소유권은 없지만 그 공간을 활성화한 사람들이기 때문에 이 논쟁
은 그렇게 쉽게 해결될 성질의 것이 아니다.

청소년 프로그램의 발전 양상

초반에 청소년 프로그램의 주안점은 소위 "문제아"들의 보살핌, 학교
수업 및 기술 습득 보조에 놓여 있어 예를 들자면 그들을 위한 작업장이
세워지는 식이었다. 그 외에도 청소년들의 관심을 그들이 빠져 있는
문제적 상황에서 다른 곳으로 돌리기 위해, 혹은 심각한 인생 단계에서
일종의 교량적 도움을 주기 위해 스포츠, 놀이, 자유 시간 활용 등의
프로그램이 구상되었다. 간단히 말해서 "문제들"의 원인 퇴치와 보호
가 주요 쟁점이었다.

여기서 한 가지 염두에 두어야 할 것이 바로 독일 학교들의 수업
시간이다. 학교 수업은 일반적으로 오전 8시에 시작해 오후 2-3시면
끝난다. 이후의 오후 시간 내내 청소년들은 말하자면 "거리에 방치되
어", 거리를, 지하철을 "불안하게 위협"한다(실제로 지금도 베를린 시
의 몇몇 주요 지하철역에는 개를 동반한 경찰들이 항시 매복 중인데,
이것은 터키 이민족의 갈등을 포함하여 여러 문제점들을 지니고 있는
통일 베를린의 일상 모습이 되어 버렸다).

그러나 오후 서너 시경 지하철에서 자주 만나게 되는 소위 "튀

는" 청소년들은 요란한 옷차림과 머리 모양새, 시끄럽고 난해한 언어 등으로 첫눈에는 "위험 요소"인 것 같아 보이지만 조금 주목해 보면 전혀 위험스럽지 않다는 것을 알 수 있다. 주변을 별로 고려하지 않는다는 특징을 뺀다면 말이다. 물론 이중에는 특히 유대인이나 외국인을 대상으로 폭력을 행사하는 청소년 그룹이 있지만 그러한 돌출 행위 또한 매체의 유도 결과인 경우가 많다는 지적이 나오고 있다.

내가 베를린의 (경제적으로나 문화적으로) 비교적 안정된 구역인 샤를로텐부르크의 고트프리트 켈러 김나지움을 방문하여 우베 캐니 선생이 이끄는 음악 수업을 참관하고 난 후 학생들과 인터뷰했을 때 학생들은 다양한 자유 시간 활용에 대한 이야기를 해주었으며 가장 친밀하게 느끼는 사람으로 역시 친구를 꼽았고 부모와 몇몇 특정 교사에 대해서도 긍정적인 발언을 했다.

전체적으로 "입시 체계"가 없고 상당히 느슨한 교육 체계를 유지하는 독일의 경우 학생들은 학교를 그다지 심각한 "감옥"이나 "지옥"으로 여기지는 않는 것 같다. 수업 또한 한국의 대학 수업과 유사한, 혹은 더 나은 분위기를 조성하고 있었으며, 학생들의 표정도 비교적 자유롭고 개성이 드러났다. 예를 들어 김나지움 상급반의 경우 음악은 선택 수업에 들어가므로, 이 수업에 들어온 학생들은 어느 정도 개인적으로도 음악과 친밀한 관계를 맺고 있는 사람들이어서 자유 시간에는 악기를 연주하거나 음악을 듣는 경우가 많았으며 친구들과 스포츠를 한다는 경우도 많았다.

캐니 선생은 일반적으로 매체에서 선동적으로 보도되는 것과는 달리, 그리고 일반적으로, 추상적으로 사람들이 추측하는 것과는 달리 자신들이 경험해 알고 있는 청소년들은 한결 미래 지향적이며 자신의 인생을 구체적으로 설계하고 준비하는 능력을 지녔으며 나름대로 사회와 진지한 관계를 맺으려는 관심을 보여 주고 있다고 강조한다.

청소년 관련 활동을 여러 문제 영역으로 분리했던 초반의 이러한 양상은 곧 극복이 되었고 삶에 관계된 문제들과 삶의 의미를 묻는 질문 등에 대한 폭넓고 포괄적인 이해가 등장하게 되었다. 최근의 청소년 활동 프로그램은 모든 부분 영역과 활동을 통한 교육 및 삶 전반의 올바른 도움 쪽으로 전환하고 있다. 즉 각종 질문과 소망, 그리고 문제들이 포괄적으로 논의되고 실천되는 일종의 포럼으로 이해되고 있는 것이다. 가장 최근에는 베를린의 경우 특히 "이웃 운동"이라는 표제어 하에 부모와 형제 자매, 친지, 친구들을 포함하는 청소년 프로그램이 활발하게 토론, 실행되고 있다.

이전의 청소년 프로그램이 "학교 생활, 자유 시간 활용, 그리고 일자리"라는 기계적인 분리에서 출발해, 학교 및 시 단체가 각각의 영역을 분담한다는, 즉 분담해서 청소년을 "관리/보호"한다는 식의 사고에서 구상되었다면, 이제 청소년들은 모두 개별적인 총체적 존재로 이해되기에 이른 것이다.

그 결과 전 가족 구성원이 청소년 프로그램에 통합되게 되는데, 이것은 무엇보다도 부모에게 해당되는 문제이다. 자녀에 관한 한 모든 책임을 학교에 전가하던 부모들은 이제 자신의 책임 몫을 다시 인식하고 자녀들과 적극적인 관계를 맺는 연습을 해야 한다는 것이다. 그리고 이전에 소위 "문제아"들이 그들을 위해 따로 세워진 작업장에서 특정 훈련을 통해 문제 해결을 찾아야 했다면 이제 그들은 자신의 "직접적인 행동 범위" 안에서, "자연스러운" 뿌리 내리기와 사회인으로서 책임 찾기를 시도하게 된다.

이 외에도 상호 문화주의에 기반을 둔 프로그램이 많이 늘고 있다는 것이 강조되어야 할 점이다.

독일의 "단체" 전통

마지막으로 독일의 저 유명한, 그리고 악명 높은 소규모 단체들에 대한 이야기를 해보자. 이러한 단체들에 대한 이해 없이 독일 청소년 운동을 이해하기란 그리 쉽지 않기 때문이다. 국가 및 정당과 무관한 단체들의 숫자가 너무나 많아서 모두 헤아리기도 힘들 정도이다. 문화 단체, 자연 단체, 비둘기 기르는 사람들의 단체, 개를 기르는 사람들의 단체, 스포츠 단체, 카니발 단체 등등 끝도 없이 이어지는 게 독일의 단체들이다. 이 모든 단체들은 자체 내에 청소년부를 두고 있다. 특히 여기서 언급해야 할 것이 1960년대 중반 이래로 활발해지기 시작한 노동자 자녀들을 위한 교양 및 교육 프로그램이다. 문맹 퇴치, 사회의 다양한 관계에 대한 지식, 노동 계약 관계에 대한 법적·정치적 지식 전달을 주로 한 이 프로그램들은 정치적으로 해방적 기능을 수행했다. 「사회주의 노동자 청소년」과 「공산주의 노동자 청소년」이 그 예이다. 다른 정당들 또한 청소년들을 간접적인 방식으로 자신의 파트너로 통합하는 데 많은 노력을 기울이고 있다. 이러한 발전 과정 중에 다양한 청소년 센터, 청소년의 집, 청소년 클럽, 청소년 교육 회관 등이 생겨났다.

"단체"는 몇몇 개인이나 그룹이 임의적으로 모여 만든 느슨한 연합체가 아니다. 단체는 특정한 위상을 지닌, 법적 의무와 권리를 지닌 일종의 법인체다. 단체의 범위와 가능성, 그리고 오용을 막기 위한 한계 사항 등을 아주 상세히 규정하는 법 조항은 상당히 발달한 편이다.

1900년을 즈음하여 소위 "청소년 운동"이 일어났는데 무엇보다도 대도시 시민 계급 청소년들을 중심으로 신낭만주의 색채가 짙은, 정신주의에 기반을 둔 청소년 운동이었다. 급격하게 밀려드는 산업화와 통제 불가능하게 비대해지는 국가에 대항하는 대항 세력으로 자신을 이해한 이 운동은 이론 및 실천의 영역에서 동시대의 문화 및 문명을 비판하는 데 주력했는데 그 결과는 많은 경우 시골의 전원적 삶의 방식에 대한 낭만주의적, 비현실적 찬양이었다(이 "청소년 운동"의 전신이라고 할 수 있는 것이 1896-97년에 결성된 저 유명한 「편력 그룹」이다).

모든 역사적인 오류와 특수 발전 양태를 다 고려해 볼 때 이 "단체"의 전통을 관통하는 기조음은 자유주의적 개인주의와 국가의 개입에서 가능한 한 독립하려는 자유의 이념이다. 독일에서 지금 실행되고 있는 여성 운동 또는 청소년 운동 등이 다양한 시민 단체들의 이니셔티브에 근거하고 있으며 국가나 정부는 철저하게 "보조의 원칙"에 따라 개입할 뿐인 것은 정서적으로 볼 때 백 년이 넘게 역사적으로 성장해 온 이러한 단체들의 전통에 그 뿌리를 두고 있는 것으로 해석된다. 한 예로 카니발 단체들을 보자. 쾰른, 아헨을 중심으로 펼쳐지는 카니발 축제 때 퍼레이드를 벌이는 이 단체들은 17세기 말 구성되었는데, 지금 현대인의 눈에 그것이 아무리 유치해 보이더라도 여전히 반 권위적, 반 국가적이고 반 규범적인 전통을 생생하게 보여 주고 있다. 이 단체들 또한 청소년 회원들에게 막대한 노력을 쏟고 있다.

탈중심, "보조의 원칙", 그리고 "자유 수행자"의 전통에 중요한 역할을 하는 것이 또한 "명예직 활동"의 역할이다. 상당히 많은 청소년 단체들과 프로그램들이 이 "명예직 활동가"들의 힘에 기대고 있으니 많은 중요한 부서들, 예컨대 대표, 서기, 금전 관리자 등의 자리를 이들이 위임받아 이끌고 있다. "명예직 활동가"들은 의무와 과제의 수행에 대해, 그것이 무보수로 이루어지는 일임에도 불구하고, 명백한 의식을 보여 줘야 한다는 것이 명예직 부서를 위임받을 때의 첫 조건이 된다.

조한혜정 연세대학교 사회학과 교수

사사키 노리코 일본 릿쿄대 사회학과 박사 과정

세기말 대안 교육의 현장, 도쿄 슈레를 찾아

말 건네기

대안 학교라고 할 때 우리에게 가장 친숙한 학교는 영국의 「서머 힐」일

것이다. 탈규격화를 해낸 학교. 자유롭고 창의적이면서 스스로 공동체

를 꾸릴 줄 아는 인간을 기르겠다고 천명한 학교. 그래서 대안 교육에 관심이 있는 한국의 교육 관계자들은 그곳을 성지 순례를 하듯 다녀왔다. 그런데 내가 성지 순례하는 마음으로 가고 싶은 곳은 실은 먼 곳에 있는 학교가 아니라 서울과 아주 가까운 곳에 있는 「도쿄 슈레」였다.

이 학교는 「서머 힐」이 지향했던 "높은 뜻"과는 달리 학교 가기를 거부하는 아이들이 시간을 보낼 배움터를 만들자는 소박한 뜻에서 시작했다. 학교가 창의적인 인간을 기르지 못한다는 점이 문제시되었던 서머 힐이 만들어진 1921년 당시의 유럽은 오히려 "좋은 시절"이었다. 도쿄 슈레가 만들어진 1980년대 일본에서는 학교 폭력이 난무했고, 이지메 현상이 심각한 사회 문제로 떠올랐다. 그래서 학교 가기를 "몸으로 거부하는" 학생들이 생겼다. 도쿄 슈레는 교내 폭력과 "집단 따돌림", 그 외 여러 가지 이유로 학교를 가지 않기로 "작심한" 아이들이 늘어나면서 필연적으로 생겨난 학교이다. 이 학교는 설립 자체를 통해서 학교를 가지 않으려는 아이들에게 학교를 가지 않을 권리가 있음을 사회적으로 널리 알렸으며, 동시에 그런 아이들을 위해서 갈 곳을 마련해줄 어른들의 책임을 상기시켰다. 작년 가을 나는 드디어 도쿄 슈레를 방문할 수 있었고, 그 이야기를 여기서 나누어 보려고 한다.

자유, 자율 학교인 도쿄 슈레

1983년 도쿄에서는 「등교 거부를 걱정하는 전국 네트워크」라는 모임이 결성되었다. 이지메를 당해서 학교 가기를 두려워하는 아들 때문에 걱정이 많았던 당시 초등학교 교사 오쿠치 게이코는 이 모임에 중심 구성원으로 참여하여 등교 거부 상담, 정보 교환, 세미나 등을 통해 "부등교 아이들" 문제를 여론화하기 시작했다. 현재 이 모임에는 73개 단체 2만여 명이 참가하고 있다. 오쿠치는 사회는 갈수록 빨리 변하고 있는데 부모나 학교는 변하지 않고, 정보 소비 사회로 가면서 많은 변화와 정보를 접하게 된 아이들에게 학교는 점점 더 매력을 잃고 있는데, 학교는 변하지 않고 있어서 등교 거부 문제는 갈수록 심각해지고 있다고 했다.

오쿠치는 여론화 작업만이 아니라 실제 공간도 마련했다. 1985년에 뜻을 함께 하는 사람들과 함께 동경 키타 지역(北區)에 등교 거부자들의 배움터이자 놀이터인 「도쿄 슈레」를 만든 것이다. 의식 있는 부모, 교육자, 문화 연구가, 자원 봉사 시민들과 아이들이 함께 만들어 가는 대안적 생활 공간이다.

11월 20일, 나와 통역을 맡은 사사키를 맞아준 이는 바로 그 사람, 지금은 도쿄 슈레의 교장으로 있는 오쿠치 게이코였다. 오쿠치는 자기가 이 학교를 만들게 된 경위를 말해 주었다. 아들이 병이 나서 장기간 결석을 했는데, 다시 학교로 가면서 심한 이지메에 시달리게 되었다고 했다. 아들은 학교에 갈 시간만 되면 배가 몹시 아파서 도저히 학교에 갈 수가 없었다. 당시 자녀가 학교를 가지 않겠다고 하는 것에 당황하고 고통을 받은 학부모들이 많아지고 있었는데, 막상 등교 거부하는 아이를 보낼 곳은 정신 병원이나 아주 심한 신체적 강제 훈련으로 아이를 변화시키려는 요트 학교 같은 곳밖에 없었다. 결국 오쿠치는 교사직을 그만두고 자기와 같은 문제를 가진 학부모들과 함께 작은 공간을 세내서 대안적인 배움터를 마련한 것이다.

연간 예산은 약 1억 엔 (10억 원)으로, 대부분 학부모회에서 충당하고 있으며, 책자 판매와 바자회 등을 통한 수익금도 적지는 않다. 이 학교는 출신 아이나 부모가 책을 많이 썼고 매스컴도 타서 이미 상당히 널리 알려져 있다. 오쿠치는 이 학교에는 학부모회가 매우 활성화되어 있고, 경제적인 부분에서도 아주 투명하게 운영을 한다고 한다. 학비는 월 4만 5천 엔이다. 문부성에서는 연구비 명목으로 일부 지원을 해주고 있고, 거리가 멀어서 오지 못하는 이들을 위해서 가정 학교 홈 슈레 제도를 만들 때 도요다 재단에서 기금을 지원해 주어서 통신 교육 체제를 마련할 수 있었다.

도쿄 슈레에는 7-18세 아이들이 다닌다. 학교 활동 시간은 10시부터 17시까지이며 학교 오는 시간은 자기가 정한다. 교사와 직원은 20명 정도이며 대학생 아르바이트나 자원 봉사자들이 많은 도움을 주고 있다. 교과 운영은 아이들이 매일, 그리고 매주 하는 미팅에서 결정하고, 아이들이 하고 싶은 것을 프로그램화하는 것을 원칙으로 한다.

박물관 가기, 사진 찍기, 요리, 악기 연주, 외국어, 음악 감상, 전자 오락, 그 외 생물학, 물리학, 사회 과학 등 하고 싶은 것이 있으면 가능한 한 할 수 있게 지원하는 것이 교사의 주 역할이다. 예를 들어서 그 주에는 인도와 필리핀에서 학생들이 와서 인권 집회가 열리는데 그곳에 가서 교류를 하는 것이 중요한 프로그램이다. 그날 나는 유전공학과 인류의 미래에 대한 수업, 양파로 실험하는 자연 과학 수업, 전통

악기 고토 강습과 영어 수업을 참관하였고, 혼자서 누런 종이 박스로 다양한 인형 집을 아주 많이 만들고 있는 아이와 혼자서 옥상에서 전기 기타를 치면서 노래 연습을 하는 아이를 만났다.

금요일에는 집회가 있어서 학생들끼리 아주 많은 토톤을 한다. 학생들이 아이디어를 내어서 큰 프로젝트를 해내기도 하는데, 얼마 전에는 근교 시골에 학생들이 주축이 되어서 통나무집을 지었다. 지금 그 통나무집은 도심을 떠나 학습하는 공간으로 활용하고 있그, 여행객들도 머물 수 있게 하였다. 그 외 해외 체험, 유라시아 대륙 횡단, 유럽 자유 학교 학생들과의 교류 프로젝트 등 다양한 활동이 학생의 관심에 따라 이루어져 왔다. 교장은 매번 기획력이 뛰어난 아이가 졸업을 할 때면 앞으로 누가 그런 일을 해낼지 약간 걱정스러워지기도 하는데, 막상 떠나고 나면 또 그런 아이들이 계속 생기더라고 했다.

졸업생들은 10년 전까지만 해도 통신 대학을 포함해서 대부분 상급 학교와 대학에 진학했지만, 최근 들어서는 곧바로 취직을 하거나 그냥 아르바이트 정도를 하면서 지내거나, 제3의 길을 택하는 이들이 늘어난다고 했다. 예를 들어서 한 아이는 학교를 다니면서 주로 여행 다니는 것을 프로젝트로 삼았는데, 졸업 후 여행사에 취직을 하더니 일류 대학을 나온 어느 누구보다 빨리 승진을 하고 좋은 대우를 받고 있다고 했다. 제3의 길이란 아주 새로운 일을 하는 것을 말한다. 대중 음악 분야에서 창작을 하거나 카메라, 애니메이션, 통나무집 관리 운영 등, 예전에는 "일거리"로 보이지 않던 일들을 하면서 새로운 라이프 스타일로 사는 것을 말한다.

오쿠치는 이런 실제 공간의 학교 외에 가정 학교인 홈 슈레 일도 하고 있고 부등교 신문 편집장 일도 맡고 있다(나도 그 자리에서 부등교 신문 인터뷰를 당했었다. 한국 사람의 순발력이 뛰어나다고 하지만, 그 분이야말로 순발력이 뛰어났다!). 홈 슈레는 교류지와 편지, 그리고 전화를 통해서 집에서 공부하는 아이들이 스스로 학습하고 또 서로 연결하는 제도이다. 현재 5백40 가정이 관계하고 있고, 교류지는 7천 부 정도가 나간다. 많은 아이들과 부모들이 학교에 가지 못하면서 (가고 싶어도 신체적인 증상이 나타나서 가지 못한다) 자신들이 뭔가 대단히 잘못되었다고 느끼는데, 도쿄 슈레의 실험을 통해서 학교에 가지 않아도 된다는 것을 알고, 그 사실 자체로 열등감을 느끼지 않게 되었다고 했다. 이들은 교류지나 편지, 인터넷을 통해 의사 교환을 하면서 힘을 얻고 때로 함께 여행을 떠나기도 한다.

도쿄 슈레는 내게 일본 시민 사회의 저력과 일본 교육에 희망이 있다는 것을 보여준 학교이다. 자기 아이를 제대로 사랑할 줄 아는 학부모들이 자기 아이를 위해서, 또 사회 전체를 위해서 얼마나 중요한 일을 해낼 수 있는지를 아주 잘 보여 주는 증거인 것이다. 이 학교가 별다른 재정 지원 없이 자립해서 14년 간 대안 교육의 공간을 꾸려온 것, 이것은 분명 이 사회의 희망이고 저력이다.

이 학교를 통해서 본
일본과 한국의 교육에 대한 생각

부등교 현상

20년 전부터 일본에는 부등교 학생들이 나타나기 시작했고 이 현상은 부모들을 매우 당황시켰다. 고도 경제 성장 과정에서 부모들은 점점 더 고학력을 선호하게 되었고, 학교만 열심히 다니면 성공한다고 믿었기 때문에 학교를 가지 않겠다는 아이로 인한 당혹감과 실패감은 아주 높았다. 그러나 아이들은 많은 경우 몸으로 거부를 했기 때문에 (배가 아프거나 두통이 심하다는 등 신체적 증세가 실제로 나타났다) 부모들도 어쩔 수 없게 되었다. 아이들을 어떻게 이해해야 할지 몰라서 당황한 부모들이 늘어났고, 이즈음 학생 인권 문제가 심각하게 제기되었다. 1992년에 문부성에서 "부등교는 사회적 문제"라고 천명한 후에 등교 거부 현상에 많은 변화가 있었다. 그 해 "학교 외의 배움터에 가도 출석으로 인정한다"는 문부성의 결정을 얻어낸 것은 일본의 시민 사회와 학부모 운동이 이루어낸 커다란 성과이다. 일본에서 등교 거부 현상은 여전히 심각해서, 문부성 집계에 따르면 학교가 싫다는 이유로 연간 30일 이상 결석한 초중고의 등교 거부자는 1997년 10만 명을 돌파했다고 한다. 최근 아동 권리 선언 이후에 더욱 많은 변화가 일고 있다.

한국과 일본 제도 교육의 큰 차이 하나

교육 제도에서 한국과 일본의 큰 차이점은 평준화/비평준화이다. 일본의 경우 한국과는 달리 중학교와 고등학교 입학 시험이 늘 있고, 능력별로 학교가 나누어져 있다. 또 공립 학교는 정부가 철저하게 관리하지만 사립 학교는 자율성을 가진다. 결과적으로 학교는 서열화되어 있는데, 학업 성적이 아주 좋거나 실험적 교육을 하는 사립 학교들이 한 편에 있고, 다른 한편에는 형편없는 수준의 사립 학교가 있고, 그 가운데에 대부분의 공립 학교가 있다.

1980년대에 학생 인권 문제가 본격적으로 제기되면서 체벌이 금지되고, 교복을 입지 않는 학교가 늘어났으며, 두발을 자율화했다. 현재 많은 중고등학교에서 교복을 입지 않고, 귀걸이, 머리 염색 등도 "자연스럽게" 허용된 상태라 한다. 일본에서는 두발 자율화나 복장 문제가 더 이상 "투쟁"의 주제가 아니다. 오히려 교복이 없는 학교 학생들은 교복 패션 복장을 하고 학교에 다닌다. 또 매년 학교에서 축제가 벌어지고 교사들이 신나는 축제를 벌여 보려고 열성을 보이지만 학생들이 흥미를 보이지 않아서 학교 측이 조바심을 내는 상황이다.

학생들 중에서는 소수로 모여서 자기들만의 사적 공간으로 숨어드는 경향이 갈수록 심해지고 있고, 따돌림을 당하는 문제만이 아니라 스스로 고립되어 살아갈 동기를 찾지 못하는 문제 또한 심각한 사회 문제로 떠오르고 있다. 아무런 문제 의식 없이 상표 있는 옷을 사 입고 미소를 지으며 소비 공간을 부유하는 아이들이나, 자기 속으로 도망가서 숨어 버리는 아이들이 늘어나고 있는 것이다. 일본에서는 자기 속으로 숨어 드는 현상을 두고 "도지코모리"라는 이름을 만들어 냈다. 동경대 교육학과 사토 마나부 교수는 지금 십대들 중에는 사회 환경을 자기와는 무관한 단순한 풍경 정도로 생각하는 이들이 늘어나고 있으며, 그렇게 무관심하게 있다가 갑자기 자폭하거나 옴 진리교와 같은 단체의 열성 교도가 되어 버린다면서 걱정했다.

"도지코모리" (자기 속으로 숨어들기, 자기 방어를 통해 자기를 만들기)

일본에서 학교를 거부하는 아이들이 보이는 증세 중에는 자기 속에 숨는 "도지코모리" 증세가 있다. 이런 이름이 있는 것 자체로 이 현상이 상당히 보편적인 현상임을 알 수 있다. 그러나 일단 어떤 현상에 이름이 붙여지면 해결 가능성도 높아진다. 도쿄 슈레에서 도지코모리를 앓은 아이들을 만났다. 그들의 이야기를 들어보자.

도쿄 슈레에서 만난 히로시는 4년 반 동안 칩거했다. 학고에 가기 싫은데 부모는 자꾸 가라고 하니까 몸이 아팠고, 몸이 아파서 집에 있는데, 부모가 방에 들어오는 것이 싫어서 들어오지 못하게 책상과 책으로 방문을 막았다. 밥만 받아먹으면서 라디오를 듣고 책을 읽고 때론 악몽에 시달리면서 그는 4년 반을 견뎠는데 슈레에 와서 아주 행복해졌다. 그는 사진 작가이며, 슈레에서 어린아이들을 잘 돌본다.

가와베 나츠키라는 여자아이도 10개월 동안 도지코모리 상태에 있었다. 중학교 2학년인 이 아이는 10개월 동안 잠을 아주 많이 잤다. 남은 시간에는 음악을 듣고 책도 보고 텔레비전도 보았고 또 심한 악몽에도 시달리면서 그저 몸이 말을 안 들어서 틀어박혀 있었다. 마음 속으로는 "나가야 한다. 아르바이트나 해 볼까?"라고 생각했지만 몸이 말을 안 듣고 자신감도 없고 모든 것이 부정적으로만 느껴졌다. 어느 날 어머니가 사오신 도쿄 슈레에 관한 책을 읽고 나츠키는 이곳에 오기로 결심을 했고, 지금은 아주 행복해졌다. 둘 다 앞으로 무엇을 해야 할지에 대해 생각하지 않는다. 무엇을 해야 할지는 언젠가 알게 될 테니, 지금은 현재를 즐긴다는 것이다.

　　이 두 아이의 분위기는 이 곳에 "그냥" 온 아이들, 부모가 자유주의자들이라 학교 가기 싫다니까 이곳으로 보낸 아이들의 분위기와는 상당히 다르다. 내가 갔을 때 도쿄 슈레 교육의 장단점을 이야기해 보자고 해서 토론이 붙었는데, "자유주의자" 부모의 아이인 듯한 아이가 이 곳에 온 아이 중에는 "자유에는 책임이 따른다는 것을 모르고 마구 행동하는 아이들이 있어서 싫다"고 말했다. 히로시는 자기는 의견이 다르다고 했다. 자기는 자유를 찾고 있는 중이지만 자유로 모든 것을 설명할 수는 없을 것 같다고 말했다. 다른 사람과 이야기하는 것이 어려운데, 자기는 그 어려운 일을 하는 것이 소중하다고 했다. 히로시는 자유와 평등이라는 가치보다 "보살핌"의 가치를 중요하게 생각하고 있었다. 어쩌면 삶이 무척 어렵다는 것을 경험했기 때문일 것이다. 벽에 부딪쳐본 아이, 벽만을 바라보며 지내본 아이와 그렇지 않은 아이 사이의 거리는 아주 멀다. 근대와 탈근대의 거리만큼.

히로시는 언제까지 슈레에 다닐 것이냐는 질문에도 모르겠다고 했다. "이렇게 지내다 보면 떠날 때가 있을 겁니다. 때가 되면 알게 되겠지요." 슈레를 몰랐으면 아직도 캄캄한 방안에 틀어박혀 있을 자신을 생각하면 이 학교가 엄청 고맙다고 한다. 그래서 자기는 앞으로 도쿄 슈레 같은 대안적 공간에서 일을 하게 되리라는 생각을 가끔 한다고 한다. 나츠키는 열여덟 살이 넘으면 더 이상 슈레에 다닐 수 없으니까 이 곳을 나가겠지만 아마도 그때까지는 있을 것 같다고도 했다.

이 두 아이는 머리를 굴리기보다 자기 몸을 신뢰하고 있었다. 자기들이 앞으로 무엇을 하게 될지는, 마치 자기들이 그 긴 잠에서 깨어나 이제 무엇이 중요한 것인지를 알아차린 것과 같이 때가 되면 알게 될 것이라고 했다. 그들의 표정을 보면서 그들이 나보다 더 오래 산 사람들이라는 생각을 했다. 그들은 아주 성숙한 인간들이었고, 다가오는 위험 사회, 어두운 시절을 견딜 내공을 자신 속에 쌓아 두고 있었다.

이 학교에 대해 더 알고 싶다면

도쿄 슈레는 1985년에 동경도 키타쿠(北區) 히가시쥬죠(東十)에서 시작하다가 1991년에 오지(王子)로 이사했다. 이후 1994년에는 오타, 1995년에는 신주쿠에도 공간을 열어서 현재 세 개의 공간에서 활동을 벌이고 있다. 이 곳 오지 학교(전화 81-3-5993-3135~6. 팩스 81-3-5993-3137)에 30명 정도가, 이 학교의 한 학부모의 기부로 1994년에 새로 문을 연 도쿄 슈레 오타(전화와 팩스 81-3-3735 -2360)에 40명, 3년 전에 이지메로 아이가 자살했다는 사건을 뉴스로 보고 충격을 받은 한 시민이 기부한 동경의 도심부 공간에 마련한 도쿄 슈레 신주쿠(전화와 팩스 81-3-5379-2780)에 40명이 다니고 있다. 홈페이지는 http://www.shure.or.jp

Cyber Youth – Microsoft Internet Explorer

파일(F)　편집(E)　보기(V)　즐겨찾기(A)　도구(T)

주소(D)　http://www.cyberyouth.org/main.html

CybEr YouTh　　|　청소년문화발전본부　|　가

◉ 청소년 사이버 의회
◎ 그런데 말이야 …
⊕ 문화소굴
⊘ 지구. 둘러보기
⊖ 지구존 살기
지구존 살기

⊕ 해져 모여(LINK++)

⊙ 아!자!

⊕ 모여라 !

◈ In English

🔍 Search

◉ 청소년 사이버 의회

• 의제 : 3cm에 서린 자유!
대해서

두발제한에 관한 우리의
해보자. 또, 두발제한 반
라보는 우리의 이야기해

Co

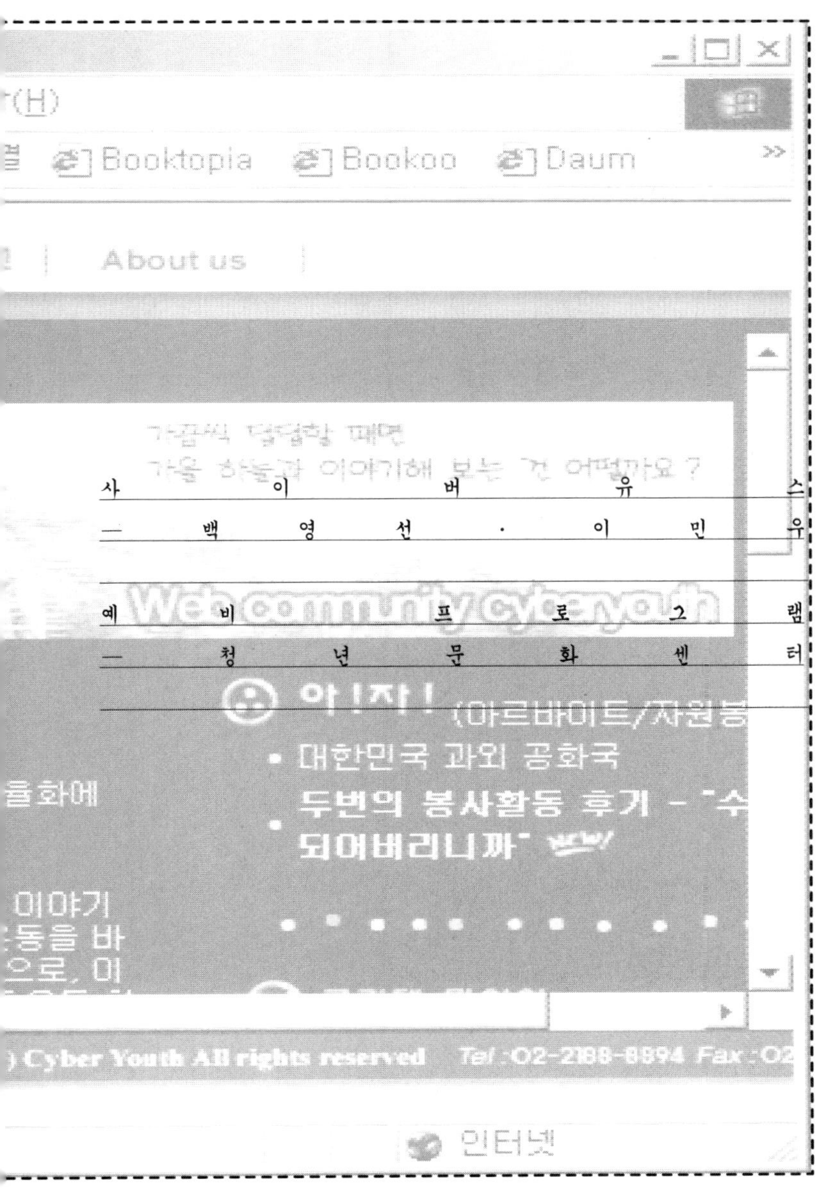
Booktopia   Bookoo   Daum
About us
가끔씩 답답할 때면
가을 하늘과 이야기해 보는 건 어떨까요?
사   이   버   유   스
—   백   영   선   ·   이   민   우
예   비   프   로   그   램
—   청   년   문   화   센   터
Web community cyber youth
아!자! (아르바이트/자원봉
대한민국 과외 공화국
두번의 봉사활동 후기 - "수
되어버리니까"
인터넷

백영선 사이버유스 편집팀장

이민우 사이버유스 담론발전소 팀장

사이버유스

1998년 정부 청소년 정책의 방향이 청소년들의 보호와 관리, 규제에서 자율, 참여, 육성으로 변화하면서, 청소년의 존재가 청소년 인권과 시민권 그리고 문화적 주체로 새롭게 부각했다. 이를 배경으로 청소년들이 다양한 형태로 존재한다는 것을 드러내고, "대상"이 아닌 "주체"로서의 청소년 문화를 생산한다는 취지로 1998년 10월에 사이버유스 프로젝트가 시작되었다. 사이버유스(CyberYouth)는 인터넷 사이트와 실제 공간으로 현실화되었다. 사이버유스의 인터넷 사이트는 청소년 관련 분야에서 의미 있는 활동을 해온 전문가들과 십대들이 만나 함께 정보를 생산하고 공유하는 데 중점을 두었다. 초기 실무 제작팀은 강성혜와 황원희, 박문경 등이었으며, 필진으로 김종휘, 조한혜정, 박세라 등 여러 분야에 걸쳐 있는 다양한 이들이 참여했다. "실제 공간 없이 사이버 공간은 없다"는 인식에서 작은 실제 공간을 마련했으며, 십대들이 오가며 벽화와 사진을 비롯한 문화적 흔적을 남겼다.

1999년 6월까지 사이버유스의 진화

1998년 12월에 처음 인터넷 사이트를 연 사이버유스는 안팎의 모니터링을 통해 지적된 문제점을 보완하고 진전된 모습을 보여 주기 위해 팀을 재정비했다. 백영선, 곽영선, 이민우를 중심으로 새로운 기획단이 꾸려졌고, 1999년 2월, 팀을 정비한 사이버유스는 이전의 사이트에 뭉뚱그려진 내용들을 서로 다른 성격을 지닌 세 개의 사이트로 분리할 것을 결정했다. 청소년들이 참여하고 만들어 가는 웹진 형태의 사이버 공간인 사이버유스(www.cyberyouth.org), 한국의 청소년 문화에 관심 있는 외국인, 교포, 영어 사용 가능한 한국인들이 모이는 사이버유스 영어판, 그리고 청소년 관련 자료를 축적해 디지털화하는 청소년문화발전본부(www.cyberyouth.org/center)가 바로 그 세 개의 사이트다. 그 중 웹진 사이버유스는 1999년 5월 3일에 문을 열었으며, 영어판은 5월 중순, 청소년 문화발전본부는 5월 21일에 각각 문을 열어 디지털화한 청소년 관련 자료를 축적하고 있다.

표 1. 사이버유스의 사이트 구성

큰 항목	작은 항목	비고
청소년 사이버 의회	의제/발제문	
	나의 한마디	게시판
	의제 제안	게시판
헤쳐 모여	접속! 동아리	동아리 기획 기사
	동아리 한마당	게시판(동아리 소개 / 정보 교환)
	보물창고	게시판(자료실)
	함께 가는 youth	대학 동아리 소개
그런데 말이야…	청소년은 누구?	게시판
	재미있게 삽시다	게시판
	쬐그만 게 돈이나 밝혀?	게시판
문화 소굴	1999 youth culture	청소년 공간, 씬, 아이덴티티 등 분석
	My style, Our mode	스타일과 유행 분석
	공간을 확보하자	청소년들이 활동할 사회적 공간 확보
	In my every life	청소년 생활 문화
Cyberyouth, '그'와 만나다		인터뷰
교육, 뒤집어보기	학교에서	학교 개혁 관련 칼럼
	'학교'를 넘어서	대안 교육 관련 칼럼
	현장 스케치	현장 탐방기
	만만찮군	청소년 인권…
지구촌 숨쉬기, 지구촌 살기	탐방! 지구촌의 젊은 공간	세계 각 지역의 청소년 공간을 찾아서
	서핑! 서핑!	웹 서핑
모여라!	무지개 통신	이러저러한 정보를 나누는 게시판
	Talk	채팅방

세 개의 사이트, 그 각각의 행보

웹진 사이버유스

초기의 사이버유스가 주로 활동 분야를 갖고 있는 어른들의 경험을 축적한 자료로 운영되면서 청소년들이 오히려 소외되었던 문제점을 보완하기 위해, 내용 면에서는 현재 청소년들의 삶과 문화에 초점을 맞추면서 사이트 운영은 청소년들이 직접 참여하도록 유도하는 방향으로 웹진 사이버유스를 발행했다.

우리의 관심은 크게 네 가지이다. 미래를 볼모로 현재의 삶을 저당 잡히고 있는 청소년들의 인권에 대해 관심을 환기하고, 청소년 인권을 위해 활동하는 여러 단체들과 연대해 청소년 인권에 대해 진전된 문제 의식을 내놓는 것이 그 첫째다(사이버유스의 "청소년 사이버 의회", "만만찮군" 참조).

둘째는 청소년들 스스로가 찾아가는 학업 이외의 활동에 대한 관심, 특히 "동아리 활동"에 대한 관심이다. "대학 입시를 준비하는 학생"이라는 사회적 규정 때문에 당연히 해야 할 청소년의 사회, 문화 활동이 무시되는 상황을 탈피하기 위한 것이다. 21세기의 주역이 될 그들이 하고 싶은 것을 못하는 상황들이 반복된다면, 우리 사회의 미래는 없다는 절박한 심정으로 추진하고 있는 기획이기도 하다. 그리고 그런 청소년의 사회, 문화적 활동을 위한 사회적 인프라 구축을 위해 무엇을 해야 하는지 생각하기 위한 것이기도 하다(사이버유스의 "헤쳐 모여" 참조).

　　"입시를 준비하는 인문고생"뿐만 아니라 여러 형태의 다양한 청소년들이 있다. 그들이 만들어 가는 삶과 문화를 드러내는 것, 바로 청소년 문화에 대한 관심이 사이버유스의 셋째 화두이다. 청소년들이 직접 자신의 삶과 문화에 대한 보고서를 쓰도록 하고 있다(사이버유스의 "문화소굴" 참조).

　　마지막으로 사이버유스는 청소년의 언어를 한 단계 높이는 데 관심을 갖는다. 청소년들은 자신을 억누르고 있는 상황에 민감하게 반응하지만, 이런 상황을 맥락화하고 분석하고 대안을 찾는 일은 하지 못한다. 아직까지 그런 경험이 없기 때문이다. 그러므로 사이버유스는 "어른"들과의 토론을 통해 자신들의 언어를 정교화하는 경험을 갖도록 토론장을 열고 있다(사이버유스의 "그런데 말이야" 참조).

　　이런 내용을 이끌어 가면서 사이버유스는 사이트 전반을 움직이는 저변의 힘이 청소년들의 목소리라는 원칙을 세우고 있다. 이를 위해 각각 관심과 친교 네트워크가 다른 청소년들을 기자단으로 꾸려, 자신의 삶과 문화 속에서 자연스럽게 나오는 언어를 사이트에 담고 있다(가칭 "사이버유스 청소년 기자단"). 물론 청소년에 관심 있는 "어른"들이 함께 참여하지만, 궁극적으로는 청소년들이 자신의 존재와 목소리를 드러내는 것을 도와주는 역할을 하게 될 것이다.

사이버유스 영어판

　　보통 한 사이트의 영어판이라고 하면, 영어로 번역한 사이트라고

표 2. 사이버유스 청소년 문화발전본부 구성도

주메뉴	내용
우리끼리 이야기하기	청소년과 관련된 1차 자료들이다. 첫 번째 메뉴는 새로운 청소년 현장에 관한 이야기이며, 그밖에 십대들이 직접 쓴 칼럼과 주요 쟁점들에 대한 토론 내용이 있다.
사이버 작업장	사이버유스의 작업이 청소년들의 현장과 직접 만나는 부분에 대한 이야기이다. 사이버유스 실제 공간 만들기를 비롯하 김종휘, 신일섭의 칼럼, 그리고 청소년 현장의 사진들이 올라간다.
Networking area	다른 청소년 관련 작업들, 상점들, 단체들, 학교들을 연결하는 곳이다. 이름과 연락처만 적어 놓기보다는 직접 탐방하그 조사한 내용들이 축적된다.
담론 발전소	청소년 관련 지식을 보존하고 생산하는 활발한 도서관의 모습이다.

생각하기 쉽지만, 사이버유스 영어판은 성격이 다르다. 사이버유스 한국판의 내용이 번역되어 실리기는 하지만, 영어판은 독자적인 또 하나의 사이트이다. 이 영어판은 한국인이든 교포든, 외국인이든간에 영어를 사용하는 사람들을 대상으로 한다. 여기서는 한국 청소년 문화를 포함한 아시아 청소년 문화와 관련한 쟁점들을 다룬다. 이미 발행된 첫 호에서는 나라마다 다른 "가족"과 "청소년"의 의미에 대해 토론하고 있다. 궁극적으로 아시아 청소년 네트워크를 지향하는 이 사이트는 사이버유스 전체에 중요한 기여를 할 것으로 기대한다.

사이버유스 청소년 문화발전본부는 청소년 문화 관련 정보 및 지식을 축적하고 청소년 관련 소프트웨어를 생산하는 곳이다. 청소년 문화발전본부는 3단계를 거쳐 완성된 모습을 보이게 될 것이다. 첫 단계는 정보화 단계로 자료를 축적하고 디지털화하는 과정이다. 둘째는 정보의 재구성 단계로 사용자 인터페이스를 강화하고, 유스 시크(youthseek)와 같은 편리한 정보 검색 장치를 마련하는 단계이다. 셋째 단계는 이 성과물을 바탕으로 사이버커뮤니티를 만들고, 지역적, 세계적인 네트워킹을 실현하는 단계이다. 현재 사이버유스 청소년 문화발전본부는 첫 단계로 자료를 계속 보강하고 있으며, 사이버유스 웹진 등의 자료실 역할도 하고 있다.

현재 청소년 문화발전본부 사이트의 구성은 표 2와 같고, 이 사이트를 구성하는 정보들은 교수, 연구원, 청소년, 그리고 청소년 정책에 관여하고 있는 공무원, 청소년 문화 현장에 참여하고 있는 활동가들의 지식과 경험이 축적된 것이다.

사이버유스의 진화: 1999년 10월부터 2000년 10월 현재까지

1년 간의 프로젝트를 통해 어느 정도 자리를 잡게 된 후 1999년 10월부터 「사이버유스」는 한국 청소년 개발원으로 옮겨갔다. 현저 청소년 개발원의 담당자들과 박준표, 김유진, 박경수, 이다슬, 이영욱, 김한울 등 청소년이 웹진 부문을 열심히 업데이트하고 있다. 「그런데 말이야」 게시판의 "자퇴: 세상을 학교 삼아"나 「청소년 사이버 의회」의 "만 18 세 선거권", "청소년 아르바이트와 노동권", 그리고 "두발 제한 반대 운동"은 아주 큰 인기를 끈 아이템이다. 올해 들어 "두발 제한 반대 운동"을 활성화하기 위해 사이버유스 팀은 다른 청소년 웹진(채널 텐 www.ch10.com과 아이두 www.idoo. net)과 연대하여 13만 8천 명의 서명 을 받아내는 등 성공적인 운동을 벌였다(www.mywith.net 참조). 앞으로 도 더욱 지속적으로 청소년 인권과 시민권 확장에 앞장설 것으로 기대 된다. 그러나 애초 확장하려던 영어판과 담론 발전소 작업은 아직 본격 화되지 않았다. 한국 청소년 개발원에서 조만간 이 분야로까지 확장해 서 「사이버유스」를 청소년을 위한 훌륭한 사이트로 키워 가기를 초기 "산파"들은 바라고 있다.

예비 프로그램

예비 프로그램을 열며

"서태지와 아이들"이 은퇴만 하지 않았어도 우린 이런 일을 벌이지 않았을지 모른다. 아니, 그들이 은퇴한 후에 "서태지와 아이들" 재단이 생겨서 제2, 제3의 서태지를 줄줄이 탄생시키는 인프라가 만들어졌다면 이런 일을 벌이지 않아도 좋았을 것이다. 홍대 앞에 모여 있는 "언더"와 "인디" 문화패들이 자본이 만들어낸 욕망 구조와 파행적 근대화가 만들어낸 욕망의 덩어리에서 비켜나 신나게 새로운 문화를 탄생시키고 있다면 우린 이렇게 모일 필요가 없었을 것이다. 달파란과 김종휘가 신나게 일을 하고 있다면 우리가 이런 일을 할 필요 없다는 것이다.

아마도 경제가 이렇게 나빠지지만 않았어도 우린 이런 일을 벌이지 않았을 것이다. 경제가 나빠져서 사람들이 허리띠를 졸라매고 다시 열심히 일을 하게 되었다면 우리 역시 희망을 가지고 지금 하던 일을 더욱 열심히 하고 있을 것이다. 지혜롭게 구조 조정이 이루어지면서 사회가 재활력화되는 기미가 보인다면 우리는 이런 일을 벌이지 않아도 되었을 것이다. 그러나 어디 그런가?

우리가 이렇게 모인 이유를 구태여 그렇게 거창한 단어르 이야기할 필요도 실은 없다. 무엇인가 즐겁고 유익한 것을 하고 싶어서 안달이 난 고등학교를 막 졸업한 효인이와 준표를 우리가 만나지 않았다면, 패션 학교를 다니면서 나머지 시간을 즐겁고 의미 있게 보내그 싶어하는 세나를 만나지 않았다면, 사랑하는 제자들을 대학으로 사회로 내보내면서 "제대로 된 오리엔테이션"을 해주어야 한다고 힘주어 말하는 학원 강사 송재희 선생을 만나지 않았다면, 십대를 위한 프로그램을 굴려온 이들이 새로운 연결점을 찾고 싶어하지 않았다면, 으리는 이 프로그램을 이렇게 열심히 준비하지 않았을 것이다. 나는 십대들이 모인 곳에 가서 참여 관찰을 하면서 책이나 쓰면 되었을 것이고, 대학은 사회와 무관하게 고고한 상아탑으로 남아 있어도 좋았을 것이다.

지식 기반을 이야기하고 문화 산업을 이야기하기에 우리 사회는 너무 척박하다. "하드웨어만 있고 소프트웨어가 없다"는 것은 모두가 인정하는 우리의 현실이다. "신지식인"을 이야기하지만 현실을 제대로 읽어내고 해결책을 제시할 수 있는 지식인이 과연 얼마나 될까? 그런 맥락에서 "신문화인"은 또 얼마나 될까? 문화는 곧 경험이다. 하고 싶은 일을 하지 못하게 하는 사회에서 질 높은 문화가 나올 수 있을까? 결국 위기 상황을 타개할 방법은 개인이 가진 창의력, 정보 처리 능력과 "내공", 곧 문화 자본에서 나올 것이다.

우리가 여기서 별다른 것을 하려는 것은 아니다. 그냥 하고 싶은 것을 하게 판을 벌일 뿐이다. 그래서 두 번에 걸친 오리엔테이션 제목을 "하고 싶은 일 하면서 하기 싫은 일도 좀 할까?", "나답게 살고 부족한 것은 관계로 메우자"로 잡았다. 하고 싶은 일을 하면서, 만나고 싶은 사람을 만나면서, 가고 싶은 곳을 방문하면서, 저절로 문화적 주체가 되고 저절로 후기 근대의 건강한 시민이 되는 방법을 우리는 이번에 실험해 보려고 한다. 하고자 하는 동기를 가진 사람들이 서로를 살려내는 분위기에서 무엇인가를 신나게 하는 경험을 하겠다는 것이다. 하향 평준화 문화를 상향 평준화 문화로 바꾸어 보겠다는 것이다.

　　여기서 중요한 것은 꽉 짜인 프로그램이 아니라 이 곳에 모인 사람들이 가진 능력과 이들이 함께 어우러지면서 만들어 내는 분위기이다. 우리가 만들어낼 새 공간을 주도하는 원리는 "자율"과 "공생"이다. 그 동안 십대 대다수는 권위주의적이고 획일적이고 폭력적인 분위기에 길들여져 왔다. 창의적인 질문을 하면 안 되고 하고 싶은 일을 하면 안 되는 분위기에서 살아왔다. 이제 이들은 창의적이어야 하고, 원하는 일을 열심히 해야 하는 분위기에 놓이게 된다. 그리고 하고 싶은 것만 열심히 해온 이들과 만나게 된다. "왕따"로 살아온 "문화 독립군" 선배들과, 흔들리는 후기 근대·고실업 시대에도 당당한 문화적 주체로 살고 싶어하는 십대들이 이곳에서 만나게 된다. 자율과 공생의 원리가 장려되는 분위기에서 이루어지는 이 만남은 아마도 서로간에 대단한 상승 작용을 불러일으킬 것이다.

　　이 판에 참여하는 이들이 지켜야 할 약속이 있다.

1) 시간은 반드시 지킨다. 빼빼를 절대 씹지 않는다.

2) 프로그램에 참여하는 이들은 만나면 눈인사라도 꼭 한다.

3) 자기 뒤치다꺼리는 자기가 한다.

4) 학교나 학번 등을 묻지 않는다.

5) 별명을 부르거나 반말을 하고 싶으면 해도 된다.

6) 일을 맡으면 작은 것 하나도 실명제, 책임제로 한다.

7) 마지막 날 파티에는 술이 없다. 물만 마시고도 충분히 즐거운 파티를 여는 것이 바로 이 모임의 목표이다.

하고 싶은 일을 신나게 했는데 그것이 바로 자기를 살리는 일이고 청년 문화를 살리는 일이고 자기가 사랑하는 사람들이 속한 공동체를 살리는 일이었다면 그 사람은 행복한 삶을 사는 사람이다. 우리는 여기서 행복하게 될 것이다. 즐겁게 지내 보자.

1999년 2월 1일

조한혜정

프로그램 일정

(1999년 2월 1일 - 2월 5일)

<table>
<tr><td colspan="6" style="background:#ccc">2월 1일 월요일</td></tr>
<tr>
<td>분과
시간</td>
<td>대중음악
(201호)</td>
<td>춤
(202호)</td>
<td>영상
(203호)</td>
<td>사회 과학
(204호)</td>
<td>만화
(205호)</td>
</tr>
<tr>
<td>1:00-3:00</td>
<td colspan="5">▶ 오리엔테이션 "하고 싶은 일 하면서 하기 싫은 일도 좀 할까?"
(조혜정 / 송재희)
▶ "분과 소개" (장소: 신인문관 209호)</td>
</tr>
<tr>
<td rowspan="2">3:00-5:00</td>
<td colspan="5" style="background:#ccc">분반 (각자 소개 및 앞으로 할 일 소개)</td>
</tr>
<tr>
<td>김종휘
(201호)</td>
<td>현지영
(202호)</td>
<td>이현정
(203호)</td>
<td>김찬호
(204호)
강의1. "역사란
무엇인가"</td>
<td>신일섭
(205호)</td>
</tr>
</table>

<table>
<tr><td colspan="6">2월 2일 화요일</td></tr>
<tr><td>분과
시간</td><td>대중음악
(201)</td><td>춤
(202)</td><td>영상
(203)</td><td>사회 과학
(204)</td><td>만화
(히스테리)</td></tr>
<tr><td>1:00–3:00</td><td colspan="5">▶ "나답게 살고 부족한 것은 관계로 메우기"
(김혁 / 송재희, 신인문관 209호)</td></tr>
<tr><td rowspan="5"></td><td colspan="5">분반</td></tr>
<tr><td>3:00–4:00</td><td>"너
음악이냐?
나 소리다"
(강기영)</td><td rowspan="2">"나는 왜
춤추는가?"
(오범석
/정성훈)</td><td rowspan="3">"나도 만들고
싶다"
(이현정
/ 오영필)</td><td>"무엇을
어떻게"
(사진의 개념)
(강용구)</td><td rowspan="3">"신작가와
만화 개념"
(신일섭)</td></tr>
<tr><td>4:00–5:00</td><td>"꼭꼭 숨은
나를 찾아라"
(백현진)</td><td rowspan="3">워크샵
"촬영하고
싶은 사진과
테마 발표"
"왜 1999년의
서울풍경인가"
(김찬호
/강용구)</td></tr>
<tr><td>5:00–6:00</td><td rowspan="2">"대중음악,
다 벗겨봐!"
(김종휘)</td><td rowspan="2">힙합 댄스
개관
(비디오+강의)</td></tr>
<tr><td>6:00–7:00</td></tr>
</table>

<table>
<tr><td colspan="6">2월 3일 수요일</td></tr>
<tr><td>분과
시간</td><td>대중음악
(실외)</td><td>춤
(U21)</td><td>영상
(203)</td><td>사회과학
(실외)</td><td>만화
(히스테리)</td></tr>
<tr><td>11:00–12:00</td><td rowspan="2">공 스튜디오</td><td></td><td></td><td></td><td></td></tr>
<tr><td>12:00–1:00</td><td></td><td rowspan="3">카메라
익히기
(촬영 연습)</td><td rowspan="4">촬영실기
(강용구)

카메라
각자 준비
(수동, 자동,
일회용 중
택일)</td><td rowspan="3">한국 일상
만화
들여다보기
히스테리
만화 작가
(이경석
/유창훈)</td></tr>
<tr><td>1:00–2:00</td><td rowspan="2">점심 식사
및
이동</td><td></td></tr>
<tr><td>2:00–3:00</td><td>인디 레이블
방문</td></tr>
<tr><td>3:00–4:00</td><td rowspan="2">이동</td><td rowspan="2">일본 힙합
맛보기
(오범석)</td><td rowspan="3">단편 영화 보기
/발표하기
「너희가 중딩
을 아느냐」
(영파여중)
「느린 여름」
(박찬욱)</td><td rowspan="2">일상 만화
작가와의
대담</td></tr>
<tr><td>4:00–5:00</td></tr>
<tr><td>5:00–6:00</td><td rowspan="3">빵 라이브
공연
① 열혈펑크
키드
② 허벅지
③ 삼청
교육대
④ Dr. Core
911</td><td>한국 가요
힙합 맛보기
(정성훈)</td><td></td></tr>
<tr><td>6:00–7:00</td><td>자유 연습
/총 복습</td><td></td><td></td></tr>
<tr><td>7:00–8:00</td><td>식사 및 이동</td><td></td><td></td></tr>
<tr><td>8:00–9:00</td><td></td><td rowspan="2">"공간탐방"
장소: 대학로
에반겔리온</td><td></td><td></td></tr>
<tr><td>9:00 이후</td><td></td><td></td><td></td></tr>
</table>

2월 4일 목요일					
시간 ＼ 분과	대중음악 (201)	춤 (U21)	영상 (203)	사회 과학 (204)	만화 (히스테리)
10:00–12:00				"사진 작가와의 대화" 사진 전시장 또는 스튜디오를 찾아서	
1:00–2:00	강기영 /백현진 놀이 "언어가 소리에 빠지면"		대상 혹은 컨셉 잡고 찍어 오기 (박선욱 /오영필 /이은정)	평가와 작품 제작 (김찬호/강용구/편집디자이너)	대한민국 98 언더 그라운드 만화 페스티벌 다시 보기
2:00–3:00					
3:00–4:00	팬 매거진 만들기 "내가 짱이다!"		촬영분 모니터링 (박선욱/오영필/ 이은정)		만화 지망생과 대화 "이제 막 만화로 유영하려는 고딩들과 함께"
4:00–5:00		일본 힙합 맛보기			
5:00–6:00		한국 가요 힙합 맛보기			
6:00–7:00	동광 인쇄소 "마스터 인쇄란?"	무섭게 연습			
7:00–8:00		식사 및 이동			
8:00–9:00		현장 탐방 신촌 BlueMonkeys			
9:00 이후					

<table>
<tr><td colspan="6">2월 5일 금요일</td></tr>
<tr><td>분과
시간</td><td>대중 음악
(201)</td><td>춤
(202)</td><td>영상
(203)</td><td>사회 과학
(204)</td><td>만화
(205)</td></tr>
<tr><td>1:00–3:00</td><td></td><td></td><td>다큐멘터리
보기
및 발표하기
「로저와 나」</td><td>작품 제작
(김찬호/강용구
/편집디자이너)</td><td>일본 언더
그라운드 만화
작품 보기
(가로, 도끼)
자기 만화
발표 및 토론</td></tr>
<tr><td>3:00–5:00</td><td>전체발표
① 소리 발표
② 매거진
　발표</td><td></td><td>소감, 평가,
이후 계획,
연락망 교환</td><td>작품 전시회
발표</td><td>전체 발표?</td></tr>
<tr><td></td><td colspan="5">장소 : 신인문관 209호</td></tr>
<tr><td>5:00–7:00</td><td colspan="5">뭐하나? 밥먹지!</td></tr>
<tr><td>7:00 이후</td><td colspan="5">빵 파티 (밤새지 말란 말이야)
DJ 강기영</td></tr>
</table>

예비 프로그램 참여 관찰기

아래의 글은 기록 평가 팀의 이름으로 예비 프로그램에 참여한 5명의
토론에서 주요하게 논의된 부분을 서술한 것이다. 분과별로 특성이 있
고 각각 다른 문제가 제기되기도 하였지만 프로그램 자체에 대한 근본
적인 접근에서는 많은 점이 일치하였다. 따라서 아래의 글은 어느 한

분과의 이야기라기보다 모두가 토론 가능한 부분들을 다루고 있다. 각 분과의 진행에 대한 글은 별도로 제출될 수 있을 것이다.

아래 글은 참여한 아이들이 보인 특성과 역동성, 그리고 기획자와의 상호 작용, 전체 프로그램의 방향을 잡기 위한 단초를 보여 준다. "아이들이 마루타냐?"라는 누군가의 말은 참여 관찰기를 쓰는 것을 매우 조심스럽게 만들었다. 기록과 평가는 위에서 굽어보고 판단하는 작업이 아니라 현상에 대한 이해를 넓히고 소통할 수 있는 단초를 마련하는 작업이라고 생각된다. 여기서 서술된 아이들의 모습은 우리의 모습이기도 하다는 것이 토론자들이 내린 결론 가운데 하나임을 밝혀 둔다.

자율과 공존?

"씨발, 다 일어나!" 빵 파티에서 한 슬램족은 무대에서 상기된 목소리로 외쳤고 그 순간 모두 춤팀에 가담했던 힙합족이 사라졌다는 사실을 알게 되었다. 펑퍼짐한 바지 차림으로 모여 있던 힙합족들이 춤추기에는 어색한 음악이기 때문인지, 아니면 어두운 조명 아래 그저 바라보고만 있는 평범한 아이들과는 달리 나름의 집단 정체성을 가지고 있어서 슬램족에 대항할 수 있었기 때문인지, 이들은 어느 순간 사라지고 없었고 슬램족이 움직일 수 있는 공간은 따라서 더 넓어졌다.

각 팀 사이에는 교실을 구획하는 벽이 있었지만 일군의 아이들은 카메라를 들고 자유롭게 문을 드나들었다. 그 아이들은 의자에 엉덩이를 붙인 아이들과 달리 자기만의 스타일이 있었고, 아이들은 강의를 들으면서 동시에 그들을 바라보는 관객 역할도 해야 했다. 아이들은 옆방에서 무슨 일이 일어나는지 알 수 없었고 지루해도 자리를 지켰지만 그들은 마음대로 아무 팀에나 아무 때나 참여하고 있었다. 분과에 속한 아이들이 꾸준하게 공감을 만들어 가고 있었다면(만들고 싶었다면), 이들은 공감을 거부하는 것처럼 보이기도 했다. 따라서 아이들은 자기네 분과에서 중요하다고 생각한 일들이 비디오에 나오지 않은 것이 불만이기도 했다.

예비 프로그램에 참여한 아이들은 당연하게 다른 성격들을 가지고 있었지만 프로그램이 진행되면서 비슷한 성격을 가지고 있다고 스스로 판단한 아이들은 서로 묶이기도 하고(슬램족, 힙합족), 프로그램에 참여하게 된 통로(세림학원, 또 하나의 문화, 천운 청소년 회관, 효인, 광고를 보고1))가 같은 아이들은 이미 그룹을 형성하고 있었다. 슬램족과 힙합족2)이 (튀는 외모 때문에) 두드러지게 눈에 띄었던 반면, 같은

---

1) 광고를 보고 연락한 사람은 7-8명이었으나 프로그램에 실제로 참여한 참가자는 2명이었다. 참가하게 된 경로를 보면 세림학원이 약 30명, 또문 여고생 모임을 통한 참가자가 7명, 김혜련 선생님을 통한 참가자가 3명, 효인(대일외고) 친구들이 8명, 또문 조금 다르게 살기 모임 3명(안민지 외 2명), 천운 청소년 회관을 통한 참가자가 3명, 안영노를 통한 참가자가 4명이었다. 기타 범주가 약 10명, 기록 영상팀이 3명, 기록 평가팀이 5명이었다. 대부분 알음알음으로 참여했으며 이들은 대부분 고등학생(고3)이었고 광고를 보고 혼자 온 참가자는 모두 대학생이었다. 즉 고등학생들은 대부분 집단적인 움직임을 보이며 프로그램에 참여하는데도 자신이 그룹을 형성하느냐 하지 않느냐가 많은 영향(소외감으로 표현되는)을 미친 것으로 보였다.
2) 슬램족은 빵 파티에서 형성된 슬램의 경험이 있기에 익숙한 아이들, 응당 그래야 한다고 생각하는 아이들, 기꺼이 동의하고 동참한 아이들을 지칭하며 힙합족은 춤팀의 높은 동질성 표현을 지칭한다. 힙합족이 춤팀으로 경계가 분명했던 반면 슬램족은 밴드의 일원이면서도

참가 경로 때문에 형성된 그룹은 함께 다니고 편하게 대화하는 정도였다. 또 자신들을 남다르게 드러내고 보여 주고 따라서 관객을 필요로 하는 그룹은 그 속에서 정체성을 가지게 된다는 차이가 있다. 자신을 보여 줌으로써 정체성을 드러낸다는 것은 단지 보여 주는 것으로 만족하는 것이 아니라 서로간에 경쟁과 위계가 개입하게 한다. 빵 파티에서 나타난 것처럼 자신만의 독특한 정체성을 드러낼 여지가 없다면 이들은 공존보다는 탈퇴를 택했고, 다른 집단에 대해서도 공존의 미덕보다는 자신과 같아지기를 요구하는 전체성을 보이기도 했다. 스타일을 통해 집단을 형성한 아이들은 권력 다툼을 벌였고, 평범한 아이들이 이들에 대해 이질감을 느꼈다. 같이 온 친구들이 옆 분과에 있어서 홀로 남은 내가 느끼는 것이 소외감이라면, 이질감은 관객으로 전락한 자신이 느끼는 열등감(스타일족이 "니네, 우리같이 놀 수 있어?"라고 질문하는 것에 대한)일 수도 있고 그저 다르다는 막연한 느낌일 수도 있다.

아이들은 다양했고 또 다양한 그룹을 형성했다. 자율적으로 그룹을 형성했지만 이질감, 티내기 등을 공존으로 볼 수 있는가는 문제로 남는다. 기존의 소통 방식과 다른 것을 만들어 내는 것이 무규칙의 상태를 의미하는 것이 아니라면, 그리고 너도 영화를 할 수 있고 음악을 할 수 있다는 것이 아무렇게나 하는 무규칙을 의미하는 것이 아니라면, 티내기와 차별화에 권력이 작동하는 것이 아니라 공존의 소통 방식이 작동할 수 있게 할 수 있는 규칙들을 만들어 나가는 것이 필요할 것이다.

경계가 불분명한, 넓게 보아 클럽 문화에 익숙한 아이들을 지칭한다고 보아도 좋을 것이다.

나는 ○○○○○ 싶다?

　　프로그램에 참여한 학생들은 빡빡한 일정3) 때문에 피곤해 보였다. 강의가 오랜 동안 지속되면 아이들은 학교에서 고개를 숙이고 수업을 견디는 것처럼 강의를 견디는 듯했다. 또한 학교를 빠지지 않는 것처럼 그 다음날에도 어김없이 나와 일정에 충실하게 참여했다. 꽉 짜인 프로그램이 힘들어 보였지만 이들은 놀라운 참여율을 보였는데, 그들이 빠지지 않는 가장 큰 이유는 "집에 있어 봐야 방바닥만 긁는다는 것"이고 "이것을 구실로 어떻게든 집을 나올 수 있다"는 것이었다. 영상팀 발표물이 보여 주는 것처럼 할 일이 없다는 것은 이들이 해결해야 할 커다란 과제였다. 그러나 이들은 방바닥을 벗어났다는 기쁨으로 "나는 ○○○○ 싶다"를 하려 하지만 곧장 이들은 "과연 나는 무엇을 하고 싶은가"라는 난제에 부딪친다.

　　강의를 듣는 것은 언어를 매개로 특정한 내용을 소통하는 것이다. 이들은 "언어"를 매개로, 또 "설명"의 방식으로 내용이 전달되는 강의를 듣는 경우, 수업 시간에 국어 교과서가 그런 것처럼 강의는 그들과 무관하게 존재한다. 강사는 자신이 활동하는 문화장에서 자신이 내고 있는 균열들과 문제 의식들을 강조하여 설명하지만 그것이 균열이 아니고 봉합이었더라도 이들에게 그다지 문제가 되지는 않았을 것이다. 즉 강의의 방식으로 내용을 의사 소통하기에는 강사들의 문제 제기가 이들

---

3) 일정이 빡빡한가 그렇지 않은가의 질문에 절반보다 약간 많은 수가 빡빡하다고 응답했다.

의 문제 제기("방바닥을 벗어나자!")와 다르거니와 강의라는 방식은 이들에게 너무도 익숙한 반응을 보이도록 하였다. 예를 들어 이들이 강사에게 던지는 질문 중 많은 것은 "내가 ○○○을 해도 되나요? 반드시 ○○을 해야 하나요?"이다. 즉 자신의 행동을 강사에게 허락 받고서 수행하고자 하며 강사에게 자발적으로 권력을 부여하는 것이다. 강사의 문제 의식은 자신들의 맥락과 직접 닿아 있지 않기 때문에 내용은 이렇든 저렇든 그럴 수도 있는 것이며 자신은 듣는 한 들을 뿐이다.

이들의 체화된 수동성은 매우 모순적인 상태에 있다. 방바닥에 있을 때나 학교 제도에 있을 때는 그 상태에서 벗어나고 싶어하고 자신이 억압 상태에 있다고 발언하지만, 자신의 시간 구획을 무엇인가가 스펙터클하게 혹은 규율적으로 채워 주지 않고 스스로 구성해야 하는 상황일 때는 매우 당황한다는 것이다.4) 그리고 그 당황스러움은 기꺼이 안락한 수동의 상태로 들어가게 하기에 충분하다. 이들에게 견디기 힘든 것은 수동의 상태보다 규율되지 않음일지도 모른다. 평소에는 부모로부터의 탈출을 이야기하지만 자신이 곤란한 상황에서는 부모의 권위를 이용하여 자기 대신 나서게도 하며(수동성은 이들에게 므기이기도

---

4) 빠르게 변화하는 외적 조건이 속도감을 더해 가면서, 그 속도감에 편승하지 않는 한 후기 현대인의 일상은 지루함으로 가득 차게 된다. 심심하고 무료해 하는 정서는 이들만의 정서라기보다 후기 현대를 살아가는 온 국민의 정서라고도 말할 수 있다. 작업장과 학교에 있는 이들이 규율적인 통제의 시간에 살고 있다면 이것을 벗어난 시간에는 스펙터클한 시간 상품들이 자신을 소비해 주기를 바라며 기다리고 있다. 대부분 "시간을 보내기" 위해 비디오를 보기 시작하지만 어느 순간에 가서는 새 비디오를 강박적으로 기다리면서 비디오 출시라는 속도에 빠져 있는 자신을 발견한다.

하다), 공적인 장(더욱이 자신이 역압받고 있다고 말해야 하는 공적인 장)에서는 역압이라고 말하지만 그 이상의 이야기는 진행되지 않는다.

반면 언어가 아닌 몸을 사용하는 시간과 집단 창작을 하는 시간에는 상대적으로 활발하게 참여한다. 이들이 수동적 신체에 익숙하고 강의에는 더욱 수동성으로 반응한다면, 교수법에도 강조점의 이동이 있어야 할 것이다. 「핵심 개념에 대한 "간략한" 설명 → 팀별 작업 진행(주안점을 두어야 할 부분) → 평가와 토론」은 어떨까?

아이들에게 갖는 의미

아이들은 프로그램에서 얻은 것이 주로 "무엇인가 새로운 것을 경험했다는 것"이라고 이야기했다. 강사와 아이들의 간극, 맥락의 차이를 생각하면, "새로운 것"이란 이전에 영화나 음악에 대해 가지고 있던 관념들에 자극이 생겼다는 의미이기도 하겠지만 틀에 박히고 따분한 일상에서 잠시 벗어났다는 의미가 더 크다. 여기에서 우리는 문제에 부딪치게 된다. 프로그램은 단지 무료해 하는 아이들과 놀아 주는 것인가 하는 문제이다. 그것만으로도 의미가 있다고 할 수도 있고 그것이 삶에 활력을 주는 역할을 한다고 말할 수도 있다. 그렇다면 다른 청소년 수련회와 이 프로그램의 차이는 무엇인가? 매체를 가르치는 것이 아니라면 그 다른 의미와 방식들에 대해서는 어떻게 말할 수 있을까?

다른 문화를 만들어 낸다는 것이 의미(의미를 공유하는 공동체, 새로운 삶의 방식을 공유하는 집단)를 생산하는 것이라면, 서로 다른 상황에 강사와 아이들이 만나서 그리고 아이들 사이에서 이것은 어떻게 가능할 수 있을까? 아이들의 체화된 수동성(그리고 수동성을 적절히 활용하는 것)과 틀에 박힌 일상(그러나 틀이 없으면 당황하는 것)이 아이들의 전부인가? 사실 아이들은 틈과 수단만 주어진다면 자기를 표현하는 데(자기가 좋아하는 것에 대해 너무 좋아한다고 한마디 표현하는 식으로) 주저하지 않는다. 강사의 열의에 대한 이들의 감동과 신뢰도 무엇인가를 좋아함으로써 분출되는 이들의 욕구의 흔적이라고 생각된다. 이들의 이런 에너지는 어떤 식으로 의미를 만들어 낼 수 있을까? 문화 독립군이 기존의 문화 시스템에 대항해서 또는 그 옆에서 만들어 내는 코드들과, 아이들의 삶의 현장에 기반한 코드들이 의미 있게 만나는 지점은 어떻게 만들 수 있을까?

기타

많이 제기된 문제 중 하나는 수강료에 관한 것이다. 만화 분과에 속한 아이는 특별히 하는 것 없이 모여서 만화 읽고 기자재도 별로 사용한 것이 없는데 3만 원은 너무 많다고 이야기했고, 어떤 아이는 무조건 개겨야 한다는 평소의 철학을 지키겠다고 끝까지 수강료 내기를 거부했다. 분과의 특성에 따라 수강료에 차등을 주어야 할 것이며 수강료를 내는 것도 하나의 규칙이므로 내지 않을 경우 적절한 소통의 과정이 필요할 것이다.

청년문화센터

시·대·읽·기 의 키·워·드

성패는 결국 누가 하는지에 달려 있다. 일을 꾸리는 사람들이 가진 개념(concept), 능력(competence), 관계망(connection)의 질과 양에 달려 있다.

혼란스러운 세계 상황

감시와 처벌의 틀

계급간 빈부 격차 심화

고도 경쟁 사회

극단적 경제 위주의 산업화

근대 자본주의화

금욕에서 쾌락으로의 이행

기술 복제 시대의 시뮬라시옹

기호의 집합체로서의 육체

노동의 종말

대중 문화

모순 배제형 집단 / 병렬형 집단 / 통합형 엘리트 집단

무기력화

문화 전쟁

보호 중심의 복지권

비동시성의 동시성

생산 자본주의에서 소비 자본주의로의 이행

세계 체제의 엘리트

소비 시대의 스펙터클

시간과 공간의 분열

시뮬라시옹

온몸을 통해 들어오는 정보

욕망·일상성의 조작을 통한 교묘한 고도 기술 관리의 시대

욕망의 거처로서의 육체

유연한 경제 체제

육체적인 주체 구성 방식

이등 시민

전지구가 브라운관 속으로 기어들어 온 시대

정보의 세계적 공급

정신적 가치에서 육체로의 권력과 정보의 공간 이동

초국적 자본

티티테인먼트

훈육의 공간

더 혼란스러운 한국 사회

"맛 좀 볼래"와 "냅둬요" 문화의 이중성

가족의 방해 시선

개발 독재 경제 체제

공포의 문화

구세대의 도덕적 엄숙주의

구조 조정

권위주의적 발전 동원 체제

규율 사회

근대화의 살인적인 속도에서 살아남은 상황

노동 중독증

논리적 설명이 불가능한 사회

동기상의 위기

문화 공황 상태

문화를 날조해서 상품을 만드는 문화 산업가

문화적 감수성이 없는 모범생들과 문화 중개인들이 주도하는 문화계

바보와 악당들의 역사

반공 규율적 체제

사적 이익 결사체

세대간 경험의 괴리

식민주의적 절충주의

신세대의 분리주의

상업주의적 선정주의

압축적 고도 경제 성장

압축적 시간성

유신 체제

일상성을 빼앗긴 주민

전지구적 자본주의화와 파행적 근대화

총체적 난국

탈락의 공포와 상대적 박탈감

파행적 교육 제도

파행적 역사 진행

피난민적 삶

피해 망상

한국의 파행적 교육 체계

히피 운동

문화

대중 문화에 의해 조작되는 일상성

대학 문화의 대중 문화화 현상

모든 것을 바꾸지만 아무것도 바꾸지 않는 문화 산업

무법자 하위 문화

문화 실험기

문화적 감수성

문화적 성찰력

문화적 장(cultural champ)

문화적 주체

문화적 촉매 역할

문화적 파시즘

문화 정치

반문화 운동·하위 문화 운동

재현 / 재현 방식

청소년·교육

또래 집단

사회 전체의 청소년화

실험 학교

아동기 / 청소년기 / 생애 주기 / 성인기

아동의 인권

아이들의 공간 비워 주기

어른들의 아이들 때려잡기

입시

전인적인 생활 문화 교육

청소년 문화 공간

청소년 문화 프로그램

청소년의 인권 · 시민권

카오스의 시대, 카오스의 아이들

학교 문화 바꾸기

학교의 다양화와 특성화

학습권

대학 · 청년 문화

겉도는 삶에 대한 헛도는 말

대중 문화적인 세대적 감수성

대학의 경계를 해체시키는 소비 대중 문화의 힘

생산을 위한 전시 동원 체제로 전락한 대학

엘리트주의적 구별짓기 감수성

운동권 헤게모니의 붕괴

의미의 영역에서 탈락되는 정체성

주체 형성에서 대학이라는 공간의 유의미성

짜인 공간에서만 이루어지는 이야기

커뮤니케이션 강도

대안을 구성할 언어

감성 훈련

개입하며 성찰, 성찰하며 개입

건강한 시민 사회 형성

근대, 탈근대, 탈식민의 작업을 동시에 진행하기

꽉 짜인 자본의 영토에서 벗어나기

낡은 것을 고쳐 쓴다

다중적 주체

단골이 되는 사회

대중 문화 생산과 소비의 거리 줄이기

대항적 교섭적 독해

덜 쫓기기

문명 비판가

문화 안내자

미디어 정치(media politics)

보편적인 것은 사기다

불온함에 대한 재규정

빵과 자유의 시대, 빵과 신뢰의 시대

상대주의적 시선

상징적 상상력 언어의 힘

소통과 공유의 공동체

수평적 상호 교류

시대 읽기

어울림의 힘

욕망과 일상을 저당 잡히는 시대 끝내기

위기 관리 능력

의사 소통 공동체

이미 있는 것들을 연결해 낸다

일국주의를 넘어선 경험

일상을 바꾸며 노는 게임

자기 성찰

자산은 사람, 아이디어와 상상력, 비전과 관계망이다

작은 것이 아름답다

정체성의 정치학, 차이의 정치학

중심과 주변의 재배치

촌티 나는 것만이 진실이다

친밀성의 새로운 구조

카페 공간

탈근대화

탈민족주의

탈식민화, 다원화된 문화가 주는 재미

탈중심 사고를 하는 사람(decentralized thinker)

판갈이, 물갈이

패턴 인식력 = 눈치 = 창의력

프로는 위험하다

학예회를 시작한다

<u>유스 비전 2020</u>

21세기형 청소년 문화 사업관

고실업 시대 라이프 스타일

고실업 시대 일자리 만들기

대안 문화(alternative culture)

문화로 "나라 살리기"

밥 두끼 먹고 연극을 하는 시대

생활 세계(life world)

성공과 실패 경험의 정보화

성찰적 근대성(reflexive modernity)

안팎을 가로지르며 경계 넘기(crossing the border / inside out)

언더 클래스(under class)

여성 / 남성

유스 비전 2020(Youth Vision 2020)

유스 컬처

중요한 것은 과정이며 태도이다

청년 문화 운동

청년 실업자 대책 본부

프랙탈 / 유목민

현실과 이야기가 함께 가는 공간

하자센터

제 안 서

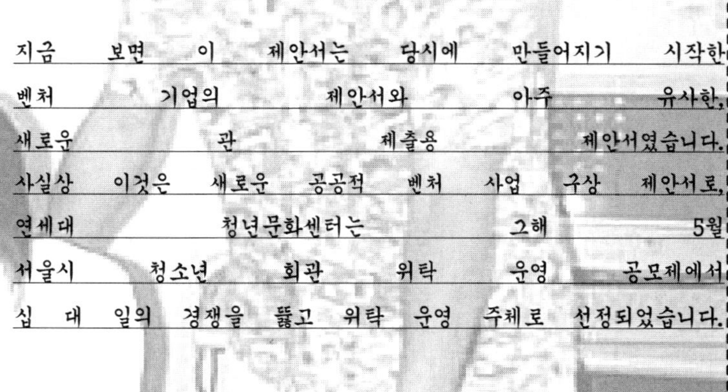

지금 보면 이 제안서는 당시에 만들어지기 시작한
벤처 기업의 제안서와 아주 유사한,
새로운 관 제출용 제안서였습니다.
사실상 이것은 새로운 공공적 벤처 사업 구상 제안서로,
연세대 청년문화센터는 그해 5월
서울시 청소년 회관 위탁 운영 공모제에서
십 대 일의 경쟁을 뚫고 위탁 운영 주체로 선정되었습니다.

I. 청소년 직업체험센터의 추진 배경

> 1. 청소년 문제 해결을 위한 시대 인식 전환
>
> 2. 청소년 문제 해결을 위한 획기적 대안의 필요성
>
> 3. 문화 지식 자본 축적을 위한 지식 인프라 구축
>
> 4. 자율과 공존의 시민 문화 형성
>
> 5. 직업 교육에 대한 발상의 전환
>
> 6. 기존 청소년 시설, 프로그램 전면 재검토의 필요성

1. 청소년 문제 해결을 위한 시대 인식 전환

● 한국 사회는 구제 금융 위기를 맞으며 본격적으로 고실업 사회로 접어들게 되었다. 구제 금융의 직접적인 원인이던 세계 금융 시장의 위기가 일시적 현상이라면, 고실업은 앞으로 살아가게 될 후기 자본주의 사회의 대표적인 징후다. 한국 사회가 구제 금융의 위기를 극복한다 하더라도 고실업 현상은 계속될 것이라는 의미다.

● 한국 사회도 이른바 "20 대 80의 사회"가 본격화되는 시점에 왔다. 이미 서구 선진 사회에서는 재생산 인구인 20%가 고도의 문화 자본과 생산 능력으로 부를 독점하고 나머지 80%는 항상적인 실업의 공포와 삶의 불안을 겪으며 살아가야 하는 상황에 있다. 이런 상황에 대처하기 위해 서구 사회는 상당한 정책 전환에 착수했다.

● 선진적이라는 서구 사회는 새로운 유형의 경제 생산 인구를 길러 내기 위해 본격적인 투자를 하는 동시에 나머지 인구도 계속 건강한 사회 성원으로 살아갈

수 있도록 지원하는 체제로 바꾸어 가고 있다. 본격적인 구조 조정에 들어간 서구의 국가들은 특히 새로운 직업 교육과 문화적 활동의 활성화에 힘쓰고 있다. 80%의 사람들이 사회 자체에서 탈락하지 않고 가난하지만 나름의 자존을 가지며 즐겁게 살아가는 사회를 만들기 위해 여러 정책적 대안을 준비하고 또 실행하고 있다.

● 청소년은 고실업이 보편적인 사회 현상이 되는 시대를 살아가야 할 세대다. 이들에게 실업 문제는 삶 전반에 걸쳐 결정적인 영향을 미치는 중요한 문제이며, 이 문제를 어떻게 풀어내느냐에 따라 청소년들의 삶은 보람 있고 행복할 수도 있고, 무의미하고 절망적일 수도 있게 된다.

● 따라서 청소년 실업 문제는 묵은 해법에 연연해서는 안 된다. 지금의 변화를 도전적으로 해결해야만 한다. 그것은 일시적인 실업 구제와 임시 방편의 최소 수준의 생계 대책 마련은 절대 아닐 것이다. 이런 방식은 아무런 의욕과 동기가 없는 생활로 청소년들을 다시 몰아 넣음으로써 중요한 사회적 역량을 지닌 집단인 그들을 다시 한번 방치할 뿐이다. 나아가 무력감과 상실감에 사로잡힌 청소년들은 사회를 잠재적인 폭약고로 만들어 버릴지도 모른다. 청소년들의 삶을 살려 내고 동시에 그들의 미래를 준비하도록 하는 새로운 접근을 취해야 한다.

2. 청소년 문제 해결을 위한 획기적 대안의 필요성

● 후기 산업 사회로 가면 청소년 집단은 사회 안정과 문화 발전의 차원에서 크게 주목을 끌게 된다. 시대 변화에 맞추어 적절한 정책 방향을 세우지 못한 채 청소년을 방치하게 되면, 청소년은 소모적 소비를 일삼으면서 약물이나 일시적 쾌락에 빠져 들거나 폭력화하기 때문이다. 반면, 제대로 정책 방향을 세워 청소년들을 육성하고 문화 자원화하면 커다란 사회 문화적 발전을 이룰 수 있다. 1960년대 이후 이른바 선진국에서 청소년들로 하여금 자신이 원하는 활동을 할 수 있는 문화 공간을 마련하는 데 주력해온 이유가 바로 여기에 있다.

● 현재 한국의 청소년은 급박한 사회 변동과 경제 위기에 따른 가정 파탄과 억압적 입시 교육, 그리고 의사 소통의 단절 상황에서 의기소침해 있거나 자기 관리를 포기하는 경향을 보이고 있다. 세계화된 사회, 디지털 시대의 급속한 변화를 몸으로 접하고 있음에도 불구하고 청소년의 일상을 지배하는 것은 낙후한 학교 시스템과 사회 인식이기 때문이다. 이렇게 전혀 상이한 두 차원에 적응하기 위해 청소년들은 스스로 생각을 멈추어 버렸다. 사회 전반에 걸쳐 문화적 빈곤과 도덕적 공황이 확대되고 있는 것은 상당 부분 입시 교육에 기인한다.

● 언제나 청소년은 성인으로 성장하여 그 사회를 이끌어 왔다. 특히 지금의 청소년은 패러다임의 전환기에 새 시대를 만들어 내야 할 사회 집단이란 점에서 특별히 주목해야 한다. 그들은 미래 사회의 모습이 될 자질과 감수성을 이미 체험하며 살아가고 있는 다음 세기의 주역이다. 지금 청소년 문제에 대한 접근은 사회의 총체적 기획과 떼려야 뗄 수 없게 얽혀 있다. 따라서 청소년들의 문화적 감수성을 자원화하고 지식 정보 사회의 새로운 산업을 육성하면서 사회 전체에 활력을 불어넣을 획기적인 방안이 찾아져야 한다.

3. 문화 지식 자본 축적을 위한 지식 인프라 구축

● 앞으로 우리가 살아가게 될 시대는 지식과 정보가 중심이 되는 후기 자본주의 사회다. 새로운 정보와 문화를 어떻게 생산하고 활용할 것인가를 중심으로 산업 구도와 우리 생활 전반이 재조직될 것이라는 의미다.

● 이러한 지식 중심 사회 패러다임으로의 전환은 이미 일정한 수준에 이른 상태이며 산업 현장에서 극단적으로 그 증후군을 포착할 수 있다. 다음에 제시되어 있는 자료는 미국의 『포춘』지의 자료로서 지식 사회에서 어떠한 자원이 중요한지를 잘 나타내고 있다.

● 기존 사회에서 기업을 평가하는 중요한 기준은 물적 자원 현황이었고 바

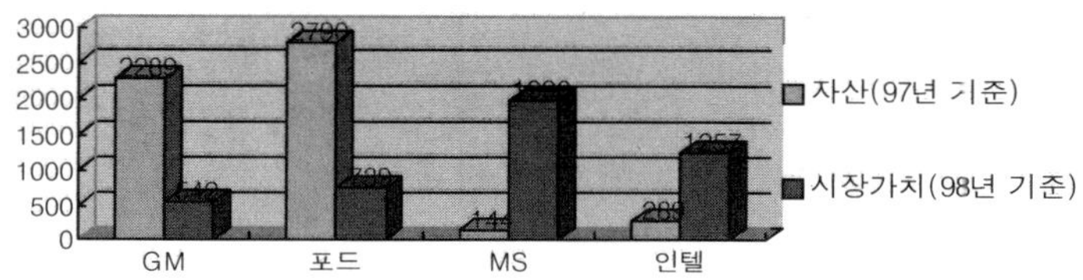

로 그 물적 자원이 기업 미래를 예측 가능하게 하는 중요한 변수였다. 하지만 이제 기업의 가치를 평가하고 그 미래를 예측하게 해주는 요인은 자산이 아니고 그 기업이 가지고 있는 지식이다. 마이크로소프트와 인텔의 경우, 기존 거대 기업인 포드와 제너럴 모터스의 자산의 10분의 1에도 미치지 못하지만, 시장 가치는 2-3배가 넘는다.

● 그러나 한국 사회는 지식을 산출하고 축적하는 단단한 인프라를 갖추고 있지 못하다. 몇 년 전부터 국가 정보화라는 이름으로 천문학적인 자원이 투여되었지만, 이러한 투자는 구체적인 비전 없이 하드웨어에만 비대칭적으로 집중되었고 그러한 하드웨어를 운용하는 소프트웨어는 여전히 턱없이 부족한 상태다.

● 지식 인프라는 전국을 광케이블로 연결하고 개인에게 PC를 보급한다고 해서 구축되지 않는다. 중요한 것은 정보를 산출하고 해석하는 개인이다. 정보를 소비하고 생산하는 최소 단위인 개인과, 정보를 평가하고 새로운 것으로 전환하고 창조하는 공동체를 통해서 지식 인프라는 구축되고 운영된다.

● 이러한 지식 인프라를 구성하는 지적인 개인과 공동체를 형성하기 위해서 문화의 중요성이 대두한다. 복제와 재생산이 일상화한 정보화 시대에 제대로 된 정보를 창출하고 정보를 평가하기 위해서는 무엇보다도 문화적인 주체성과 상상력을 가진 사람을 길러야 한다.

● 그렇기 때문에 앞으로의 청소년 프로그램은 단순한 문화 취미 활동의 수준

을 넘어 청소년들의 문화적 잠재력을 길러 내고 문화 지식 기반을 탄탄하게 닦아 가는 기능을 해야 할 것이다. 특히 "하향 평준화"로 인해 문화적 빈곤이 갈수록 심해지는 상황에 더 이상 빠지지 않도록 획기적인 새 프로젝트를 기획하고 실행할 수 있어야 한다.

● 순종과 근면만으로는 더 이상 아무것도 보장되지 않으며, 그저 열심히 일하는 것으로 성과를 내던 시대는 지나갔다. 이제는 고부가 가치 다품종 소량 생산 체제와 고실업 시대에 대비하여 열정을 가지고 스스로 문화 자본을 축적해 가고, 삶을 기획하며, 새로운 생활 양식을 만들어낼 수 있는 사람이 필요하다. 급변하는 상황에 적응하는 상상력과 유연함을 가진 문화적 주체들을 배출해낼 수 있어야 하는 것이다.

4. 자율과 공존의 시민 문화 형성

● 요즘 청소년들 사이에서 "왕따"와 "이지메"는 매우 심각한 사회 문제가 되고 있다. 이것은 오랫동안 폐쇄적인 학교 공간에서 지배 원리로 작용해온 집단주의와 획일주의가 낳은 사회적 병폐다. 청소년들에게 건강한 시민으로서 자기 삶을 스스로 관리하는 훈련을 시키지 않는 한, "왕따" 문제는 해결될 수 없다.

● 문화 자본을 가진 인재를 기르는 것 못지않게 중요한 것은 "자율과 공생"의 원리를 익힌 건강한 시민을 기르는 것이다. 앞으로의 사회는 소통의 위기가 끊임없이 제기되는 사회다. 지속 가능한 미래를 만들기 위해서는 자활 의지를 가지고 피폐해진 일상적 삶을 회복하며 공동체적 에너지를 불러일으킬 수 있는 시민이 요구된다.

● 후기 근대적 모습으로 변해갈 대도시 상황에서 청소년들이 지혜로운 시민으로 살아가려면 갖가지 경험을 통해서 자신감을 갖고, 유연한 사고를 할 수 있는 여건이 마련되어야 한다. 소통의 능력을 가진 공동체적 시민의 양성은 곧바로 여러 지역과 국가의 시공간을 무리 없이 넘나드는 세계 시민적 자질과 연결될 수 있다.

5. 직업 교육에 대한 발상의 전환

● 실업이 항상적으로 존재하는 후기 자본주의 사회에서 고실업의 문제는 단순히 직업 부족 상황이 아니다. 그것은 고실업의 크기만큼 시스템이 변화했음을, 새로운 시스템에 적응할 필요가 있음을 보여 준다. 새로운 시스템에 적응한다는 것은 고실업이 불가피한 과거의 직업/생산 체계를 탈피하여 새로운 직업/생산 체계에 대한 감을 습득해야 한다는 의미다.

● 미래의 직업은 더 이상 특정 기능 수행에 국한되지 않는다. 환경의 변화에 민감하게 반응할 수 있는 전방위적이고 다기능적인 소양도 직업 능력으로 요구될 것이다. 평생 고용을 목표로 하는 과거의 직업 체계에 연연하는 것은 더 이상 의미가 없다. 이러한 시대에 직업은 고정된 역할이라기보다 끊임없이 학습하고 새로워지는 능력이기 때문이다.

● 더불어 취업과 실업의 경계도 점점 더 모호해진다. 이제 실업은 사회적 탈락도 병리도 아니다. 그것은 언제나 사회의 성원 가운데 일부가 겪게 되는 삶의 조건일 뿐이다. 이 시대의 실업은 더 이상 취업과 실업의 이분법이 아닌, 직업의 과정과 단계들로 재개념화되어야 한다.

● 따라서 직업 교육은 직업 훈련이 아닌 포괄적인 고용 능력 향상 교육이어야 한다. 만성적인 고실업 상황에서 직업 교육은 변화된 노동 시장과 경제 세계에서 살아 나갈 준비와 실험을 수행하는 단계로 자리 매김되어야 한다. 직업 이전 단계란 개념이 도입되어야 하는 것은 그 때문이다. 직업 교육은 바로 직업과 직업 사이, 즉 각각의 전직업 단계에서 실시된다.

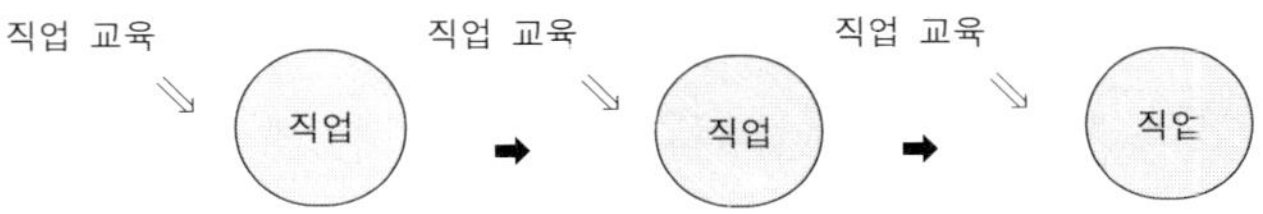

● 하고 싶은 것에서 시작 --> 기획력과 잠재적 직업 능력 배양 --> 사회 일거리 연결 --> 일거리 창출, 고용, 고용 능력 향상

● 이러한 순환 체제는 전적으로 체험을 통해 이루어지며, 고실업 시대의 직업 창출과 자기 관리를 동전의 양면이 되게 하는 직업 교육의 메커니즘이다.

6. 기존 청소년 시설·프로그램 전면 재검토의 필요성

● 21세기의 삶은 지금 우리가 상상하는 것과는 아주 다른 모습일 것이다. 개인의 사고 방식과 행동의 기준도 아주 달라질 것이다. 지금 많은 사람들, 특히 젊은 사람들은 그러한 변화를 피부로 느끼고 있다. 이들은 앞으로 오는 시대를 어떻게 살아가야 할지 막연한 불안감에 싸여 있으며, 따라서 자신들을 제대로 훈련시켜 줄 믿을 만한 공적 기구가 만들어지기를 바라고 있다.

● 현재의 학교 교육이 이러한 요구를 만족시켜 주는 것은 현실적으로 불가능하다. 그것은 두 가지 이유에서인데, 하나는 기성 학교 체제 자체가 너무 비대해져서 변화에 신속하게 대응하지 못한다는 것이며, 다른 하나는 학생들의 삶 속에 깊이 침투한 소비 대중 문화와 인터넷의 영향이다. 이른바 "학생 문화"의 범위가 학교를 뛰어넘어 대중 매체를 포함한 다양한 코드를 통해 청소년들에게 전달되고 있다. 지금은 좀더 유연한 체제를 갖추고 청소년 문화를 활성화하는 작업을 해야 할 때다.

● 서울시의 경우, 학교 밖에서 이러한 요구를 충족시킬 청소년 공간이 턱없이 부족하고 재원 역시 빈약하다. 연구에 따르면, 청소년 다수가 입시 위주 교육에 묶여 있기 때문에 현재 청소년 시설은 주부들과 초등학생들을 위한 학원과 수영장이 되어 있다. 다수의 청소년들은 여가 시간이 나면 스트레스를 풀려고, 어른들의 "감시"의 시선이 없는, 오로지 자신들의 구미에 맞게 만들어진 소비 유흥 공간에서 끼리끼리 놀고 싶어하지 관이나 민간 위탁 단체에서 만든 시설에 가려고 하지 않는다.

● 그 동안 대학 입시 위주 교육의 압력 때문에 청소년 관련 프로그램이 활성화

될 수 없던 요인도 있다. 그러나 기존 청소년 시설들이 매력적인 프로그램을 제공하지 못한 것도 중요한 문제점이다. 서울에 있는 청소년 시설 중에는 그 나름대로 운영이 잘되는 곳이 있다고 하지만, 대개는 흥미 위주의 취미 프로그램들을 나열해 놓고 백화점 식으로 운영하고 있는 상태이다. 이런 식의 기획과 프로그램으로 하루가 다르게 변하는 청소년의 관심을 끌어내고 그들의 잠재력이 길러질 것을 기대하기는 어렵다.

● 과거 고도 경제 성장기의 청소년 시설이 단순히 놀이 공간을 저공하거나 자원 봉사를 하는 수준에 그쳤다면 경제 성장이 둔화하는 후기 산업 사회에는 적극적으로 청소년들의 동기를 유발하고 직업으로까지 이끌어갈 수 있는 역할을 해내야 한다. 이러한 프로그램들이 실효를 거두기 위해서는 체험을 통한 교육이 이루어질 수 있도록 시스템이 변화해야 한다. 작업 위주의 공방이나 도제 시스템기 새롭게 모색되어야 하는 이유가 여기에 있다.

II. 청소년 직업체험센터의 목적

청소년들이 의욕 상실에 빠져 있는 한, 고실업 사회에 접어든 한국 사회의 앞날은 어두울 수밖에 없다. 20 대 80의 사회에서 아무 동기도 갖지 못한 채 살아가는 한, 청소년들의 미래는 물론 사회의 미래도 암울하다. 서울시립 청소년 직업체험센터는 능동적인 동기와 욕구를 가짐과 동시에 자신을 돌보는 능력을 익힌, 나아가 문화 산업과 지식 정보 산업 분야에서 활동하는 데 필요한 능력을 체득한 청소년들을 길러낸다. 이는 결국 전직업 단계에서 사회 일거리로, 다시 직업으로 이어지는 여러 단계와 연결된 대안적 직업 교육이 됨과 동시에 청소년 문화 활동이 된다. 더불어 이런 사업은 청소년이 자신의 삶을 스스로 챙기고 돌보며 타인과 더불어 살아가는 데 필요한 책임과 신뢰를 익히는 대안적인 시민 교육과 연결되면서 아주 새로운 관민 협동 학습의 장으로서 모델을 제시할 것이다.

비전
새로운 시대를 살아가는 건강한 청소년 커뮤니티 창출

사업 목표

- 21세기 고실업 시대에 대비한 자기 관리, 자기 기획
- 21세기적 청소년 문화 공간
- 새로운 공공 시민 배출
- 문화 산업의 인프라 구축
- 새로운 청소년 프로그램을 제공하는 센터
- 아시아 청소년 문화의 메카
- 거대 도시 서울의 문화 혁신
- 새로운 관민 협동 모델 제시

문화 생산과 직업 교육이 결합된 대안적 청소년 문화 활동	미래 시민을 길러 내는 대안 시민 교육 활동	전국 및 아시아권 전역을 연결하는 Virtual Youth Network 구축
단순 기술을 전수하는 직업 교육을 넘어서, 자신을 능숙하게 표현하고 개발하는 다양한 방법들을 제공하는 청소년 직업 센터 구축	파편화된 개인성을 초월하여 상생과 소통이 가능한 청소년 육성을 통하여 건강한 사회의 기초 단위를 확보함	전국 및 아시아권 전역의 대안적인 청소년 커뮤니티 창출과 아시아 청소년 관련 전문 연구자들의 연구 및 교류 증진

1. 21세기 고실업 시대에 대비한 자기 관리, 자기 기획

● 다가올 21세기는 실업이 만성화하는 후기 자본주의 사회다. 청소년들 역시 장기 실업에 노출되어 있으며, 갈수록 불안정하고 불평등해지는 노동 시장 속에서 평생을 살게 될 가능성이 적지 않다. 따라서, 고실업 문제는 이들에게 더욱 중요한 의미가 된다. 이들이 사회에서 탈락하지 않고 나름대로 자존을 가지며 즐겁게 살아가기 위해서는 시대 인식의 전환과 새로운 방법론이 필요하다. 그렇지 않으면 청소년 문제는 아주 심각해질 것이다.

● 청소년 직업체험센터에서는 청소년들이 잠재적인 사회 위협 집단이 아니라 사회의 역동적 변화를 이뤄내는 힘이 될 수 있도록 직업과 실업에 대한 발상의 전환을 꾀하고 고실업 시대에 대비한 새로운 해결책을 제시할 것이다.

● 직업을 실업/취업이라는 결과적 구도에서 전직업/직업이라는 과정적 구도로 전환할 수 있어야 한다. 창출되는 것으로서 직업 재규정, 삶의 현장에서 체험을 통해 이루어지는 직업 교육은 21세기 고실업 시대를 대비해 청소년 직업체험센터가 제공하게 될 자기 기획, 자기 관리 프로그램이다.

2. 21세기적 청소년 문화 공간

● 한국 사회는 문화적 주체가 존재하기 힘든 토양이다. 하드웨어는 갖추어져 있지만 정작 소프트웨어는 없고, 문화 수입 중개상은 번성하지만 창즈적인 문화 기획자와 생산자는 살아 남기 힘들다. 청소년 정책 역시 청소년들을 보호·선도·관리·훈육의 대상으로 간주했을 뿐 시민으로서 독자적인 정체성을 가진 사회적 존재로 살려 내지 못했다.

● 청소년 직업체험센터는 체험을 통해 교육이 이루어지는 공방 시스템을 축으로 한다. 청소년들 스스로 하고 싶은 일을 선택, 결정하고 자기 삶을 돌볼 수

있는 21세기적 청소년 문화 공간이다. 청소년의 입장에서, 청소년이 스스로 만들어 갈 이 공간은 쉼터이면서 놀이 공간이고, 체험을 통한 교육의 장이면서 전문가들을 통해 미래의 직업 세계와 연계되는 노동의 현장이다. 이 모든 기능의 복합적인 수행을 통해 청소년 직업체험센터는 21세기 청소년 문화 노동 공간을 형성하게 된다.

3. 새로운 공공 시민 배출

● 지금 우리가 살아가는 사회는 집중화된 거대 국가에 의해 조직되는 사회가 아니다. 미래 자본의 힘이 날로 막강해지고 있기 때문이다. 미래 자본의 독주를 막기 위해 비영리 기구를 주축으로 한 시민 사회와 국가의 연대가 시급히 요구된다. 후기 근대 단계에서 국가 기구가 활성화되기 위해서는 국민의 자발성을 토대로 하는 시민 사회와 연합하지 않으면 안 된다. 특히 개발 독재 시대를 거치며 강력한 국가 주도 체제를 만든 한국에서 관주도적 경향을 바꾸기는 쉽지 않다.

● 청소년 직업체험센터는 다가오는 시대의 주역이 될 청소년들을 자신의 삶을 관리함과 동시에 공동체의 다른 다양한 성원들을 배려할 수 있는 새로운 유형의 국민/공공 시민으로 기를 것이다. 단순히 덕성 교육이나 규율 훈련이 아닌 실제 프로젝트의 체험을 통해 직업체험센터의 청소년들은 그들 스스로 공공성과 시민성을 해석하고 발견하게 될 것이다. 나아가 자신의 개인적 생존과 체험을 공공의 사회 활동과 연계함으로써 막연한 봉사와 헌신, 의무와 규율이 아닌 자발적인 책임과 배려의 시민성에 눈을 뜨게 될 것이다. 즐거운 책임, 행복한 자기 관리를 체화한 미래 지향적 청소년 시민의 창출이다.

4. 문화 산업의 인프라 구축과 "국가 경쟁력"

● 고도로 유연화, 다원화한 지식/정보 중심의 사회에서 가장 높은 수준의

부가 가치와 고용을 창출하는 분야는 단연 문화 산업이다.

● 청소년 직업체험센터는 현재 한국 사회의 청소년들이 자기 생활의 대부분을 대중 문화 환경에서 보내고 있다는 점에 착안하여 체험을 통해 배우는 공방 시스템의 핵심에 멀티미디어와 대중 문화를 위치시켰다.

● 공방 체제로 돌아가게 될 청소년 직업체험센터의 멀티미디어와 대중 문화 프로그램은 단순히 바라만 보는 수동적인 소비자에 그쳤던 청소년들을 소비자이자 직접 생산자이기도 한 문화 주체로 길러낼 것이다. 인적 자원이 핵심이 되는 문화 산업 영역에서 이들은 그 자체로 산업의 기반이 될 것이며 나아가 이들에 만든 생산물과 프로그램, 유통의 시스템은 기반이 취약한 한국 사회에 문화 산업의 인프라를 구축하는 중요한 토대가 될 것이다.

5. 새로운 청소년 프로그램을 제공하는 센터의 센터

● 지금까지의 청소년 시설들이 소프트웨어의 부재로 낙후해 있었다는 것은 잘 알려진 사실이다. 청소년 직업체험센터는 경험의 정보화를 통해 청소년 문화와 관련, 다종의 소프트웨어를 개발하고, 이를 DB로 구축, 유통과 재생산이 가능한 형태로 만들게 된다.

● 청소년 직업체험센터는 청소년 문화 활동 관련 지도자 양성과 대안 교육 모델 개발과 보급, 문화 활동 운영 시스템과 데이터 베이스 개발 역할을 수행하면서, 각 지역에 있는 청소년 수련원이나 문화의 집에 양질의 프로그램을 제공하는 "센터의 센터"로서 주도적인 역할을 해야 한다. 청소년 직업체험센터가 수행하게 될 "센터의 센터"의 역할은 청소년 관련 소프트웨어가 부재한 한국의 현실을 개선하고 장기적으로 안정적인 공급 유통 체계를 확립하게 될 것이라는 점에서 큰 의의가 있다.

● 이와 함께 청소년 직업체험센터는 "센터의 센터"로서의 역할을 통해 네트워크 사회의 청소년 문화 운동을 주도하게 될 것이다. 또한 연구 개발 기능을 통해

장단기적 청소년 정책 마련에 적극 개입할 것이다.

6. 아시아 청소년 문화의 메카

● 이천년대는 또 한번 세계 질서가 재조정되는 시기일 것이다. 전지구적 자본주의화가 가속화하는 가운데 세계 주민들은 환경 문제를 포함한 많은 공통의 과제를 머리를 맞대고 함께 풀어 가지 않으면 안 된다. 특히 비슷한 근대화 과정을 거친 아시아 주민들끼리 풀어야 할 공통의 문제 역시 제기될 것이다.

● 앞으로 여러 수준에서 생겨날 익숙하지 않은 문제들을 제대로 해결해 가려면 첨단 지식과 현장 경험을 갖추어야 할 뿐만 아니라 국경을 넘어선 네트워킹을 통해 문제 해결 능력을 높일 수 있어야 한다.

● 특히 어른 중심 체제가 상당히 견고한 동아시아의 경우, 청소년들의 창의성이 심하게 억압되어 왔고, 그에 따른 경제적 대가를 지금 치르고 있다. 일본을 위시한 동아시아 국가에서는 지금 모두 청소년들의 문화적 잠재력을 기르기 위한 방안을 모색하느라 고심 중이나 효과적 대안을 찾아내지는 못한 상태이다.

● 청소년 직업체험센터가 제대로 기획되고 운영된다면 동아시아의 다른 대도시들이 모델로 삼는 센터가 될 가능성이 높다. 새로운 기획으로 서울의 자기 관리, 자기 기획 능력을 증대할 청소년 직업체험센터는 아시아 네트워킹의 중심이 됨으로써 다시 한번 서울의 기획력과 문제 해결 능력을 높이게 되는 것이다.

● 아시아 청소년들이 한번쯤은 꼭 들르고 싶어하는 "청소년들의 메카"를 서울에 세운다는 것은 여러 가지로 의미 있고 경제성 있는 일이 될 것이다.

7. 거대 도시 서울의 문화 혁신

● 대중 문화의 영향력이 커지고 새로운 라이프 스타일을 만들어 가야 하는

후기 근대 사회로 접어들면 초대형 도시의 역할은 더 크게 부각된다. 문화 자본이 집중되어 있기 때문이다. 서울이라는 지역의 중요성도 여기서 찾을 수 있다. 문화적 토양이 척박한 한국 사회지만 서울은 상당한 규모의 문화 자본이 집중되어 있다. 그만큼 가능성을 지닌 공간이라는 의미다. 전반적인 문화 부재의 상황어 있는 한국 사회를 재활력화해 문화 생활을 활성화하고 문화 산업의 초석을 마련할 수 있다면, 그것은 오로지 서울에서 가능하다.

● 청소년 직업체험센터는 서울이라는 지역적 특성을 고려하여 초대형 도시로서 서울이 가진 문화 자원을 충분히 활용하고 건강한 후기 근대 도시의 삶의 모습을 선도할 것이다.

● 자기 관리를 할 수 있는 청소년과 활성화된 문화 영역을 통해 다시 활기를 띠게 된 경제 및 제반 영역은 젊은 서울, 싱싱한 서울을 새롭게 탄생시킬 것이며 젊어진 서울의 기운은 다시 한국 사회를 활기차게 할 동력이 될 것0 다.

8. 새로운 관민 협동 모델 제시

● 해방 이후 권위주의 시대를 거치면서 한국 사회는 국가에 의한 시민 사회 억압과 관에 의한 민간 동원 체계에 익숙해졌다. 이는 공통의 목적을 위한 관과 민의 대등한 협력 관계 형성이 몹시 어려운 상황을 초래했다. 다행히 현 정권의 사회 시민 단체에 대한 대대적 지원은 이러한 가능성을 제고하고 있으나, 일방적 지원과 포섭의 위험은 여전히 도사리고 있다.

● 후기 근대적 상황에서 국가와 시장과 "민"의 역할과 자리는 새롭게 정의되어야 한다. 창의력과 자발성이 사회 발전의 핵심으로 떠오르는 시점에서 새로운 관민 협동의 모형이 매우 필요하다.

● 청소년 직업체험센터는 이 시대에 필요한 관민 협동의 새로운 므델을 제시할 수 있어야 할 것이다. 지방 자치 기구 지원에 의한 시민 사회의 활성화가 곧 국가

경쟁력의 핵심이라는 사실을 보여줄 수 있어야 할 것이다.

III. 서울시 청소년 직업체험센터의 사업 계획

1. 서울시 청소년 직업체험센터와 청소년

1) 청소년은 누구인가?

● 한국 사회에서 청소년은 간단히 십대나 중고등학생으로 간주되어 왔다. 물론 이런 식으로 인식하게 된 데에는 나름대로 역사적인 배경이 있다. 경제 성장에 박차를 가해온 지난 30년 간 한국 사회에서 청소년들은 오직 입시생으로만 살아가야 했다. 학교를 이탈하는 청소년들의 문제가 심각해지고 있는 한편, 청소년들의 잠재력을 길러야 나라의 경제가 산다는 인식이 공유되는 현 시점에서 청소년기에 대한 새로운 규정을 내려야 할 것이다.

● 문화 관광부에서는 1998년에 청소년 정책 5개년 계획 방향을 "보호 선도 교화에서 자율 참여 육성"으로 바꾸고 청소년들의 인권과 시민권, 그리고 문화적 주체로서의 존재를 강조하기 시작했다. 그 동안 청소년의 존재를 미래의 주인공으로 간주하면서 그들이 처해 있는 현실을 무시해온 점을 인정하면서 오늘의 구성원으로서의 청소년 권리를 보장하고 청소년들이 정책의 주체가 될 수 있도록 정책 방향을 바꾸어 나가겠다고 천명했다. 문제 청소년 중심의 지도와 보호에 놓여 있던 무게 중심을 다수의 건강한 청소년들의 자발적 활동 중심으로 옮기고, 공급자와 시설 위주로 양적으로만 팽창한 청소년 관련 프로그램을 수요자 중심으로 전환하여 질적 향상을 도모하기로 한 것이다. 중앙 집권식 규제와 폐쇄적 운영을 현장 중심의 자율

과 열린 운영 체계로 전환하고, 청소년들을 오늘의 사회 구성원으로, 독립된 인격체로, 그리고 문화적 주체로 인지하고 육성 정책을 펼치기로 한 것이다(문화관광부, 「청소년 정책 5개년 계획」, 1998. 7, 3쪽).

● 그러나 청소년들의 주체적 참여를 유도하는 작업은 아직 기대만큼 큰 성과를 보이지 못하고 있는데, 가장 큰 장애물은 청소년들을 여전히 학교에 대인 존재로 간주하는 사회적 통념이다. 공간이 있어도 활발하게 활동을 벌일 "청소년들이 준비되어 있지 않다"는 것이다. 청소년 기본법에 따르면 청소년을 9세부터 24세까지의 국민으로 정하고 있는데, 이렇게 본다면 총인구의 27% 정도가 청소년에 속한다. 그러나 9세부터 24세까지라는 이 규정은 어디서 나온 것인가? 청소년들의 행동에 직접적으로 영향을 미치는 "청소년 보호법"이나 "미성년자 보호법"과 같은 법규들이 청소년들을 16세와 18세, 또는 19세 등 여러 기준으로 나누고 있어서, 상당한 혼선을 빚고 있다. 청소년과 성인, 미성년자와 성년자의 구별 기준이 이렇게 혼선을 빚고, 청소년을 포괄적으로 9세부터 24세로 규정하는 것이 적절하지 않다면 청소년 관련 사업을 위해서는 청소년을 범주화하는 작업부터 해야 한다. 나이 규정을 통일하려 하기보다 "청소년기" 자체가 사회 문화적 개념임을 상기해야 하며, 청소년이 누구인가에 대해 새롭게 논의해야 한다.

● 1985년 유엔은 "세계 청소년의 해"를 맞이하여 청소년 개발의 전략 수립과 효과적 실천을 위해 청소년의 연령을 15-24세로 정한 바 있다. 유럽 공동체가 정한 청소년 연령 역시 이와 비슷하게 15세에서 25세이다. 청소년 실업 문제의 심각성을 인지하고 "청소년 뉴딜 정책"이라는 새 정책을 적극적으로 추진해온 영국은 18세에서 24세 사이에 있는 청소년들을 집중적인 대상으로 삼고 있다. 서구 사회에서는 청소년기를 30세까지로 해야 한다는 주장도 나오고 있다. 이는 고실업, 장기 실업 상태에서 경제 사회적 자립이 점점 더 늦어지고, 일상 생활에서도 자립보다는 공존을 강조하게 된 사회 변화가 만들어낸 것이다. 이런 움직임에서 청소년기를 생애 주기에서 새로운 의미를 갖도록 재규정하고 청소년들을 적극적인 시민으로 사-회적 과정에

참여하게 하는 새로운 제도화 작업의 필요성을 알 수 있다.

　● 서울시립 청소년 직업체험센터는 15세에서 24세 사이의 나이에 속한 / 어른도 아니고 아동도 아닌 / 스스로 선택해 센터로 찾아올 수 있는 / 아직 미숙하나 대단한 잠재력을 가진 층을 대상으로 삼을 것이다.

2) 대상 청소년 집단의 정의

　● 무엇보다 청소년에 대한 획일적인 접근은 피해야 한다. 다양한 사회적 배경, 문화적 체험과 수준, 자신이 처한 일차적 사회 환경인 가족과 교육 제도와의 관계에 따라 다양한 청소년 집단이 존재한다. 따라서 그들의 차이와 다양성을 존중하며 청소년들에게 접근해야 한다. 최근 들어 인문고 중심 체제가 붕괴되는 조짐이 보이고, 소비 자본주의가 십대들을 부추기면서 청소년들의 활동 반경은 아주 넓어졌다. 특히 청소년은 "실제 능력"은 적지만 "잠재 능력"은 무한하다는 면에서 그들의 잠재력과 다양성을 존중하며 접근해야 한다.

　● 서울시립 청소년 직업체험센터의 사업 역시 이런 차이와 다양성을 고려하여 사업을 기획하고 진행할 예정이다. 따라서 단순한 연령 구분은 의미가 없다. 연령으로 재단할 수 없는 다양한 집단의 청소년들이 존재하기 때문이다. 따라서 이들의 특성과 지향을 십분 고려한 프로그램을 기획하여 그들의 요구와 지향에 걸맞는 활동의 공간을 제공해야 한다.

　● 야간 자율 학습이 폐지되고 보충 수업이 사라진 이후 청소년들은 전에 없이 많은 시간을 누릴 수 있게 되었다. 그러나 그러한 시간들을 어떻게 창조적인 자기 계발과 변화의 시간으로 활용하는지는 청소년들이 지닌 문화적 체험의 수준과 능력에 따라 천차만별이다. 입시 위주 교육에 얽매여 있던 대다수의 청소년들은 그들에게 주어진 시간 앞에서 어쩔 줄 모른 채 있다. 일부 청소년들은 그 시간의 가능성과 기회 자체를 포기한 채 학교 생활의 반복적인 연장으로 학습에 몰두한다.

그리고 나머지 학생들은 대중 소비 문화의 수동적 소비자가 되어 망연자실 TV를 보며 시간을 허비한다. 이들은 자신에게 주어진 시간을 어떻게 사용해야 할지 생각하기조차 싫어한다. 그들에겐 아무런 욕구도 남아 있지 않기 때문이다.

● 그러나 욕구를 가진 일부 청소년들도 자신의 강렬한 문화적 욕구를 풀어헤칠 특별한 능력과 기회를 갖지 못한 채 혼돈을 겪고 있다. 컴퓨터 통신의 대중 문화 관련 동호회를 기웃거리거나 팬클럽에 가입하고, TV의 가요 순위 프로그램에 엽서를 보내고 FM 라디오에 신청곡을 보내는 것이 그들이 할 수 있는 일의 전부다. 대중 문화를 폄하하는 고급 예술 중심의 사고에 사로잡힌 교사들과 입시를 위한 편협한 기예 교육으로 전락한 예술, 문화에 대한 제도 교육 속에서 청소년들은 대중 문화의 구경꾼으로 휘둘리고 만다.

● 단지 일부의 탁월한 청소년, "서태지" 같은 감수성과 높은 수준의 문화 자본을 겸비한 소수의 청소년만이 독자적인 문화적 활동과 자기 스스로 통제하고 관리하는 삶을 영위할 수 있을 뿐이다. 이런 점에 비춰볼 때 "문화열(文化熱)"에 편승해 단기적인 이윤 산출에 급급한 문화 산업의 강조는 왜곡을 낳을 수밖에 없다. 청소년 정책에서 문화의 강조는 단기적 승부와 결과 산출에 급급한 허황된 문화 산업의 강조로 귀착해선 안 된다. 문화 산업의 발전을 가로막는 일차적인 주범은 바로 표현 욕구의 억압임을 깨달아야 한다. 또 무법 천지의 하위 문화로 청소년들을 내몰고 그들을 규제와 관리, 감독의 차원에서 통제하거나 아니면 극히 소수의 예외적인 성취를 이룬 재능 있는 청소년들을 과대 포장하여 그들처럼 문화적 역량을 발휘하도록 선동하는 것은 곤란하다.

● 무엇보다 그들이 욕구를 가지고 표현 능력이 있는 삶을 펼칠 기회를 조성하는 방향으로 문화의 역할이 강조되어야 한다. 또 그렇게 만들어진 환경에서 청소년이 자유롭게 자신의 욕구와 가능성을 실험할 수 있도록 전문적인 지원을 해야 한다. 학생들의 자발성과 욕구를 존중한다는 명분으로 여가 생활을 위한 시설 몇 개를 던져 주는 것이 아니라 취업이나 진로에 대한 자기 설계로 이어질 수 있도록 구체적

인 지원을 해야 한다. 이렇게 체계적으로 접근할 때 청소년들의 잠재성이 튼튼한 문화 인프라의 구축으로 이어질 수 있다.

3) 청소년층의 다양성을 고려한 프로그램 구도

● 다음 표에서 간략하게 제시하는 것처럼 청소년은 다양한 특성을 가진 복합적인 사회 집단이다. 따라서 청소년 프로그램도 그들의 특성과 욕구를 충분히 고려한 프로그램이 되어야 한다. 또한 그들이 프로그램에 참여한 후 나타난 다양한 결과와 능력을 연계할 수 있는 복합적인 성격의 프로그램을 마련해야 한다.

● 서울시립 청소년 직업체험센터는 이런 점에 주목하여 청소년들의 다양한 욕구 수준과 문화적 역량의 차이를 고려한 프로그램을 개발하고 제시하고자 한다. 이를 통해 다양한 청소년들이 자신에게 걸맞는 프로그램을 선택하고 그 결과에 따라 자신을 변화시키고 조정하는 자율적이고 자기 기획적인 문화적 주체로 변화하도록 이끌 것이다. 또 이러한 단계를 거치면서 변화된 탁월한 청소년들이 문화 산업 분야로 진출할 수 있도록 예비적인 직업 체험을 충분히 할 수 있는 구체적인 기회를 만들어 낼 것이다.

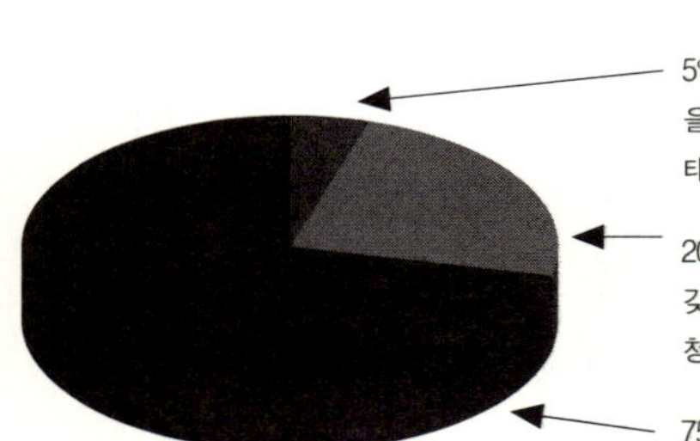

● 청소년 집단의 욕구 태도와 문화 역량에 따른 구분

● 대상자별 프로그램

대상자별 프로그램	성향별 구분	배경	해당 프로그램 및 목적
진입 경계 (중2-3)	고교생과 잠재적으로 동일한 성향의 중학생	조숙한 중학생 청소년, 고교생과 유사한 성향을 보이며 제도 교육에 대한 반응도 유사	● 오리엔테이션 및 심화 프로그램 ● 자기 관리/직업 체험 프로그램
학생	능동적 적응형 고교생 "범생"	제도 교육과 학교 생활에 잘 적응하며 높은 성과를 성취	● 심화 프로그램 ● 직업 교육
	수동적 적응형 고교생 "딱중간"	학교 생활에 불만이고 성취 수준도 낮지만 수동적으로 적응	● 오리엔테이션 및 심화 프로그램 ● 쉼터 및 놀이터(놀이를 통한 자기 변화 및 자기 기획과 관리)
	수동적 거부형 고교생 "날라리"	학교 교육과 무관하게 자신의 놀이만을 추구하고 그것을 중심으로 생활	● 심화 프로그램 ● 직업 교육
비학생	학교 부적응자	왕따나 등교 거부 등 제도 교육에 부적응	● 오리엔테이션 ● 쉼터 및 놀이터(놀이를 통한 자기 변화 및 자기 기획과 관리)
	자발적 자퇴생	분명한 지향을 가지며 제도 교육과 자신의 지향 사이의 모순을 인식하고 학교 거부	● 심화 프로그램 ● 직업 교육
이월 경계 (고졸 후 혹은 대학생)	대학생 1-2학년, 고졸 실업자 및 취업자	제도 교육 과정을 마쳤으나 아무런 동기와 능력이 없는 채 생활	● 심화 프로그램 ● 직업 교육

2. 서울시립 청소년 직업체험센터의 사업 구상 :
전환기 한국 사회가 요구하는 새로운 청소년 실업 및 문화 정책의 구상

1) 청소년 직업체험센터 사업 계획의 비전

● 서울시립 청소년 직업체험센터의 사업은 그간 청소년 정책에 대한 반성과 그에 바탕한 새로운 기획의 비전 속에서 구상되어야 한다. 먼저 총체적 기획의 전망이다. 이미 앞에서 언급하였듯 고실업, 장기 실업 사회로 진입한 한국 사회에서 청소

● 서울시 청소년 직업체험센터 사업 계획의 비전

총체적 기획
- 단순 생계 유지와 부조에서 직업 창출과 사회 문화적 역량 제고
- 고도 지식 정보 사회, 문화 사회에서 문화와 산업의 연계, 신뢰성과 정당성에 바탕을 둔 사회와 대안적 시민성의 창출
- 청소년 정책과 사회적 기획의 결합

복합적 전략
- 세계화/지방화, 근대/탈근대, 산업 사회/ 탈산업 사회
- 국가와 시민 사회/NGO/NPO, 단선적 발전/지속 가능한 발전
- 남성 중심주의/성차의 다원성과 사회적 구성
- 가족과 사회/다차원적 친밀성

포괄적 전망
- 국가, 시민 사회, 학교(대학교와 중고등학교 그리고 전문 지식인)
- 가족, 문화 산업, 예술가, 문화 기획자와 활동가, NGO와 NPO의 복합적 연계

년 실업 정책 및 직업 교육의 정책 역시 변화하지 않을 수 없다. 그리고 이런 변화는 고도의 지식 정보 사회, 문화 사회에 걸맞는 문화적 접근을 취해야만 이룰 수 있다. 장기적 경제 발전/유지를 위한 문화적 잠재력의 개발은 시급한 일임이 분명하다.

● 21세기의 문명을 예견하는 이들이 한결같이 주장하듯 장기적 차원의 총체적 접근이 불가결하다. 그들이 주장하는 총체적 접근이란 문화의 회복과 발양이다. 그렇게 만들어진 문화적 역량이란 흥행 성적이나 판매량이 높은 영화나 음반, 애니메이션을 제작하는 것이 아니라 사회 구성원들이 의사 소통 공동체로서 지니는 사회 인식의 능력이며 삶의 질을 일컫는다. 개인적으로는 자신의 일상 생활을 주체적으로 영위하고 높은 수준의 시민성, 공공성을 체득하며 살아가는 것이다. 그리고 이는 사회 전체에서 볼 때 높은 수준의 문화적 상상력이 발휘되고 신뢰성과 정당성에 바탕을 둔 새로운 사회적 유대가 창출되는 것이다.

● 요컨대 서울시립 청소년 직업체험센터는 탈산업 사회와 후기 근대 사회로의 변화가 요구하는 전체적인 전망을 바탕으로 하여 문화적 인프라를 구축하고 동시에 청소년들을 능력 있는 문화적 주체로 탈바꿈시키는 기본적인 구상을 취해야 한다. 이럴 때에만 청년 실업 문제를 해결할 수 있으며 나아가 문화 산업과 지식 정보 산업을 중심으로 한 다음 단계의 사회 경제 구조에 적합한 사회적 역량을 창출할 수 있다.

● 다음으로 복합적 전략이 필요하다. 우리가 살아가고 있는 그리고 살아갈 세기의 사회는 전통적인 정체성이 위협받고 새로운 문화적, 사회적 정체성이 변화무쌍하게 생겨나고 넘나드는 사회일 것이다. 세계화가 만들어낸 지구적 사회는 전통적인 민족과 국가의 구분을 무색하게 만들며 동시에 그러한 정체성이 더욱 강화되는 사회이다. 가족과 공동체, 성과 성별의 경계가 재정의되고 그 효력 역시 달라진다. 물론 이는 개별 사회 내부에서도 나타난다. 국가가 갖는 강력한 역할은 상대화되고 NGO나 NPO가 사회의 관리와 유지에 상당한 역할을 하게 된다. 또한 근대적 가치와 규범이던 물질주의, 단선적 발전주의, 관료주의, 거대 담론 중심주의 역시 심각하게

수정된다.

● 이런 변화의 전개 방향은 청소년들을 위한 접근 전략으로 구체화되어야 한다. 청소년들은 이미 전지구적 사회를 살아가고 있다. 그런 상황에서 일국적인 경계 속에 청소년들을 매어 두어서는 안 되며 범세계화 속의 시민으로 살아갈 수 있는 체험의 기회가 마련되어야 한다. 또한 중심과 주변의 영역을 넘나드는 체험이 이뤄지도록 해야 한다. 이는 무엇보다 21세기의 새로운 사회에 대처할 수 있는 복합적인 문화적 주체가 될 수 있는 지름길이 될 것이다.

● 마지막으로 포괄적인 전망이 필요하다. 학교가 청소년의 유일한 체험 영역이라고 생각할 수 있는 시대는 저물고 있다. 가족 역시 학교 생활에서 갖는 소외감과 감정적 빈곤을 메워 주는 애정 공간으로 충분히 기능하고 있지 않다. 학교와 가정은 청소년들이 살아가는 중요한 공간임이 분명하지만 이전과 같은 역할을 하지도 않으며 또 청소년들의 변화를 위한 역할을 모두 그에 맡겨둘 수도 없다. 청소년들은 대중 문화 속에 이미 깊숙이 잠겨 있으며 그 속에서 자신들의 사회와 영향을 주고받으며 또래 집단과 사회적 상호 작용을 한다. 또한 청소년들은 실제 공간은 물론 가상 공간의 다양한 채널을 통해 사회와 교류하고 있다. 시공간이 극도로 압축된 지식 정보 사회에서 청소년들은 무차별적으로 쏟아지는 정보와 매체 사이에서 자신의 체험을 축적하고 있다.

● 이런 상황에서 청소년들의 사회, 문화 체험의 영역을 가족과 학교로만 가정한 채 그들에 대한 접근을 취한다는 것은 시대 착오적이기 쉽다. 청소년들이 거치는 다양한 삶의 영역에서 청소년들에 대한 접근을 취해야 한다. 학교와 가족은 물론 시민 사회와 문화 산업의 종사자, 그리고 대학과 전문 지식인 집단 역시 청소년들의 계발과 변화를 위한 프로젝트의 일원이 되어야 한다.

● 한편 총체적인 기획, 복합적인 전략, 그리고 포괄적인 전망을 가지고 청소년 직업체험센터의 사업을 구상한 것은 그를 충실히 실행할 수 있는 프로그램으로 이어져야 한다. 불행히 기왕의 청소년 시설과 청소년 문화 활동에 관련된 역량과 정책은

그런 프로그램의 진행과 해결에 역부족임을 보여 주고 있다. 그 결과 학교 교육을 벗어난 창조적인 재능과 감수성의 청소년들은 결국 학교로 돌아가거나, 자기 삶을 사는 것을 대학 진학 이후로 연기한다. 하지만 그러한 선택은 다시 학교와 대학에서 좌절되고 그들은 자신의 욕구와 잠재성을 영원히 억압하거나 스스로 포기한 채 사회에 대해 냉소하고 기존의 세대와 규범을 계속 거부하거나 기피하게 된다.

● 따라서 지금의 청소년 직업체험센터의 출발은 일종의 실험적인 기획이며 선구적인 모델의 개발과 실행이란 점을 분명히 해야 한다. 이는 현재의 청소년 정책을 풀어 나갈 일종의 대안적 모델을 착상하고 실험하는 사업이 되어야 하며 단기적인 결과에만 급급한 채 모델의 개발과 실험적인 정책의 수립을 외면하는 오류를 범해서는 안 될 것이다. 또한 이런 취지에 십분 공감하는 장단기적 지원과 배려가 절실하다.

2) 청소년 직업체험센터 사업 운영의 원리

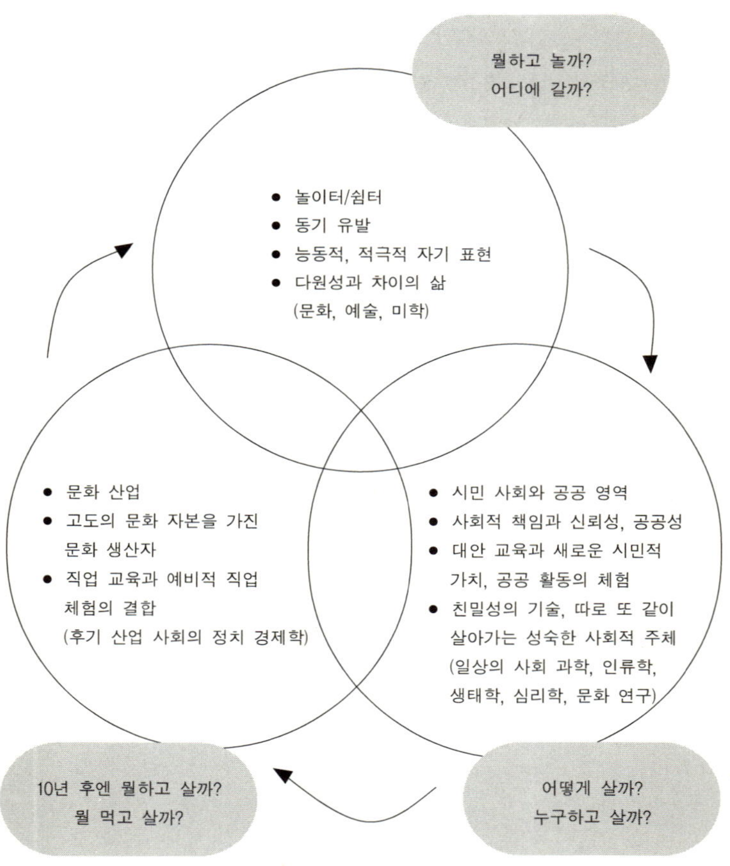

● 서울시립 청소년 직업체험센터의 사업 운영은 앞 절에서 언급한 비전을 충분히 살리는 동시에 현재 청소년층이 처한 다양한 수준을 고려하고 그들의 문화적, 사회적 역량을 제고하는 방향으로 모색되어야 한다. 새로운 21세기 인간형은 경제 활동과 심미적, 문화적 활동을 서로 결합하고 자신의 사회적 삶의 의미를 적극적이고 능동적으로 모색해야 한다.

● 새로운 문화적 주체란 호모 루덴스이면서 호모 사피엔스이고 또 호모 이코노미쿠스가 되는 것이다. 놀이하는 인간이며 사고하는 인간 그리고 자신의 경제적 효능과 물질적 생존의 능력을 발휘하는 인간이 그것이다. 하지만 그런 인간형을 모색하는 것이 백지 상태에서 출발하는 것이어선 안 된다. 청소년 직업체험센터는 이런 구상에 해당하는 여러 단계, 수준의 사업과 프로그램을 만들어 내고 이를 구체적으로 연결함과 아울러 이에 걸맞는 역량의 활동가와 재능 있는 전문가를 결합해야 한다.

● 이를 위해 청소년 직업체험센터는 여러 단계를 체계적으로 연결하는 복합적인 기획을 마련하고자 한다. 그 단계는 다양한 문화적인 체험을 축적함으로써 수동적인 삶에서 벗어나 강력한 동기를 가지고 삶을 살아가도록 하는 작업에서 시작해, 고도의 문화 자본을 축적하고 수준 있는 문화적 역량을 직접적인 경제 활동과 장기적인 생존의 전략으로 발휘하는 직업 체험의 기획까지, 여러 단계로 구성된다. 물론 이런 활동은 새로운 시민성과 공공성을 모색하는 과정에 연계되어야만 한다.

● 이를 위해서 청소년층의 다양한 욕구와 문화적 역량을 고려해야 하며, 그들이 경험할 다양한 자기 발전과 선택의 과정을 프로그램에 능동적으로 반영해야 한다. 이러한 프로그램의 제 단계와 수준을 선택하고 체험하는 과정에서 청소년들은 자신의 동기와 욕구에 따라 다양한 삶을 선택하고 살아갈 기회를 찾아내게 될 것이다. 따라서 청소년 직업체험센터는 자포자기의 무기력 상태에 있는 청소년과 소극적인 욕구를 지닌 채 관망하거나 기웃거리는 청소년층에서 자신의 문화적 역량에 바탕을 두고 실제적인 활동을 욕구하는 청소년까지 모두 포괄한다. 동시에 이를 프로그램의

● 서울시 청소년 직업체험센터의 사업 개념과 비중

기능	개념	목표	해당 영역	관련 지식 영역
놀이터 및 쉼터	호모 루덴스 Homo Ludens	동기 부여된 삶 고실업 시대의 즐거운 삶	일상 생활	예술, 문화, 미학
문화 창작과 실험 대안 시민 교육	호모 사피엔스 Homo Sapiens	자기 관리와 자기 기획 성숙한 시민 시민성과 공공성 사회적 책임과 희망	시민 사회 공공 영역	일상의 사회과학 (사회학, 인류학, 심리학, 생태학, 문화 연구 등)
직업 교육 예비 직업 체험	호모 이코노미쿠스 Homo Economicus	문화 산업의 새로운 주체	문화 산업 경제	후기 산업 사회의 정치 경제학

쉼터 및 놀이터	문화 창작과 대안적 시민 교육	문화 산업 관련 직업 교육, 예비적 직업 체험
20%	70%	10%

단계와 수준을 통해 구체화함으로써 다양한 선택의 기회를 보장하고 동시에 그를 체험하면서 개인적 변화의 기회를 맛볼 수 있도록 한다.

　● 다음으로 이러한 사업과 프로그램은 청소년들이 살아가는 다양한 삶의 영역을 가로지르며 그들의 복합적인 문제 해결 능력을 향상시켜 줄 수 있어야 한다.

더불어 살아가는 삶의 지혜가 결여된 불구적인 대중 문화의 감식가를 낳아서는 안 된다. 한편 자기 관리와 자기 기획의 능력을 상실한 채 대책 없는 절망과 허무감에 사로잡혀 대중 문화와 기형적인 인간 관계에 중독된 이들을 방치해서도 안 된다. 다시 말해 일상적인 삶과 문화가 서로 분리되고, 문화 소비와 생산의 거리가 더없이 넓어진 상황을 극복할 수 있는 구상을 담고 있어야 한다. 이를 위해 청소년 직업체험 센터의 사업과 프로그램은 신뢰성과 정당성을 체득한 사회적 관계와 생활의 능력을 갖춘 대안적 시민 교육과 맞물려야 한다.

● 마지막으로 이러한 사업 운영의 방식은 청소년들이 살아가는 다양한 삶의 공간을 고려함은 물론 그에 관련된 지식의 범위를 적극 고려해야 한다. 청소년들이 살아가는 구체적인 삶의 영역을 묵살한 채 학업과 여가라는 이분법에 의존한 발상은 더 이상 설득력을 가질 수 없다. 청소년들을 사회의 구성원으로 인정하고, 그들의 권리를 존중한다는 것은 그들의 다양한 삶의 영역에 대한 인식과 통찰을 의미한다. 청소년 직업체험센터 역시 이런 사고에서 출발해 개인적인 일상 생활, 다양한 삶의 공간에서 이뤄지는 체험과 활동을 유기적으로 연결하고 이를 실제 프르그램에도 적용하여야 한다. 한편 그러한 제 분야의 연관은 해당 분야의 전문 지식인 집단의 관심과 구체적인 참여를 통해 보장해야 한다.

3) 공간 운영의 기본 원리: 자율과 공생의 공간

● 1970년대의 청소년 시설은 "없는 국민"에게 혜택을 누리게 한다는 원칙에서 만들어진 "복지관 모델"을 따랐고, 1990년대에 들어서는 근대적인 놀이 공간의 기능을 하는 "백화점식 문화 센터 모델"을 따랐다. 이제 청소년 시설은 다시 한권 변신을 해야 하는 시점에 들어섰다. 다품종 소량 생산 시대, 대중 문화 시대, 장기 실업 시대 라는 21세기를 살아낼 청소년을 기르는 공간이 되어야 한다. 따라서 이 공간의 운영 원리는 기존의 것과 근본적으로 다르다.

● 직업체험센터는 단순히 직업을 위한 기술을 익히거나 훈련을 하는 곳이 아니다. 직업 구조가 급변하는 세상에서 그런 훈련은 별 실효성이 없다는 것이 밝혀지고 있고, 오히려 지금 필요한 것은 장기 실업, 고실업 시대를 생산적으로 살아낼 포괄적 취업 능력과 삶을 살아가는 태도이다. 특히 자기 관리 능력과 기획력이 필요하다. 이 공간에서는 그런 태도와 함께 새로운 전문성을 기르는 것을 원칙으로 한다. 참고로 1993년에 보스턴에서 문을 연 미국 MIT 대학의 "컴퓨터 클럽 하우스"는 이 센터에서 하려는 원리로 저소득층 청소년들을 뛰어난 문화 작업인들로 키워 내고 있으며, 지금 이 모델을 전국적으로 확대해 가고 있다.

● 서울시 청소년 직업체험센터는 다음의 네 가지 원리로 움직인다.

① 선택과 자발성의 원리
② 학습 수준 향상을 보장하는 지원 체계
③ 존경과 신뢰가 깔린 배움의 공동체
④ 정보 마인드

① 선택과 자발성의 원리

● 이 곳에 오는 참가자는 자발적인 선택에 따라 공방을 선택하거나 프로그램을 선택하게 된다. 배우려는 의욕과 동기가 중요하다는 것이다. 스스로 선택한 만큼 의욕적으로 할 것이고, 센터의 성원으로서 사회적 책임도 질 것이다. 여기서 운영자들의 책임은 청소년들이 선택하고 싶은 것들을 준비하고, 그런 정보를 제대로 알려 주는 일이다. 청소년들이 원하는 것이 없으면 스스로 만들어 가도록 지원하는 것도 운영자들이 할 주요한 일이다. 선택과 자발성의 원리를 바탕으로 청소년들이 스스로 목표를 정하고 학습하며, 이를 통해 자신감을 갖게 되는 것이 이 센터의 첫째 운영

원칙이다.

② 학습 수준 향상을 보장하는 지원 체계

● 청소년들이 자발적으로 와서 즐겁게 노는 것이 일차적인 목표라면, 열심히 하면 향상할 수 있는 체제를 만드는 것이 둘째 목표이다. 어디까지 청소년들의 잠재력을 살려낼 수 있을지는 운영자의 능력에 좌우될 것이다. 학습자가 눈부신 학습 능력을 보이면서 더 많은 것을 하고자 할 때 이들을 안내해 주거나 그런 환경을 마련해 줄 수 있어야 한다.

● 예를 들어서 멀티미디어 공방의 경우, 단순히 디자인을 배우고 컴퓨터 사용법을 배우는 것이 아니다. 학습의 핵심은 멀티미디어라는 수단을 통해서 자기 표현을 하고, 프로젝트를 기획하는 과정을 배우고, 관련 자료를 찾는 법을 배우고, 일이 잘못되었을 때 고쳐 가는 방법을 터득하면서 자신의 작품을 상대적으로 볼 수 있는 눈을 갖게 되는 것이다. 이런 과정을 거친 청소년은 지금 시대가 요구하는 전문인이 될 가능성이 높으며, 동시에 실업의 상태에 들어가더라도 자포자기하지 않고 자기 기획을 통해 자기 관리를 하고 고용 능력을 높일 수 있을 것이다. 이를 위해서 제대로 된 전문인이 다양한 수준에 걸쳐 연결되어 있어야 하고, 동시에 스스로 작업할 수 있는 자료실과 기재들이 준비되어 있어야 한다.

③ 존경과 신뢰가 깔린 배움의 공동체

● 평생 학습 시대로 들어서면서 이제 전문가들도 끊임없이 배우는 자세로 살아간다. 이 공간은 바로 그런 배우는 이들의 공동체이며 새로운 상호 작용과 의사소통을 배우는 곳이다. 다시 말해서 함께 배우는 즐거움을 익히는 곳이며 새로운 라이프 스타일을 만들어 가는 곳이다. 최고의 전문가도, 판돌이도 모두 비우는 자세로 배우려는 청소년들을 가장 "존중"하고 격려하는 공간이어야 한다. 권위주의나 관료주의 요소가 개입해서는 안 되며, 대신 서로를 존중하고 신뢰하는 공동체가

만들어져야 할 것이다. 모든 참여자들이 마음껏 꿈을 말하고, 그것을 성취해 가기 위해 새로운 탐색을 하면서 능력을 한껏 발휘하고, 바로 그런 자발성과 적극성이 높이 평가되는 분위기가 만들어져야 한다. 이는 현재 개인의 개성과 창의성을 인정하지 않고 파괴적인 "집단 따돌림" 문화로 흐르고 있는 한국 문화의 원리와는 상당히 대조를 이루는 부분이다. 그런 면에서 이 센터의 성공적 운영은 쉽지 않겠지만 더욱 의미 있는 일이 될 것이다.

④ 정보 마인드

● 작업 초반부터 정보 축적을 위한 체계를 마련해야 한다. 한국의 근대화는 정보 축적의 개념이 없이 진행되어 왔기 때문에 힘없이 허물어지고 있다. 새로운 시스템은 그 단점을 극복할 체제를 갖추어야 한다. 여기서 핵심이 되는 것은 정보 마인드다. 정보 마인드란 1) 정보 나누어 주기를 즐거워하는 태도이고, 2) 그것을 시스템으로 축적 유통할 수 있는 제도적 장치의 필요성을 아는 능력이다. 지금의 사회적 풍토에서 "능력 있는 사람"은 정보를 내놓지 않는 사람을 말한다. 폐쇄적 인맥을 통해 정보를 빼낼 줄 알고, 그것을 자기(들)만의 이익을 위해 쓰는 능력을 가진 이들이 주도해 온 것이다. 바로 이런 체제가 굳어져서 우리 사회가 위기에 처하게 되었다. 서울시립 청소년 직업체험센터는 정보 독점으로 기득권을 유지한 체제를 깨뜨리는 정보 공유, 정보 축적 마인드를 가진 이들이 중심이 되어야 한다. 앞으로 많은 실험을 통해 정보가 나올 것인데, 그 정보를 제대로 공유하고, 코드화하고 색인 목록화하여 더 많은 이들과 나눌 수 있어야 한다. 또 그런 나눔 자체로 기쁨을 느낄 수 있어야 한다. 지금 이 부분의 필요성을 알지 못하고 정보 축적 시스템을 제대로 만들어 내지 못하면 이 작업은 여전히 "낙후한 시스템"에 머무를 수밖에 없다. 컴퓨터 사용은 필수지만, 정보 공동체를 만드는 것도 이 작업장에 필수적이다.

● 청소년 직업체험센터 문화와 작업 원리

① 하고 싶은 일 하면서 하기 싫은 일도 합니다.

② 여기서는 나이 차별, 성 차별, 학력 차별, 지역 차별을 안 합니다.
(그러나 경험의 폭과 사유의 깊이는 인정하고 존중합니다.)

③ 새로운 문화를 만들기 위해서는 비판적이되 생산적이어야 합니다.
성패는 결국 누가 하는지에 달려 있습니다.

④ 약속은 반드시 지킵니다.(특히 삐삐, 절대 씹지 않습니다.)

⑤ 자기 뒤치다꺼리는 자기가 합니다.

⑥ 자신과 타인을 배려합니다.(정보 공유에서 표정 관리까지)

⑦ 책임제/실명제로 합니다. 자기가 한 작업에 날짜와 이름을 명기합니다.

4) 운영 시스템의 원리

● 센터의 사업 원리를 충실히 구현하기 위한 장치로 공방을 핵으로 한 운영 방식을 취했다. 공방 운영과 프로그램들을 결합한 체제에서 청소년들은 자신이 원하는 것을 스스로 선택하고 또 새롭게 만들어갈 수 있다.

① 공방 중심의 체제

● 이 공간은 프로그램이 중심핵이 아니고 공방이 핵이 된다. 공방을 꾸리는 핵심 인력은 우리가 추구하는 일을 해낼 수 있는 사람들로서 초대된 분들이다. 그 초대된 사람은 전체를 기획하는 기획자와 실제 공방이라는 판을 꾸려 가는 "판돌이"와 그 공방에 단골로 드나들면서 구성원이 된 청소년이다. 판돌이는 청소년들과 아주 가까운, 청소년기를 막 거친, 또는 거치고 있는 청년들로서 청소년과 함께 늘

배우겠다는 자세를 가진 이들이 될 것이다. 기본적으로 공방은 중세적 도제의 형식을 가지면서, 청소년 자신들의 자치적 활동 공간이 되는 것이다. 이 공방에서는 청소년들이 제출한 다양한 기획을 스스로 실행해 볼 수 있도록 한다. 참여 의지를 북돋우고, 창의력을 개발하면서 자기 관리 능력과 자기 기획 능력을 높여 가게 된다.

② 프로그램 공모제와 "젊은 전문가들"의 결합

● 서울시립 청소년 직업체험센터의 프로그램은 도제적 공간의 형태를 띤다. 각 공방에서 자체 진행 프로그램을 굴리는 한편, 공모제를 도입한다. 초기엔 청소년 직업체험센터의 기획 홍보팀과 해당 분야의 전문가들의 광범한 네트워크를 통해 자체 기획된 프로그램이 주된 비중으로 진행된다. 하지만 점차 해당 분야의 전문가들과 문화 기획자들이 제안하고 개발한 프로그램을 공모제를 통해 모집, 선별하여 선택할 것이고, 이의 비중을 높여갈 예정이다.

● 이러한 "프로그램 공모제"의 의의는 먼저 광범하고 다양한 아이디어와 체험이 한 곳에 모일 수 있도록 함으로써 청소년 직업체험센터를 통해 청소년 문화 활동과 문화 산업 분야의 직업 교육의 자원을 축적하고 데이터 베이스화하는 데 있다. 다음으로 프로그램 공모를 위해 제출된 모든 프로그램과 기획안은 공정하고 엄격한 기준과 전문가들의 면밀한 평가와 분석을 통해 선별되고 결정되도록 함으로써 높은 수준을 보장하고, 동시에 프로그램의 질이 지속적으로 향상되도록 하는 것이다.

● 한편 프로그램 공모제와 아울러 청소년 직업체험센터는 다양한 인적 자원을 활용하고 이들을 연결함으로써 프로그램의 기획과 진행이 충분한 효과와 결과를 낼 수 있도록 할 것이다. 먼저 서울시립 청소년 직업체험센터는 "젊은 전문가들"을 대폭 기용하고 이들이 직접 프로그램의 진행과 운영에 다양한 수준으로 참여하도록 할 것이다.

● "젊은 전문가들"이란 단순히 문화, 예술 분야나 청소년 문화 분야에 높은 수준의 지식과 기량을 이루어낸 이들만을 가리키는 것이 아니다. 젊은 전문가들이란

장기적인 청소년기의 후반기에 처해 있는 이들로 해당 분야에 진입하여 일정한 경력을 축적했음은 물론 이제 갓 청소년기를 지나왔으므로 청소년의 감성을 가장 잘 이해할 수 있는 정서적, 지적 능력을 가진 이들을 가리킨다. 따라서 십대와 이십대 초반의 청소년들과 이들 젊은 전문가들이 결합함으로써 단순한 지식 전달과 기량 전수가 아닌 프로그램의 기획과 진행이 이뤄질 수 있을 것이다.

3. 서울시립 청소년 직업체험센터의 주요 사업 내용

주요 사업	사업 내용
문화 생산과 직업 교육이 결합된 대안적 청소년 문화 활동	● 직업 체험과 문화 생산이 결합된 대안적 청소년 문화 활동 ● 공방에서 청소년 문화 작품 제작, 배급 시스템 실험
미래 시민을 길러 내는 대안 시민 교육 활동	● 청소년 주도의 창의적인 공공 사업 프로젝트 개발과 활동 ● 시민성과 공공성의 자질과 능력 함양을 위한 활동 ● 자주적인 청소년 문화 활동 지원과 연계
새로운 청소년 문화 정책과 제도의 연구와 개발	● 청소년 문화 관련 포괄적 라이브러리 운영 ● 청소년 문화 관련 정책 개발 ● 청소년 문화 관련 자료 수집 및 DB화 ● 청소년 문화 연구 조직과 공유 가능한 문화적 인프라의 구축
청소년 네트워크 결성과 교류 사업	● 아시아 지역 청소년 교류 및 네트워크 사업 ● 청소년 문제 관련 국제 교류 사업

● 서울시립 청소년 직업체험센터는 크게 네 가지 범주의 사업을 할 예정이다. 이는 청소년들의 문화적 역량의 제고를 위한 구체적 활동을 기본으로 더안적 시민

교육과 관련한 제반 활동을 결합한 것이다. 아울러 이러한 활동이 진행될 수 있는 배경과 자원을 조직하고 동시에 이런 활동의 성과가 보급, 공유되는 기회를 만드는 일 역시 주요한 사업이 될 것이다.

1) 문화 생산과 직업 교육을 결합한 대안적 청소년 문화 활동

① 직업 체험과 문화 생산을 결합한 공방 운영

● 서울시립 청소년 직업체험센터는 네 개의 공방을 운영하며 다양한 청소년 문화 활동을 교육, 조직한다. "공연 예술 창작 공방", "디자인 공방", "멀티미디어 공방", "청소년 시민 공방"은 각각 프로그램의 종류와 성격에 따라 다양한 기간과 일정으로 진행된다. 또한 각 프로그램은 욕구와 문화 자원에 따라 다양한 체험을 가지고 있는 청소년들을 고려하여 기획, 진행된다.

● 각 공방에서 진행하는 프로그램은 침체와 무기력에 빠진 청소년들이 능동적으로 동기를 찾아내고 자신의 표현 욕구를 되살릴 수 있도록 함은 물론 직접적인 창작과 실험을 기본으로 한 여러 문화 예술 창작 프로그램에 참여함으로써 각 영역에서 요구되는 전문적이고 실제적인 역량을 체득하게 될 것이다.

● 나아가 각 공방은 수준 높은 문화적 역량을 터득하고 자기 선택과 기획 능력이 탁월한 청소년들에게 문화적 체험과 욕구에 따른 직업 선택과 체험의 기회를 연결해 준다. 이러한 제반 목적은 해당 공방의 프로그램의 기획과 설계에 면밀하게 반영될 것이며, 프로그램의 진행과 결과는 프로그램의 기획자는 물론 해당 분야의 전문가들로 구성된 자문, 후견인들을 통해 엄정하게 평가되어 새로운 프로그램의 기획 과정에서 반영되도록 할 것이다.

● 공연 예술 창작 공방은 대중 음악, 시각 영상(영화, 애니메이션 등), 만화, 댄스, 연극과 퍼포먼스, 시각 예술 등의 다양한 분야로 이루어진다. 디자인 공방은 패션, 공예, 인테리어, 광고, 책 디자인, 포스터 및 엽서 등 시각 예술 디자인 등의

분야로 짜이며, 멀티미디어 공방은 컴퓨터에 기반을 둔 미디어 제작 프로그램으로 인터넷 웹 디자인, 컴퓨터 그래픽, 프로그래밍 등으로 구성된다. 청소년들은 각 공방에 참여함으로써 자신의 욕구 계발에서 각 분야의 문화 생산물의 창작과 배급, 재생산에 관련된 실제적인 지식과 능력의 터득에 이르는 여러 가지 문화적 활동을 하게 된다. 그리고 이 공방에서 배출한 창조적인 문화 자본을 지닌 청소년들은 관련 문화 산업의 다양한 직업을 체험하게 된다.

● 청소년 시민 공방은 시민 사회에서 행해지는 다양한 공공의 활동을 기획, 진행하고 해당 분야와 관련된 직업 영역에 진출하고 활동할 기회를 체험하게 된다. 시민 사회에서 행해지는 공공적인 다양한 사회적, 문화적 활동에도 고도의 문화 자본이 필요하다. 이런 상황에서 NGO, NPO를 비롯한 제 시설, 단체에서 활동할 수 있는 창조적인 공공 활동의 기획자, 전문가를 준비하는 이 프로그램을 체험함으로써 청소년들은 문화적 지향의 다양한 공공 활동과 프로젝트를 기획, 진행하는 훈련을 받을 수 있게 될 것이다.

② 공방을 통한 청소년 문화 생산물의 제작, 배급 시스템 정비

● 프로그램에 참여한 청소년들은 직접 문화적 활동을 체험함과 등시에 이 활동에 바탕을 두고 자신이 직접 문화 생산물을 기획하고 생산한다. 이는 개인 프로젝트나 공동 프로젝트로 진행되며 프로젝트의 결과물은 내부의 배급 시스템이나 외부와 연계된 배급 체계를 통해 직접 판매할 기회를 얻을 수도 있다.

● 직접 제작한 음반과 의상, 액세서리, 웹진, 포스터 및 엽서, 스티커, 캐릭터, 공예품, 비디오, 공연 기획, 문화 이벤트, 공공 사업 프로젝트 등은 단순히 자신의 개성이 표현된 작품이 아니라 사회적 생산물로 받아들여지게 될 것이며 이를 공유하고 유통하는 체계적인 노하우에 이르는 지식과 정보들을 축적하도록 이끌 것이다. 이를 위해 청소년 문화 작업장은 자체 숍(shop)을 운영할 것이다.

● 또 공방에서 제작된 청소년들의 문화적, 사회적 생산물은 청소년 직업체험

센터에서 운영하는 자료실을 통해 수집, 소장, 이용되도록 할 것이다. 이는 청소년 직업체험센터에서 산출된 청소년 제작의 생산물을 공유 가능한 문화적 자산으로 삼음은 물론 다른 청소년들이 이를 적극적으로 참조, 활용할 수 있도록 하여 창조적인 문화 실험을 고무하기 위한 것이다.

③ 대안적 청소년 문화 학교 운영

● 학교 체제에서 벗어나 있는 창의적이고 개성 있는 청소년들은 우리 사회의 중요한 문화적 자원임과 동시에 새로운 문화 산업을 이끌어갈 잠재력을 가지고 있다. 청소년 문화 작업장은 중퇴자를 비롯한 다양한 청소년들이 참여하고 활동할 수 있는 대안적 청소년 문화 학교를 운영한다.

● 이 학교는 다양한 문화 활동과 관련된 프로그램을 통해 청소년들이 직접 취업과 진학을 준비하면서 동시에 창조적이고 적극적인 삶을 살 수 있는 대안을 모색하도록 할 것이다. 가까운 일본을 비롯하여 서구 사회에서는 이미 "탈학교" 추세 속에서 학교를 자발적으로 거부하거나 학교를 불가피한 삶의 경로로 인정하기를 거부하는 능동적인 비학생 청소년들이 늘어나고 있다. 그리고 한국 사회도 이미 그러한 청소년들이 늘어가고 있는 추세이다.

● 이런 비학생 청소년들을 중도 탈락자 혹은 낙오자로 바라보는 것은 이러한 청소년 집단들의 강력한 문화적 자기 표현 욕구를 무시하고 그들의 삶과 권리 자체를 묵살하는 것인 한편 그들이 가진 문화적 잠재력이 사회에 활기를 불어넣을 것이라는 전망을 포기하는 것이다. 청소년 직업체험센터는 이런 청소년들의 선택과 가능성을 존중하여 이들에게 다양한 활동의 기회를 제공하고 나아가 그들이 자신의 진로와 직업 선택의 기회를 스스로 선택, 결정할 수 있도록 할 것이다.

● 대안적 청소년 문화 학교는 취미 활동이나 여가 선용에 급급한 기존 청소년 관련 문화 시설을 넘어서는 대안을 창출하고자 하며, 초기엔 낮 시간대의 중퇴자 프로그램에서 출발해 장기적으로 실업계, 인문계의 청소년들 가운데 문화적 활동과

노하우를 축적하며 자신의 취업과 생활을 동시에 해결하려는 지향을 가진 청소년들이 결집하고 정보와 지식이 축적되는 센터의 역할을 하도록 할 것이다.

④ 문화 산업 진출을 위한 예비 작업 프로그램 개발, 체험

● 고도로 유연화되고 다원화된 지식/정보 중심의 사회에서 가장 높은 수준의 부가 가치와 고용을 창출하는 분야는 단연 문화 산업이다. 하지만 한국 사회는 대중 소비 산업의 한계 속에서 수입 중개상으로 전락한 채 서구의 문화 산업에 기생하고 있다.

● 현재 한국 사회의 청소년들 대부분은 생활의 대부분을 대중 문화 속에서 보내고 있으며, 그를 통해 자신의 정체성과 라이프 스타일을 만들어 가고 있다. 이들을 수동적이고 관조적인 소비자로 방치하는 문화 산업 분야의 전망은 암울할 수밖에 없다.

● 청소년 직업체험센터는 자신의 아이디어와 작업을 통해 문화 산업 분야로 진출하고자 하는 청소년들을 위해 다양한 체험 기회를 마련하여 주고자 한다. 문화 산업 분야의 기업과 인턴십 계약을 추진하고 실행하며, 창업을 희망하는 청소년들에게 필요한 실제적인 자문과 지원을 제공하는 등 다양한 서비스를 할 것이다.

● 이를 위해 청소년 직업체험센터는 문화 산업 관련 분야의 전문가들과 기업가들로 구성된 자문 위원회와 후견인단을 조직할 예정이다. 이들은 해당 분야의 전문가들이거나 관련 분야에서 상당한 성취를 이룬 기업가들로서 창조적인 문화 자본을 갖춘 청소년들이 기존 문화 산업 분야에 진출하는 데 필요한 제반 지원을 제공하게 될 것이다.

● 아울러 능동적이고 창조적인 문화 자본을 가진 청소년들이 문화 산업 분야로 진출하고 자신의 직업을 미리 체험하는 데 필요한 사회 일거리 연결 부문의 창출을 위한 활동을 진행할 것이다. 이러한 청소년들이 가진 직업 체험과 구직 요구가 좌절되지 않도록 함은 물론 이들이 관련 분야에 취업할 수 있도록 상담과 관련 자료

의 축적과 보급, 해당 분야의 기업 및 정부 기관과의 연계 등을 포함할 것이다.

2) 미래 시민을 길러내는 대안 시민 교육 활동

① 창의적인 청소년 주도의 공공 사업 프로젝트 개발과 활동

● 지금 우리가 살아가는 사회는 거대 국가에 의해 조직된 사회가 더 이상 아니다. 시민 사회는 점점 더 많은 영역에서 국가의 역할과 기능을 대체하게 되었으며, 시민 운동을 비롯한 다양한 비정부 기구, 비영리 단체들이 국가의 파트너가 되어 사회를 관리하고 운영하는 데 참여하고 있다.

● 이런 현실의 변화에도 불구하고 지금의 청소년들은 획일적이고 규율적인 교육 제도에 갇힌 채 새로운 사회의 주역이 될 준비와 훈련으로부터 방치되어 있다. 특히 자신의 삶을 관리함과 더불어 공동체의 다른 다양한 성원들을 배려하는 사회적 활동에 무감각해진 지 오래다.

● 직업체험센터는 청소년 집단의 공공성과 시민성을 진작하기 위해 새로운 차원의 모색을 시도하고자 한다. 단순히 덕성 교육이나 규율 훈련이 아닌 청소년 주도의 공공 사업 프로젝트의 개발과 운용을 통해 그들이 스스로 공공성과 시민성을 해석하고 발견하는 자기 교육과 계발을 고무할 것이다.

● 나아가 자신의 개인적 생존과 체험을 공공적인 사회 활동과 연계하도록 함으로써 막연한 봉사와 헌신, 의무와 기율이 아닌 자발적인 책임과 배려의 시민성에 눈을 뜨도록 하려 한다. 이를 위해 청소년들이 직접 공공 사업을 기획하고 재원을 조달하며 실행하고 이를 평가하고 배급하는 활동을 하도록 지원할 것이다.

② 시민성과 공공성의 자질과 능력 함양을 위한 활동

● 서울시립 청소년 직업체험센터는 변화하는 시민 사회에서 능동적으로 살아가는 동시에 자기 스스로를 통제, 관리하고 기획하며 살아갈 수 있는 시민들을 길러

내는 데 주력할 것이다. 이를 위해 청소년 직업체험센터는 청소년들이 그러한 시민성과 공공성의 자질을 스스로 계발, 발전시킬 수 있도록 하는 프로그램을 기획, 운영할 것이다.

● 탈근대 사회 시스템에서는 타율적인 교육과 계도를 통해 시민성과 공공성이 확보될 수 없다. 지속 가능한 발전을 이루는 사회, 모든 사회 영역에서 능동적인 상호 이해와 의사 소통이 조직되는 사회를 만들기 위해서는 새로운 대안적인 시민 교육, 공공성 교육이 필요하다. 청소년 직업체험센터는 청소년들이 자율적인 시민 주체로 살아가고 있다는 점을 중시한다. 다시 말해 청소년들이 무능력하고 미성숙한 준시민(準市民) 내지 예비 시민이 아니라 이미 시민 사회에서 다양한 수준의 문화적, 도덕적 능력을 발휘하고 살아가고 있는 주체라고 본다.

● 이런 발상의 전환으로 청소년 직업체험센터는 청소년들이 살아가는 일상 생활 세계에서 그들 스스로 자신의 시민성과 공공성을 발견하고 해석할 수 있도록 하는 프로그램을 개발하고 진행할 것이다. 이를 위해 청소년 직업체험센터는 청소년들의 문화적 욕구와 실제적인 생활 체험을 놓치지 않으면서 그들이 탈근대 사회의 대안적 시민성을 체득할 수 있는 문화 활동 및 자주적 문화 운동, 공공적 사회 활동, 자치 활동의 프로그램을 진행한다.

③ 자발적, 참여적 청소년 문화 활동 지원과 연계

● 직업체험센터는 개인이 아닌 공동체, 독백이 아닌 대화와 소통, 단절과 고립이 아닌 관계와 연결을 중시한다. 이는 직업체험센터에서 실행되는 모든 프로그램에 적용되는 원칙이다.

● 하지만 이는 단순히 원칙에 머무르지 않고 실제 직업체험센터의 운영에 구체적으로 적용되며 프로그램의 실행에도 역시 적용될 것이다. 직업체험센터는 프로그램의 결과가 청소년들이 직접 참여하는 이벤트와 공공 활동으로 연계되도록 할 것이다. 모든 프로그램의 성과는 연주회와 공연, 상영회와 페스티벌, 파티와 공동

이벤트 등으로 공개되도록 할 것이다.

• 한편 열악한 하드웨어, 관심과 인식의 부족으로 인한 기회의 결여 등으로 인해 자신을 드러낼 기회를 가지지 못한 청소년들의 문화 활동을 능동적으로 유치하고 자신을 알리며 관객이나 청중과 만나는 기회를 스스로 조성하도록 훈련함으로써 청소년 문화 활동을 지원하는 새로운 모델을 창출하고자 한다.

• 서울시립 청소년 직업체험센터는 이미 만들어진 소프트웨어를 감상하고 소비하는 것이 아니라 직접 자신의 소프트웨어를 제작하고 최종적인 생산물을 만들고 유통시키는 데 필요한 기초 설비를 중심으로 시설 설비와 운영이 이뤄진다. 이러한 청소년 문화 활동을 위해서 시설과 설비는 저렴한 가격에 제공될 것이다.

④ 청소년 문화 활동의 프로그램과 노하우 개발, 보급

• 기존의 청소년 관련 시설을 변화시키기 위한 움직임이 시작되었다. 청소년들의 라이프 스타일의 변화와 새로운 문화적 정체성에 근접한 새로운 프로그램을 찾고자 하는 노력이 보인다. 하지만 안타깝게도 여전히 문화 산업이 생산한 아류적 소비 상품을 저렴한 가격에 제공하는 수준에 머물러 있다. 단순히 취미 활동과 여가 선용을 위한 문화 시설과 프로그램이 갖춰져 있을 뿐 새로운 프로그램과 아이디어가 시도되지 않고 있다.

• 장차 서울시를 비롯해 전국 각지에서 엄청난 수의 청소년 문화 시설이 문을 열 예정이다. "문화의 집"이 신설되고 기존 청소년 관련 시설을 문화 활동 시설로 전환하는 것은 바람직하다. 하지만 소프트웨어와 프로그램이 빈곤한 상태에서 이런 하드웨어의 범람은 청소년 관련 시설에 대한 청소년들의 무관심과 냉소를 부추길 수 있다.

• 서울시립 청소년 직업체험센터는 실험적인 청소년 문화 활동의 프로그램을 개발하고 실행함은 물론 다양한 조건에서 사용할 수 있는 프로그램과 노하우가 되도록 할 것이다. 모든 프로그램의 준비와 진행과 결과를 기록하고 평가할 것이다. 그리

고 그 결과 재활용될 수 있는 프로그램은 충분한 가공과 평가를 통해 보급할 것이다.

3) 새로운 청소년 문화 정책과 대안적 직업 교육 프로그램 연구 및 개발

① 청소년 문화 관련 정책 개발 및 보급

● 청소년 문화는 단순히 세대 문화도 아니며 대중 문화도 아니다. 청소년들은 압도적인 소비 능력으로 대중 문화를 소비하고 있으며 또 끊임없이 새로운 문화적 생산물을 쏟아 내고 있다. 그들의 라이프 스타일은 곧 내일의 의류 산업과 음악 산업으로 이어지고 엄청난 경제적 생산의 잠재력을 갖고 있다.

● 또한 청소년 문화는 역동적으로 새로운 사회적 관습과 개인적 삶의 유형을 만들어 내고 있다. 그들이 유행시킨 말과 몸짓, 매너와 습관은 곧 사회적 관습과 전통이 된다. 청소년 문화는 지금 사회의 정체성을 형성하는 데 가장 커다란 영향력을 발휘하고 있다.

● 하지만 청소년 문화가 차지하는 사회적 의미와 가치를 가늠하고 동시에 이를 사회의 미래를 모색하고 평가하는 기획으로 연결하려는 노력은 희박한 실정이다. 직업체험센터는 젊고 진취적인 문화 연구자와 인문 사회 과학 분야의 전문가들이 참여하는 포괄적인 연구 작업과 기록 작업을 행할 것이다.

● 또한 그런 작업을 통해 성취된 조사 연구와 작업의 성과를 축적하고 또 공공의 관점에서 기존 정책을 엄정하게 평가하고 대안 정책을 제시해서 새로운 청소년 문화 정책의 비전을 지속적으로 모색할 것이다.

② 청소년 문화 관련 미디어 활동 기획 및 지원

● 청소년 문화는 미디어 문화이다. 청소년들은 이미 온갖 종류의 매체를 능숙하게 사용하고 있다. 전통적인 문자 언어의 한계에서 벗어나 다양한 매체를 이용하는 이들은 시간과 공간의 경계를 넘나들며 새로운 언어를 익히고 있다.

● 그들이 다양한 미디어 환경을 접하고 있고 또 높은 수준의 미디어 해독력을 갖추고 있음에도 불구하고 정작 자신의 행위는 영화를 보는 관객, TV와 라디오를 감상하는 청중, 인터넷을 검색하는 사용자, 음반과 광고를 감상하는 관객의 수준에 매여 있다.

● 높은 표현 욕구를 지닌 청소년들의 불만은 이곳저곳에서 조심스럽게 터져 나오기 시작했다. 자신의 웹진과 팬잡지를 만드는 청소년, 자신이 녹음한 오디오 테이프를 배급하는 청소년이 생기고 있다. 이런 청소년들의 활동은 엄청난 잠재력과 가치를 지니고 있다.

● 청소년 직업체험센터는 이런 청소년들의 매체 작업을 지원하고 동시에 이들의 활동을 기획하고 추진함으로써 지식 정보 사회를 살아가는 뉴미디어 세대, 네트워크 세대의 창조적인 활동을 후원할 것이다. 이를 위해 청소년들이 직접 제작하고 배급을 시도하는 다양한 매체들이 유통될 수 있는 공간을 조성하고 청소년 주도의 미디어 수용자 운동을 위한 프로그램을 기획, 진행할 것이다. 또한 청소년들의 문화적 미디어들을 비교, 평가함은 물론 청소년 미디어 제작물이 실제 유통되고 배급될 수 있는 경로를 마련할 수 있도록 구체적인 지원을 할 것이다. 그리고 청소년 직업체험센터의 카페, 인터넷 카페, 숍을 통해 그러한 미디어 운동의 성과들을 청소년 독립 미디어란 범주로 다양한 채널(전시회, 발표회, 상영회, 파티 및 이벤트 등)을 통해 소개할 것이다. 그런 공간을 통해 스스로 작품과 생산물을 판매, 전시할 수 있도록 할 것이다.

③ 청소년 문화 관련 포괄적 라이브러리 운영
● 서울시립 청소년 직업체험센터는 청소년 문화 활동 및 정책, 문화적 생산물을 체계적으로 관리하는 라이브러리를 기획, 운영할 것이다. "청소년 문화 라이브러리(가칭)"는 전통적인 문자 매체는 물론 비디오, 오디오를 비롯한 시청각 영상 매체, 다양한 멀티미디어 소프트웨어 및 관련 분야의 자료들을 포괄하는 라이브러리가

될 것이다. 그리고 이렇게 조성된 라이브러리는 공공성과 시민성의 원칙에 따라 운영될 것이며 해당 자료를 필요로 하는 청소년들은 물론 관련 분야의 전문가들과 교사, 학부모, 청소년 시설 관련자들이 가능한 자유롭게 접근할 수 있도록 할 것이다.

④ 청소년 문화 관련 자료 수집 및 데이터 베이스화

● 하지만 청소년 문화 라이브러리는 단순히 해당 자료를 수집, 소장하고 이를 대여, 보급하는 일에 머무르지 않고 라이브러리의 구축과 운영 자체를 프로그램으로 기획할 것이다. 이는 청소년 문화 라이브러리에 소장할 자료를 확보하고 선택하는 과정에서 시작된다. 현재 엄청나게 쏟아지는 청소년 관련 자료와 매체들을 모니터링 함은 물론 이 자료들을 평가, 분석하는 과정에서 선별된 자료들을 분류. 소장토록 할 것이다. 또한 이렇게 엄선한 자료들은 청소년 문화 라이브러리의 운영팀이 구체적인 청소년 관련 문화 활동 프로그램으로 기획하여 공유, 유통되도록 할 것이다. 즉 자료들을 다시 편성, 가공, 제시하는 일련의 절차를 통해 해당 자료들을 다양한 방향으로 활용하는 것이다. 이는 구체적으로 정기적인 상영회, 음악 감상회, 시연회, 교양 프로그램을 통해 이뤄질 것이다.

● 청소년 문화 라이브러리의 운영과 더불어 청소년 직업체험센터는 사업과 프로그램의 진행에 관련된 자료들을 축적하여 데이터 베이스로 구축하는 장기 프로젝트를 진행할 것이다. 데이터 베이스는 청소년 문화는 물론이고 청소년 정책, 청소년 실업 및 취업 관련 자료, 해당 영역의 청소년 관련 해외 자료를 두루 포함할 것이며 이는 청소년 직업체험센터의 연구 역량과 외부의 전문적 연구 역량에 의해 적절한 2차 자료와 연구 성과로 제시될 것이다.

4) 청소년 네트워크 건설과 교류 사업

① 아시아 지역 청소년 교류 및 네트워크 사업

● 서울시립 청소년 직업체험센터는 아시아 청소년의 메카를 지향한다. 아시아 청소년의 메카로서 서울시립 청소년 직업체험센터는 아시아 지역의 청소년들이 자신의 문화적 상상력과 비전을 배우고 익히는 교류의 장소가 될 것이다. 또한 아시아 지역의 청소년 문화의 중심으로 청소년들이 방문하고 싶은 서울의 대표적인 명소로 만들어 냄으로써 서울을 활력 있는 도시로 만들어 내는 데 일조할 것이다.

● 범세계화의 조건 속에서 청소년들은 전에 없던 정보와 문화적 체험의 기회를 만끽하고 있다. 하지만 그런 문화적 체험과 정보 취득은 지식 정보 사회를 이끌어 가는 핵심적 미디어를 독점한 미국 대중 문화와 그 주변을 위주로 이뤄지고 있다. 이런 상황은 아시아 지역의 청소년들에게도 예외가 아니다. 예를 들어 언론 독점 재벌인 머독이 경영하는 홍콩의 스타TV는 아시아 지역의 거의 모든 청소년들이 언제나 시청할 수 있는 프로그램을 24시간 내내 공급한다. 이런 처지에서 아시아 지역의 문화 산업을 선도하기 위해서, 문화 산업을 이끌어 갈 문화적 인프라의 구축에 있어서도 아시아 지역 청소년들과의 교류는 매우 중요한 일이다.

● 또 일국적 경계에 더 이상 얽매이지 않는 세계화 시대, 전지구화 시대의 문화적 체험을 이끌어 갈 역량을 스스로 길러 내기 위해서도 청소년들이 직접 교류하고 또 교류의 형식과 공간을 다양하게 기획하는 작업이 필요하다. 이를 위해 서울시립 청소년 직업체험센터는 의례적인 국제 청소년 행사처럼 이미 짜여 있는 프로그램에 각국의 선발된 청소년들이 초청되는 방식을 피하고 청소년들의 일상적인 문화 체험에 뿌리 박은 기획과 비전이 있는 교류 프로그램을 개발, 실행할 예정이다.

② 청소년 문제 관련 국제 교류 사업

● 아시아 지역은 유사한 역사적 체험을 공유할 뿐 아니라 똑같이 굴절된

312

근대적 체험을 통해 비슷한 세대 문제와 청소년 문제에 직면해 있다. 최근 한국 사회의 신세대론과 흡사한 신인류론이 일본을 비롯한 여러 아시아 사회어서 부상했고, 해당 사회에서 상당한 논란과 관심을 불러일으킨 바 있다. 따라서 그런 관심에서 배태된 문제 해결을 위한 다양한 모색이 아시아 사회에서 진행되고 있고 이는 청소년 문제의 해결을 위한 전략을 수립하는 데 중요한 자원이 될 것이다.

● 서울시립 청소년 직업체험센터는 이런 취지로 아시아 지역 청스년 문제의 전문가들과 다양한 형태로 교류할 것이며, 이들을 연결하고 조직하는 중심적 역할을 할 것이다. 그리고 이를 위해 다양한 형태의 교류 사업을 진행하고 그 성과를 현장의 청소년 관련 활동으로 직접적으로 연결하는 프로젝트를 실행할 것이다.

● 서울시립 청소년 직업체험센터가 시도하는 사업은 향후 청소년 문화 활동과 직업 교육의 전망을 모색하고 구체적인 대안을 창출하는 것이다. 다라서 이런 전망을 갖고 시도한 여러 경험과 사례를 한국 사회의 실정에 맞게 해석, 변형하는 작업이 필수적이다. 특히 청소년 문화 활동과 직업 교육의 인프라가 부족한 실정에서 이런 작업은 장기적으로 매우 유용한 일이 될 것이다. 이를 위해 서울시립 청소년 직업체험센터는 능동적으로 해외 사례와 교류할 것이며 또한 공동 작업 등의 다양한 계획을 통해 이를 구체화할 것이다.

<u>**4. 서울시립 청소년 직업체험센터의 주요 프로그램**</u>

공방 프로그램 I

핵심 프로그램
1) 청소년 멀티미디어 제작 프로그램
2) 공연 예술 창작 프로그램(대중음악 창작)
3) 공연 예술 창작 프로그램(춤)
4) 공연 예술 창작 프로그램(영상 제작)
5) 시각 디자인 프로그램(패션 코디네이션)

공모 프로그램 사례
6) 시각 예술 프로그램(시각 미술 창작)
7) 청소년 문화 읽기 프로그램
8) 비언어적 의사 소통 프로그램

공방 프로그램 II

1) 공공 사업 프로그램(I)
   벽화 그리기
2) 대안적 공공 사업 프로그램(II)
   청소년이 만든 서울시 역사 이미지
3) 공공 시설 청소년 활용 프로그램
   그곳에서 놀고 싶다
4) 아르바이트 프로그램
   행복한 용돈 벌이
5) 관계맺기 프로그램
   음으로 통한다
6) 청소년 심리 상담 프로그램(I)
7) 청소년 심리 상담 프로그램(II)
8) 인터넷 카페 프로그램

청소년 문화 정책 제도 연구 개발

1) 청소년 문화 활동과 직업 체험 관련 정기적 모노그라프 간행
2) 청소년 문화 관련 출판 활동
3) 청소년 문화 라이브러리 프로그램 개발
4) 학부모, 청소년, 지역 사회 관련자들과의 청소년 문화 관련 워크숍 개최
5) 청소년 문화 연구 관련 정책 연구 및 관련 연구
6) 청소년 직업체험센터 데이터 베이스 공유 프로그램 개발

청소년 네트워크 교류 사업

1) 아시아 지역 청소년 네트워크 프로그램
   ① 한일·등교 거부생 교류
   ② 아시아 태평양 유스 포럼
   ③ 아시아 지역 청소년 성년식
   ④ 장르별, 계절별, 월례, 연례 문화제, 포럼, 공동 여행 기획
2) 청소년 문제 관련 국제 교류 사업
   ① 아시아 청소년 관련 국제 학술 교류 사업
   ② 국제 청소년 프로그램 전문가 교류 사업

1) 공방 프로그램 I

● 공연 예술 창작 스튜디오 프로그램은 영상, 만화, 춤, 패션, 멀티미디어, 공예 등 다양한 대중 문화에 청소년들이 직접 참여하여 문화적 생산물을 만들게 한다. 이를 통해 청소년들은 자발적이고 창의적인 문화적 표현의 능력과 기회를 익힘은 물론 이를 통해 자신의 미래를 위한 직업 교육의 체험을 얻게 된다. 대중 문화 창작 스튜디오의 프로그램은 다음과 같다.

핵심 프로그램

1) 멀티미디어 랩 - 청소년 멀티미디어 제작 프로그램
2) 네 사운드를 디자인해 봐 - 공연 예술 창작 프로그램(대중음악창작)
3) 몸으로 삶 그리기 - 공연 예술 창작 프로그램(춤)
4) 렌즈 속에 내 삶이 들어 왔어 - 공연 예술 창작 프로그램(영상 제작)
5) 멋대로, 좋을 대로? 아니 아름답게 - 시각 디자인 프로그램(패션 코디네이션)

공모 프로그램 사례

6) 시각 예술 프로그램(시각 미술 창작)
7) 청소년 문화 읽기 프로그램
8) 비언어적 의사 소통 프로그램

2) 공방 프로그램 II

● 청소년 시민 공방 프로그램은 자기 관리와 자기 기획의 능력을 가진 새로운 시민성의 창출을 목표로 다양한 프로그램을 기획, 진행한다. 이를 굳이 문화적 활동을 중심으로 창작, 제작을 하는 공방이라는 공간에서 진행하는 데는 이유가 있다. 먼저 외부에서 강제하는 규범이 더 이상 통용되지 않는 탈근대의 사회적 배경을 고려하지 않을 수 없다. 새로운 사회에는 전처럼 강력한 하나의 사회적 규범이 필요하지 않다. 수없이 다양한 경제적, 사회적, 문화적 배경과 체험에 따라 여러 가지 규범이 만들어지고 좀더 친밀한 일상적 인간 관계에서 사회적 결속이 만들어진다. 즉 도덕과 문화의 구분이 모호해지고 또 사회를 살아가는 데 필요한 시민성이 문화에서 만들어진다. 이런 점을 감안해 청소년 시민 공방은 청소년들의 새로운 공공성과 시민성의 함양을 문화 활동의 프로그램으로 기획하고 청소년들이 이를 직접 체험함으로써 그러한 능력을 얻어 내도록 하는 데 강조점을 둔다. 다음으로 우리는 청소년들이 시민성을 얻어 가는 과정을 더욱 현실적인 사회 체험으로 만들어 가고 또 장기적인 생활의 전망 속에서 고민할 수 있는 기회를 제공하고자 한다. 이로부터 청소년들이 NGO나 NPO 같은 다양한 조직에서 보람 있는 미래를 설계하고 자신의 삶을 능동적으로 구상할 수 있도록 하고자 한다.

주요 프로그램
1) 대안적 공공 사업 프로그램(1) - 벽화 그리기
2) 대안적 공공 사업 프로그램(2) - 청소년이 만든 서울시의 역사 이미지
3) 공공 시설 청소년 활용 프로그램 - 그곳에서 놀고 싶다
4) 아르바이트 프로그램 - 행복한 용돈벌이
5) 관계 맺기 프로그램 - 몸으로 통한다
6) 청소년 심리 상담 프로그램(I) - 내 마음을 읽어 볼래
7) 청소년 심리 상담 프로그램(II) - 사람들 속으로
8) 인터넷 카페 프로그램

3) 새로운 청소년 문화 정책과 제도의 연구와 개발

● 청소년 문화 정책 및 직업 교육 정책과 제도에 대한 연구와 개발은 서울 청소년 직업체험센터의 중요한 사업 가운데 하나이다. 서울시립 청소년 직업체험센터가 진행하는 일련의 기획과 사업은 대단히 실험적 성격이 강하며 아울러 한국 사회에 적합한 대안 정책의 모색을 지향한다. 따라서 이런 작업의 성과가 단순히 소수의 청소년의 경험으로 끝나지 않고 일반적인 대안으로 자리 잡고 또 재활용될 수 있도록 면밀한 기록, 조사, 보고, 정책 제안 등의 작업이 진행될 것이다. 특히 대학의 풍부한 지적 자산과 청소년 문화에 관련된 여러 전문 연구자들을 바탕으로 이러한 작업이 학문적 자극이 되도록 하는 일 역시 게을리하지 않을 것이다.

주요 프로그램

1) 청소년 문화 활동과 직업 체험 관련 정기적 모노그래프 작성
2) 청소년 문화 관련 출판 활동
3) 청소년 문화 라이브러리 프로그램
4) 학부모, 청소년, 지역 사회 관련자들과의 청소년 문화 관련 워크숍
개최
5) 청소년 문화 연구 관련 정책 연구 및 관련 연구
6) 청소년 직업체험센터 데이터 베이스 공유 프로그램

4) 청소년 네트워크 사업과 교류 사업

● 청소년 직업체험센터는 청소년 문화 활동과 직업 교육에 연관된 기관이나 시설들의 센터 역할을 지향함은 물론 이러한 역할이 국내에 머무르지 않고 아시아 청소년들의 메카로 자리잡을 수 있도록 노력할 것이다. 특히 청소년 직업체험센터는 유사한 근대화의 과정을 겪었으며 유사한 청소년 문제에 직면하고 있는 아시아 사회의 조건과 배경을 진지하게 고려할 예정이다. 이런 취지에서 이들 지역의 청소년 문화, 직업 활동 및 정책 그리고 관련 분야의 전문가들과 네트워크를 조성하는 일에 많은 관심과 노력을 쏟을 것이다. 아울러 청소년 직업체험센터가 서울시의 중요한 명소이자 관광의 대상이 될 수 있도록 다양한 프로그램과 문화적 이벤트를 기획할 것이다.

주요 프로그램

1) 아시아 지역 청소년 네트워크 프로그램
① 한일 등교 거부생 교류 - 한일 비학생 자율 캠프
② 아시아 태평양 유스 포럼
위기를 넘어서: 아시아 태평양 지역 청소년들이 만들어 가야 할 변화
③ 아시아 지역 청소년 성년식
④ 장르별, 계절별, 월례, 연례 문화제, 포럼, 공동 여행 기획

2) 청소년 문제 관련 국제 교류 사업
① 아시아 청소년 관련 국제 학술 교류 사업
[학술 심포지엄] 현대화된 동아시아 사회 청소년의 자리
: "신인류", "신세대" 담론을 중심으로
② 국제 청소년 프로그램 전문가 교류 사업
[워크숍] 위험 사회, 고실업, 대중 문화 시대를 사는
청소년을 위한 프로그램의 방향

4. 조직

1. 운영 원리, 배경, 버추얼 네트워크 구성도

운영 원리

청소년들에게 유용한 공공적인 유무형 자원을 소유하고 있는 각 대학, 연구 기관, 청소년 단체 등을 조직화하는 버추얼 네트워크 형성.

버추얼 네트워크 형성 배경

정보 인프라의 발전과 지식 사회 패러다임으로의 전환으로 인해 청소년 계층의 욕구는 급속도로 다양해지고 있음. 다양한 청소년들의 욕구에 효율적으로 대응할 수 있는 새로운 유형의 전문가 집단의 필요성 대두하고 있음.

버추얼 네트워크 조직

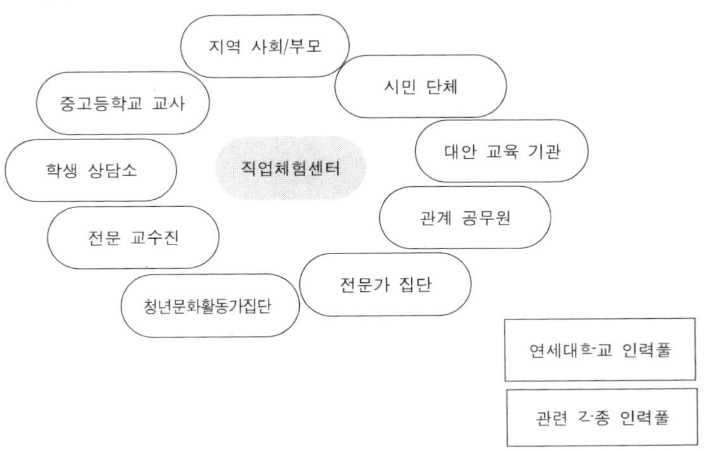

2. 청소년 직업체험센터 조직도

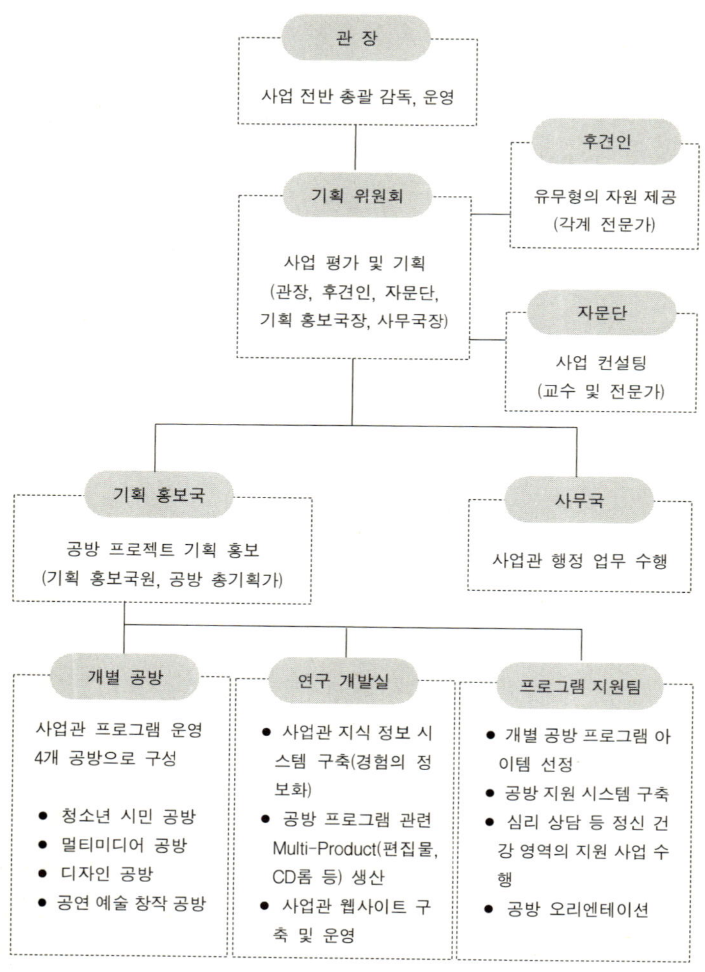

3. 개별 공방 및 내용

구분	단위 공방	해당 분야
공방 프로그램 I	공연 예술 창작 공방	● 대중 음악 ● 춤 ● 시각 영상 / 영화 / 비디오 ● 연극 / 마임 / 퍼포먼스
	디자인 공방	● 패션 / 시각 디자인 ● 공예 ● 인테리어 ● 북디자인
	멀티미디어 공방	● 홈페이지 / 웹진 ● 웹 디자인 / 그래픽 디자인 ● 프로그래밍

구분	단위 공방	해당 분야
공방 프로그램 II	청소년 시민 공방	● 오리엔테이션 ● 대안 교육 프로그램 ● 공공 활동 기획 ● NPO / NGO 연결

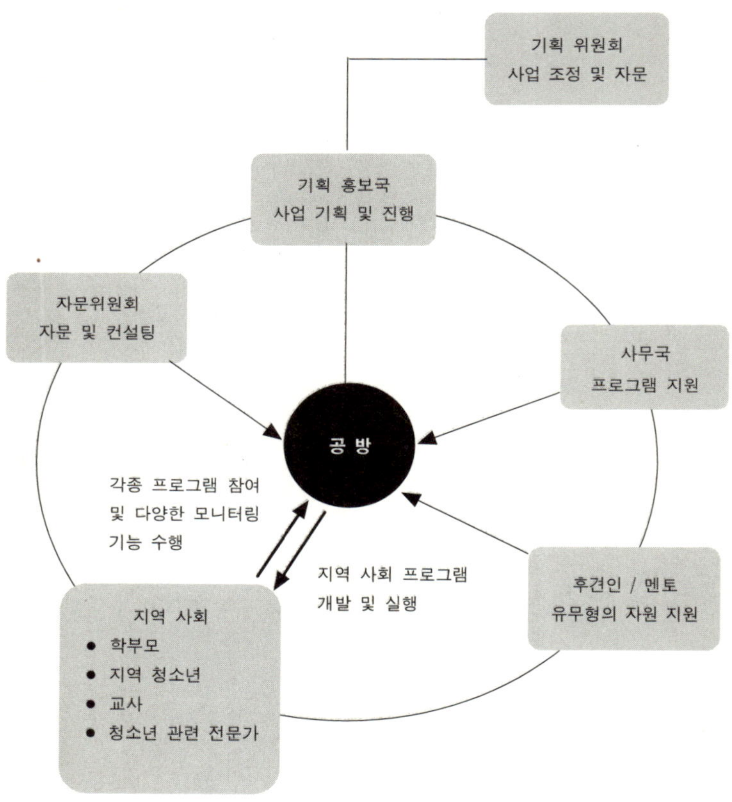
기획 위원회
사업 조정 및 자문
기획 홍보국
사업 기획 및 진행
자문위원회
자문 및 컨설팅
사무국
프로그램 지원
공 방
각종 프로그램 참여
및 다양한 모니터링
기능 수행
지역 사회 프로그램
개발 및 실행
후견인 / 멘토
유무형의 자원 지원
지역 사회
● 학부모
● 지역 청소년
● 교사
● 청소년 관련 전문가

사업 추진 단계	핵심 과제	주요 사업
1단계	핵심 그룹 형성	● 청소년 직업체험센터의 프로그램 기획과 운영을 위한 전문가 집단의 네트워킹과 구성 ● 대안적 청소년 정책 접근의 범사회적 환기 ● 공방 체계의 실험적 운영과 모델 개발 ● 자발적인 학부모, 교사, 청소년 정책가, 활동가들과의 연결망 구성(워크숍, 정책 토론회, 공동 연구 등 진행 예정) ● 자퇴생 중심의 대안 문화 학교 운영 해외 네트워킹과 공동 작업 진행
2단계	실험적 생산물 산출과 모델 개발	● 공방 체계의 본격적 가동 (10여 개 프로그램으 상시 진행 체제 목표) ● 공방 체계의 실험적 생산물 (청소년 직접 기획, 제작의 문화 생산물, 문화 산업 진출 프로젝트 등) ● 사업 진행의 핵심 전문가 및 문화 활동가 배출 ● 해외 네트워킹 강화 ● 청소년 국제 교류 및 국제 프로그램 가동
3단계	대안적 청소년 직업 문화·교육과 모델의 대중화	● 공방 출신 청소년들의 문화 산업, NGO 및 NPO 분야 활동 본격화 ● 공방 운영 프로그램의 평가와 일반화 및 보급 ● 대안적 청소년 문화, 실업 정책의 제안과 사회화 ● 청소년 문화 정책가, 활동가 양성을 위한 시스템 실행 ● 문화 중심의 대안 교육 모델 개발과 시험 운영 ● 아시아 청소년 문화 운동의 센터화

5. 단계별 추진 계획 및 기대 효과

1. 단계별 추진 계획

● 서울시립 청소년 직업체험센터의 사업은 크게 다음과 같은 연차별 단계적 추진 전략을 가지고 진행한다. 앞서 언급한 청소년 직업체험센터의 전망과 기획은 새로운 모델의 개발과 실험, 그를 통한 청소년 실업의 해결과 새로운 직업 능력과 사회성의 실현을 가능케 하는 일반적인 정책과 기획의 모색 및 배급에 있다. 청소년 직업체험센터는 전에 없던 모색과 실험 그리고 개발에 커다란 비중을 두고 있으며 이는 사업의 추진 전략으로 나타나지 않을 수 없다. 사업 추진 단계는 다음과 같다.

1) 1차 년도 - 핵심 그룹의 형성

● 청소년 직업체험센터가 기획하는 사업은 한국 사회에서 처음으로 시도되는 것이다. 그만큼 그를 진행할 역량 있는 전문가와 활동가의 빈곤, 적절한 모델과 기준의 부족으로 어려움을 겪을 것이 예상된다. 따라서 1차 년도에는 그런 상황을 극복하고 사업을 본 궤도에 올려 놓기 위한 다양한 준비 작업에 전력을 기울이고자 한다. 현재의 준비 능력과 수준을 고려하지 않은 단기적 실적 내기에 급급한 식의 무리한 프로그램 가동에 시간과 정력을 낭비하지 않고, 장기적 청소년 문화 인프라를 설계하고 구축한다는 의지로 체계적인 조사 연구 및 준비 그리고 프로그램을 실제 진행할 활동가 및 전문가의 확보에 힘쓰려 한다.

● 그러므로 서울시립 청소년 직업체험센터는 1차년도의 목표를 "핵심 그룹의 형성"에 둔다. 이는 크게 보아 청소년 직업체험센터가 진행하는 사업에 필요한 전문가와 활동가들을 발굴하고, 조직함으로써 현재의 낙후한 청소년 문화 정책과 실업

정책을 타개할 다양한 진단과 모델의 개발에 힘쓰는 일이 될 것이다. 디를 위해 청소년 직업체험센터는 청소년 직업체험센터의 프로그램 기획과 운영을 위한 전문가 집단의 네트워킹과 구성을 시도함은 물론 대안적 청소년 정책 접근을 시도하는 실험적인 집단이라는 자각에 바탕을 두고 이러한 사회적 모델의 필요를 받 사회적으로 환기하는 다양한 활동을 벌여 나갈 생각이다. 또한 공방 체계의 실험적 운영에 착수하여 다양한 모델을 개발하고 진행할 것이다. 이런 작업의 진행을 위해 지역 사회와 학교는 물론 학부모와 교사, 청소년 정책가와 활동가들이 참여하는 다양한 프로그램을 진행할 예정이다. 또한 감수성이 뛰어나고 높은 수준의 문화적 잠재력을 가진 비학생 청소년들 특히 자퇴생 중심의 대안 문화 학교를 운영하여 다양한 범위의 청소년들과 함께 할 수 있는 프로그램의 수준과 단계를 기획할 것이다.

2) 2차 년도 - 1차 생산물 산출과 모델 개발

● 다음으로 2차 년도에는 청소년 직업체험센터를 본 궤도에 올려 놓기 위한 실제적 준비를 행하고 또한 이를 본격적으로 가동할 것이다. 이를 위해 청소년 직업체험센터의 중추적인 실험장이며 실제 프로그램이 진행되는 공간인 공방의 체계를 정비할 것이며 공방을 기획, 관리하고 진행할 핵심적인 청소년 문화 활동가와 전문가들을 양성할 것이다. 또 이들을 통해 다양한 형태의 프로그램이 상시적으로 진행될 것이며, 공방 체계의 실험적 생산물들이 산출되기 시작할 것이다.

● 공방 체계의 실험적 생산물이란 공방 체계의 진행 결과 만들어진 다양한 유무형의 생산물을 일컫는 것으로, 청소년들이 직접 기획, 제작한 다양한 문화적 생산물(음반, 공연 및 페스티벌, 이벤트 기획, 춤, 패션, 공예품, 디자인, 멀티미디어, 공공 사업 프로젝트 등)이 핵심이 된다. 그 외에 청소년 직업체험센터의 프로그램을 이수한 청소년들 가운데 일부가 문화 산업 분야로 구체적으로 진출하는 프로젝트 역시 시행될 것이다.

● 한편 이러한 사업을 진행하는 연장선에서 전년도부터 진행된 전문가 및 문화 활동가들이 배출되기 시작할 것이며, 대학 및 청소년 지도사, 청소년 정책가, 청소년 문화 활동가, 학부모 및 교사들과 연계된 다양한 재교육 프로그램을 실행할 것이다. 또한 해외 네트워킹 역시 계속하여 진보적인 성과를 축적해 온 해외 청소년 문화 활동 프로젝트를 배우고 검토하기 위한 해외 연수 및 상호 교류, 파견과 같은 프로그램을 진행할 것이다. 또한 청소년들 간의 국제 교류를 위한 프로그램을 구체적인 프로젝트에 따라 진행할 것이다.

3) 3차 년도 – 대안적 청소년 실업·문화 교육과 모델의 대중화

● 3차 년도는 청소년 직업체험센터의 제반 작업이 일단 총괄적으로 평가되는 시점이다. 이는 청소년 직업체험센터에서 진행된 작업의 성과가 축적되고 평가되며 이를 통해 일반화된 모델들을 보급하고 대중화하는 활동에 초점이 맞춰짐을 뜻한다. 청소년 직업체험센터의 축적된 활동 성과는 안팎의 공정한 평가를 통해 검증되고 해석될 것이며, 아울러 그러한 결과는 다양한 공간에서 실행될 수 있는 일반적인 대안으로 제시되고 보급할 것이다.

● 또한 대안적 청소년 문화 활동과 직업 교육을 위한 정책을 제안하기 시작할 것이며 청소년 문화 정책가와 활동가들을 배출하고 양성하기 위한 시스템을 개발하고 운용할 것이다. 그뿐 아니라 문화를 중심으로 한 대안 교육의 모델을 적극적으로 개발하여 전통적인 제도 교육을 보완함은 물론 청소년 관련 시설과 기관에서 문화를 중심으로 청소년들의 활동을 위해 이러한 모델이 사용될 수 있도록 능동적으로 연계하고 지원할 것이다.

● 아울러 청소년 직업체험센터를 명실상부한 아시아 청소년 문화 운동의 센터로 자리 잡게 하는 다양한 기획과 프로그램을 추진할 것이다. 이는 거대 도시인 서울에 활력을 불어넣는 작업이며 동시에 아시아 지역 청소년들이 즐겨 방문하는

장소를 만들어 내는 일이 될 것이다.

2. 기대 효과

1) 청소년 문화와 　　직업 교육 모델의 측면	① 불확실성의 21세기에 더욱 심각해질 청소년 문제 하법 제시 ② 고실업 시대의 직업 교육 모델 제시 ③ 새로운 시민 교육 모델 제시 ④ 21세기적 복합 프로젝트를 통한 지식 인프라의 확보 ⑤ 지속적인 연구와 실험이 가능한 아시아 지역 내지 전지구적 　네트워크 구축
2) 문화 산업적 측면	① 대안적 문화 공간 확보와 문화 자본 불균등 분배의 해소 ② 문화 산업 활성화와 청년 실업자 구제 ③ 창의적 소프트웨어를 생산하는 문화 발전소와 지식 보관소 구축
3) 서울시의 시대적, 　　지역적 측면	① 서울의 경제 살리기 ② 사회적 공감대 형성 ③ 관민 협동의 새로운 모형 창출

1) 청소년 문화와 직업 교육 모델의 측면

① 불확실성의 21세기에 더욱 심각해질 청소년 문제 해법 제시

● 전지구적으로 아주 심각해지고 있는 청소년 문제는 간단히 해결될 수 있는 "문제"가 아니라 전지구적 위기를 드러내는 "징후"이며 따라서 청소년 관련 문제는 패러다임 전환의 차원에서 풀어야 한다. 동시에 한국의 청소년들은 입시 전쟁이라는 특이한 형태의 삶의 조건 속에서 가장 심하게 방황하고 병들어 가고 있다.

● 지금 시점에서 청소년들에게 희망을 주고, 그런 희망이 실현 가능하다는 것을 보여 주는 공간이 있다는 것 자체가 갖는 의미를 간과해서는 안 될 것이다.

급격한 경제 위기에서 비롯된 총체적 위기 상황에서 청소년들은 매우 의기소침해 있다. 이 공간은 청소년들의 사기를 진작하고 다시 "하면 된다"는 의욕을 불러일으키는 효과를 낼 것이다. 이는 또한 돌파구를 찾지 못한 한국 제도 교육 문제를 풀어갈 대안을 제시하게 될 것이다.

● 이 공간에서는 제안 팀이 가지고 있는 대학, 관계 연구소 및 관련 단체들의 넓고 유능한 인력 풀을 가지고 기존에 실험되지 않았던 다양하고도 대안적인 여러 프로그램들을 실험, 개발해 내게 된다. 연 32개 이상의 공방 프로그램과 10회 이상의 국내외 세미나와 워크숍을 통해서 점점 더 심각해지고 있는 청소년 문제를 해결할 해법을 찾고, 시대가 요구하는 적절한 대안 교육 프로그램과 공동체적 삶의 틀을 제공한다.

② 고실업 시대의 직업 교육 모델 제시

● 고실업은 선진국의 보편적 양상이며, 앞으로도 실업 문제는 인류의 가장 심각한 문제로 제기될 것이다. 한국도 예외는 아니며, 따라서 고실업 시대를 대비하여 새로운 직업 창출과 고실업 시대의 새로운 생활 양식 창출이 시급하다. 급변하는 전지구적 환경과 고실업 시대로 가는 길목에서 특히 청소년 실업의 문제는 매우 창조적이고 복합적인 형태의 대책을 필요로 한다.

● 이 센터는 실업이 만성화되는 후기 자본주의적 상황에서도 적극적으로 직업을 찾고 스스로 일거리를 창출하는 새로운 청소년상을 제시하는 것을 목표로 한다.

● 다품종 소량 생산 체제와 대중 문화 시대를 살아가는 능력의 핵심인 "자기 관리"와 "자기 기획력"을 배양할 구체적인 교육 프로그램을 개발함으로써, 청소년들의 자발성을 토대로 스스로 다양한 행사를 개최하고 다양한 생산물을 산출해 가는 과정을 통해서 고용 능력을 체계적으로 향상시키는 모델이 만들어질 것이다.

③ 새로운 시민 교육 모델의 제시

● 조만간 우리 사회는 집중화된 국가 권력에 의해 주도되는 단계를 벗어나 시민 사회의 자발성을 통해 사회 체제를 활성화하는 단계로 나아갈 것이다. 이 센터에 참여한 청소년들은 여러 공방과 센터 전체의 규칙인 "자율과 공생"의 원리를 자연스럽게 터득하면서 새 시대가 요구하는 공공적 시민성을 내면화하게 될 것이다.

● 후기 근대적 시민의 자질인 자발성과 상생의 원리는 과거의 단순한 덕성 교육이나 규율 훈련, 또는 상담을 통해 얻을 수 없다. 그것은 시행 착오를 거치면서 하고 싶은 일에 몰두함으로, 또한 힘든 공동 작업과 세대간의 마찰과 화해를 통해 비로소 얻을 수 있는 것이다. 다양한 사회 경험과 민주적인 관계 맺기를 하게 될 이 센터에서는 청소년들이 자연스럽게 대안적인 시민상을 학습하게 될 것이다.

④ 21세기적 복합 프로젝트를 통한 지식 인프라의 확보

● 이 센터는 장단기적 전망을 가지고 복합적 문제를 복합적으로 풀어 가는 프로젝트의 모형을 제시하게 될 것이다. 시장/민간/국가의 제 차원, 생활권/국가/ 전지구적 차원, 전문가/아마추어/시민 세력이 청소년 문제와 관련해서 어떻게 서로 연결되어야 하며, 문화의 경제의 엇물림, 문화 산업과 생활 문화의 조화, 감성과 이성의 조화를 어떻게 이루어 내야 할지를 보여 주게 될 것이다.

● 이 센터에서는 실질적으로 청소년들과 함께 새로운 작업을 해온 전문가들과, 청소년기를 막 지낸, 그리고 잘 지낸 청년들과 청소년 당사자들이 ㅎ 물없이 어우러져서 함께 사회 위기를 극복해 가는 경험을 하게 된다. 이 공간을 통해 앞으로 오는 불투명한 시대를 좀더 투명하게 만들어갈 경험들이 이루어질 것이며, 그 경험들의 정보화를 통해 사회 전반에 걸친 새로운 변화를 가져올 수 있는 문호- 지식 기반을 확보하게 된다.

⑤ 지속적인 연구와 실험이 가능한 아시아 지역 내지 전지구적 네트워크 구축

● 이 센터가 운영하는 웹사이트를 토대로 다양한 국내외적 온라인 교류가 이루어질 것이며, 수시로 열릴 국제 학술 대회와 워크숍을 통하여 전국은 물론 세계 학계와 청소년 관련 실무진들이 연결될 것이다. 이런 연결망은 청소년 문제를 해결할 적절한 정책 대안의 제공원이 될 것이며, 실제 문제 해결을 위한 본격적인 작업 팀이 시의 적절하게 구성되는 효과를 낼 것이다.

● 특히 "보편성"이라는 이름으로 패권을 누리고 있는 서구 중심 패러다임에서 벗어나면서 근대화 과정에서 비슷한 과정을 거친 아시아 지역에서 연대를 강화할 필요성이 높아지고 있다. 센터를 중심으로 형성된 네트워크는 아시아 사회들이 공유하는 심각한 문제들, 예를 들어 세대 갈등과 입시 교육 문제, 비창의적 교육으로 인한 등교 거부와 수동성의 문제 등을 집중적으로 풀어 가는 자원을 모아줄 것이며, 지금까지 형식적인 교류에 그친 청소년 교류 사업이 더욱 내실 있는 사업이 되도록 본부의 역할을 하게 될 것이다.

● 3년에 걸친 사업을 통해 센터는 지속적인 연구와 실험이 가능한 전지구적인, 그리고 아시아권의 네트워크를 확보하게 된다.

2) 문화 산업적 측면

① 대안적 문화 공간 확보와 문화 자본 불균등 분배의 해소

● 이 센터에서는 학계와 문화 산업 분야, 그리고 시민 사회 영역과 대학가 주변에서 활동해온 수백 명이 넘는 다양한 새 시대의 전문가들이 상호 연결되는 새로운 대안 문화 공간을 형성하게 된다.

● 이러한 문화 공간의 특징은 낙후한 상태를 빠른 시일 안에 끌어올릴 실험적 작업이 용이해진다는 경제성이다. 최소한의 비용으로 최적의 효과를 낼 수 있는 가장 필요하면서 효율적인 시스템을 만들어낼 수 있다는 것이다. 특히 계층적으로

열악한 환경에 처해 있는 청소년들에게 양질의 문화 자본을 갖게 함으로써 자원 분배의 불평등을 해소할 수 있을 것이다.

● 청소년들은 이러한 공간을 활용함으로 첨단의 시설을 "사용"할 수 있게 될 뿐 아니라 사용하는 하드웨어를 하나의 도구로 여기는 법을 배우며, 그 도구로 할 수 있는 많은 일들을 스스로 찾아내어 그것을 작품으로 만들 수 있게 된다. 이런 훈련을 거친 청소년들이 주체가 되어 온라인과 오프라인 상태에서 청소년들을 위한, 그리고 사회 전체를 위한 건강한 대안 문화를 창출할 수 있을 것이다.

② 문화 산업 활성화와 청년 실업자 구제

● 이 센터에서는 풍부한 문화 자본을 가진 청년들이 후배들을 위한 작업에 몰두함으로써 현재 심각한 상태에 있는 청소년 문제를 풀어감과 동시에 문화 산업을 발전시키게 된다. 특히 다양한 멀티미디어 교육과 창작 문화 활동은 창조적인 미래 문화 산업 인력을 양성하고 발굴함으로 문화 산업 부문의 역량을 크게 높여갈 것이다. 경계를 넘어선 갖가지 예술 창작 협동 작업들은 본격적으로 한국 대중 문화의 질적 수준을 향상시킬 것이고 자생적 공공 문화를 꽃피우는 토양을 마련할 것이다. 이런 움직임은 단순히 문화 산업의 생산성을 높이는 것에서 더 나아가 척박하고 비인간적인 문화 시장의 성격을 변화시킬 것이다.

● 동시에 그 동안 흩어져 있던 가능성 있는 문화 활동가들을 불러들임으로써 문화 산업의 인력 풀을 만들게 될 것이다. 사실상 이는 그 동안 프리랜서라는 준실업 상태에서 활동해온 다수의 창조적 청년 실업자들을 위한 획기적인 실업 구제책이 될 것이다.

③ 창의적 소프트웨어를 생산하는 문화 발전소와 지식 보관소 구축

● 센터에서 하는 데이터 베이스 작업은 그 동안 문제점으로 지적되었던 "쓰레기 정보의 축적"이라는 문제를 극복하고, 실질적이고 유의미한 경험의 정보화가 무

엇이며, 그것들이 어떻게 활용될 수 있는지를 보여 주는 하나의 모델을 제공할 것이다. 특히 적극적인 정보망 활용 인구가 모여서 디지털 공동체를 이루게 될 때 정보화의 수준이 질적으로 높아질 것이며, 지금까지 진행된 소모적인 정보화 작업의 대안을 제시하게 될 것이다.

● 센터를 통해 운영되는 두 개 이상의 웹사이트와 이를 기반으로 구성되는 데이터 베이스는 센터 안과 국내외에서 이루어지는 모든 경험과 의사 소통을 기록하고 분류하며, 검색 용이한 형태로 저장함으로써 정보 시대에 걸맞는 센터의 진면목을 보여줄 것이다.

● 새 시대가 요구하는 적절한 전문가와 포토 갤러리나 전자 도서관 등 충분한 자료원이 확보된 가운데 진행할 청소년들의 수준 높은 컴퓨터 작업은 그 자체로 유의미한 데이터 베이스가 된다. 훈련된 인력을 통해서, 그리고 체계적인 데이터 베이스 작업을 통해서 이 실험 공간에서 이루어진 작업들은 시공간을 넘어서 널리 공유하게 될 것이다.

3) 서울시의 시대적, 지역적 측면

① 서울 경제 살리기

● 경제와 문화가 밀접하게 맞물린 고부가 가치 상품 시대에 청소년들이 가진 창의성과 감수성, 그리고 잠재력을 살려내는 것은 곧바로 경제 생산과 이어진다. 특히 이미 상당한 문화 자본을 가진 서울이라는 세계적 대도시에서 청소년들의 잠재력 개발이라는 과제는 중요한 의미를 가진다.

● 센터에서 주력하는 멀티미디어와 대중 문화 산업은 서울이라는 도시가 가진 문화 자본을 최대한 활용해서 경제를 일으키는 방향에서 경제 생산성을 높이는 효과를 낼 것이다. 또한 3년에 걸친 지속적인 사업 수행을 통해 서울시의 이미지가 아시아 청소년 문화 활동가들의 "메카"로서 굳어지면, 관광 산업의 활성화에도 크게

기여하게 된다.

② 사회적 공감대 형성

● 구조 조정으로 사회 전체가 침체된 지금은 시대 인식을 공유하는 컴페인이 절실하게 필요하다. 청소년들에 의한 건강한 문화 운동은 서울의 삶에 새로운 활기를 불러일으키고, 서울의 삶의 질을 높이는 역할을 할 것이다.

● 센터에서 시작되는 청소년 문화 운동을 통해 서울은 다시 "젊어질" 것이고, 이는 "살기 좋은 도시 만들기" 캠페인으로 자연스럽게 이어질 것이다.

③ 관민 협동의 새로운 모형 창출

● 지금까지 국가 주도적 경제 개발 과정을 통해 민간 영역은 심하게 위축되었었다. 그 결과 민간 부문은 관과 과도하게 밀착해 있는 관변 단체와 관을 적대시하는 시민 단체로 양분되었다. 세계 자본의 압력이 날로 거세지는 지금, 관과 민은 적극적인 연대 관계를 맺고 새로운 사회를 만들기 위해 협력해야 한다.

● 이 센터는 시대가 요구하는 관민 협동의 새로운 모델을 제시하게 될 것이다. 아래로부터의 자발성과 공공성에 기반한 시민 사회적 운영과 관의 체계적 지원이 시너지 효과를 낼 때 새로운 시대적 도약을 할 수 있을 것이다. 이 센터는 시민 사회의 활성화가 곧 국가 구조 조정의 핵심이며, 국가 경쟁력을 높이는 지름길임을 보여 주는 실험적 사례이자 이상적인 모델로 자리 잡게 될 것이다.

하자총서 1

왜, 지금, 청소년?

하자센터가 만들어지기까지

1판1쇄 | 2002년 11월 25일
1판3쇄 | 2012년 3월 6일
엮은이 | 조한혜정·양선영·서동진
펴낸이 | 유승희
펴낸곳 | 도서출판 또하나의문화
121-899 서울 마포구 와우산로 174-5 대재빌라 302호
전화 | 02-324-7486 팩스 | 02-323-2934
전자우편 | tomoon@tomoon.com
홈페이지 | www.tomoon.com

출판등록 | 제 9-129호 1987년 12월 29일
ISBN 89-85635-52-2 04370
ISBN 89-85635-51-4 (세트)